As Principais Teorias do Cinema

J. DUDLEY ANDREW

As Principais Teorias do Cinema

Uma Introdução

Tradução:
Teresa Ottoni

ZAHAR

para minha mãe e meu pai,
de quem...

Título original
The Major Film Theories – An introduction

Tradução autorizada da primeira edição norte-americana
publicada em 1976 por Oxford University Press, Inc.,
de Nova York, Estados Unidos da América.

Jorge Zahar Editor Ltda.
rua Marquês de S. Vicente 99 – 1º | 22451-041 Rio de Janeiro, RJ
tel. (21) 2529-4750 / fax (21) 2529-4787
editora@zahar.com.br | www.zahar.com.br

Grafia atualizada respeitando o novo
Acordo Ortográfico da Língua Portuguesa

Capa: Sérgio Campante, sobre cartaz de Dick Elffers

CIP-Brasil. Catalogação na fonte
Sindicato Nacional dos Editores de Livros, RJ.

Andrew, James Dudley, 1945-
A58p As principais teorias do cinema: uma introdução / J. Dudley Andrew; tradução, Teresa Ottoni. — Rio de Janeiro: Zahar, 2002.

il.:

Tradução de: The major film theories: an introduction
Inclui bibliografia
ISBN 978-85-7110-068-8

1. Cinema – Estética. I. Título.

CDD: 791.4301
02-1710 CDU: 791.43.01

SUMÁRIO

PARTE II: TEORIA REALISTA DO CINEMA, 91

PARTE III: TEORIA CINEMATOGRÁFICA FRANCESA CONTEMPORÂNEA, 147

LISTA DE ILUSTRAÇÕES

PREFÁCIO

Foram escritas, que eu saiba, duas histórias da teoria do cinema: *Storia delle teoriche del film*, de Guido Aristarco, e *Esthétique du cinéma*, de Henri Agel. Apesar de eu muito dever a esses trabalhos, não quero competir com eles em sua tentativa de registrar todos os teóricos e desvendar todas as linhas teóricas.

Em vez disso, este livro tem a intenção de colocar os principais teóricos frente a frente, forçando-os a falar de questões comuns, fazendo-os revelar a base de seu pensamento. Assim, escolhi os teóricos que escreveram sobre cinema num sentido amplo, e que o fizeram através de exaustivos argumentos. Quase não há referência aos incontáveis pensadores que já teorizaram sobre cinema (inclusive grandes pensadores como Panofsky, Susanne Langer, Maurice Merleau-Ponty, Gabriel Marcel e André Malraux). Os primeiros teóricos, como Ricciotto Canudo, Louis Delluc e Vachel Lindsay, também são negligenciados porque, em minha opinião, suas teorias não têm peso suficiente comparadas com as que figuram neste livro.

Foi dada prioridade aos teóricos cujos trabalhos são encontrados com facilidade em inglês. Infelizmente, isso elimina da discussão grandes teóricos franceses, russos e especialmente italianos. Como este volume tem a intenção de ajudar, não de substituir, a leitura dos próprios teóricos, um tratamento maior das figuras cujos livros são difíceis de obter e não estão traduzidos não se enquadra em nosso objetivo. É verdade que os capítulos finais deste livro tratam de alguns teóricos franceses contemporâneos cujos trabalhos ainda estão em francês, mas sua presença tem fundamento a partir do momento em que suas ideias estão em evidência e, em vários casos, em processo de tradução.

O esquema deste livro tem uma espécie de aparência histórica, mas só incidentalmente. Mantendo a clássica distinção entre teoria formativa e teoria realista ou fotográfica, distinção que é lugar-comum e que está relacionada ao clichê de que todo filme tem raízes tanto em Méliès como em Lumière. Na teoria cinematográfica, acontece de a primeira grande fase de pensamento ter sido quase homogeneamente formativa. Até cerca de 1935 é difícil encontrar um realista capaz de competir com Hugo Munsterberg, Rudolf Arnheim, Sergei Eisenstein, Béla Balázs ou V.I. Pudovkin. Depois a situação mudou, e as sementes da primitiva teoria realista tornaram-se a luxuriante tradição de André Bazin, o crítico de *Cahiers du Cinéma*, e nos Estados Unidos, de Siegfried Kracauer e de artistas do *cinéma-vérité* como Richard Leacock, D.A. Pennebaker e Michael Roemer.

É valioso colocar esses movimentos em oposição, a partir do momento em que foi exatamente desse modo que eles se desenvolveram. Os teóricos formativos refutaram o realismo bruto que os produtores cinematográficos propagandeavam e que o público pensava estar recebendo. Mais tarde, os realistas atacaram especificamente os formalistas porque estes negavam o vínculo especial do cinema com o realismo ao tentarem fazer com que ele se colocasse ao lado das artes prestigiadas.

É preciso salientar novamente que aqui não se fez qualquer tentativa de incluir todos os pensadores de todos os campos. Escolhi os pensadores que articulam melhor uma posição, que têm atrás de si ou um raciocínio extensivo ou uma tradição importante. Ao trabalhar em cima dessa tradição ou desse núcleo, espero dar ao leitor alguns pontos de referência com os quais ele possa com mais facilidade e melhor capacidade debruçar-se sobre os trabalhos originais. Ficará claro que enquanto os pensadores formativos, por exemplo, coincidem em muitas – na realidade, na maioria – das questões relativas ao cinema, suas razões para manter tais posições e os argumentos que as apoiam variam enormemente. Enquanto a maioria dos estudantes de cinema pode estar pronta a comparar teorias tão divergentes quanto as de Eisenstein e Bazin, parece mais frutífero comparar teóricos do mesmo campo. Este livro tem o objetivo de fazer tal comparação.

A seção final do livro trata da teoria contemporânea, com o pensamento que, no momento mesmo em que escrevo, ainda está se desenvolvendo, ainda se elaborando em direção a uma formulação final. A maior parte da teoria contemporânea tentou ignorar o debate formativo/realista, tanto incorporando ambos os campos numa dialética, como Jean Mitry o fez, quanto levando a discussão a um nível de abstração onde a distinção não é mais tão pertinente (como tanto os fenomenologistas quanto os semiólogos fizeram até certo ponto). Por causa da riqueza da atual teoria e de seu estado bastante confuso, restringi-me a trabalhos feitos na França, onde, apesar da diversidade de abordagens, há um senso de debate e de preocupações comuns. Essa seção final irá pelo menos proporcionar ao leitor uma série de pontos de referência através dos quais poderá reconhecer as principais questões e considerar as várias posições à luz da teoria clássica do cinema.

Aqui também algumas figuras serão esquecidas, figuras que podem parecer ou podem tornar-se importantes. Mas o que me interessa e o que deveria interessar a todos os especialistas e estudantes é o projeto da própria teoria do cinema, não a classificação de todos os teóricos. Mesmo que este livro fosse um exaustivo tratamento de todas as teorias do cinema, seria tolice do leitor terminar sua leitura com a sensação de ter ingerido um resumo do que já se pensou sobre cinema. Espero, em vez disso, que comece a teorizar por conta própria, inspirado (apesar de nunca limitado) pelos homens e argumentos anteriores a ele.

Todo livro requer um tempo e um lugar para ser escrito. Gostaria de agradecer ao National Endowment for the Humanities por me dar tempo para organizar e articular estes ensaios. A Universidade de Iowa, com sua tradição de sérios estudos teóricos sobre cinema (marcada por mais de uma dúzia de trabalhos nesta área), proporcionou uma atmosfera de estímulo. O Dr. Sam Becker foi a personificação desse estímulo e a própria imagem daquela tradição teórica.

Devo agradecer principalmente aos extraordinários alunos que durante cinco anos assistiram a meus cursos sobre teoria do cinema e que me ajudaram a chegar aos critérios e comparações contidos nestes ensaios. Quero citar especialmente vários ex-alunos, a maioria agora ensinando teoria do cinema, cujos trabalhos e discussões levaram-me a entender determinadas figuras. O claro e rigoroso tratamento de Hugo Munsterberg feito por Donald Frederickson conscientizou-me do poder de sua pouco conhecida teoria e da complexa tradição que a apoia. Jeffrey Bacal e James Spellerberg fizeram-me encarar aspectos e questões do pensamento de Einsenstein que se tornaram centrais para minha visão do grande russo. Brian Lewis e David Bordwell apoiaram e ampliaram enormemente meu ponto de vista sobre Jean Mitry.

De modo mais pessoal, quero agradecer a Christian Koch, Dennis Nastav, Anthony Pfannkuche, Ellen Evans e Donald Crafton, não apenas por suas contribuições à minha compreensão do assunto, mas por suas críticas a todo o esforço de teorização. De certo modo, graças a eles este livro foi uma parte viva de minha vida, e não apenas uma tarefa. As tarefas que permaneceram foram aliviadas e frequentemente assumidas por Larry Ward, de Iowa, e pelo meticuloso trabalho e bom humor pessoal de John Wright, da Oxford University Press.

J.D.A.
Iowa City
junho de 1975

INTRODUÇÃO

O TEMA

Que é teoria do cinema? Que fazemos em teoria do cinema? Os teóricos de cinema fazem e verificam proposições sobre cinema ou algum aspecto do cinema. Eles o fazem por motivos tanto práticos como teóricos. Quanto à questão prática, a teoria do cinema responde às perguntas feitas por aqueles engajados na feitura de filmes. O cinegrafista pode querer entender as vantagens e desvantagens da tela panorâmica; o produtor pode querer estudar com profundidade todas as ramificações do processo tridimensional. Em tais casos, a teoria do cinema clarifica o que os cineastas sem dúvida compreendem intuitivamente.

A teoria do cinema é estudada com mais frequência, como outras artes e ciências, pelo simples prazer do conhecimento. A maioria de nós simplesmente quer entender um fenômeno que experimentamos frutiferamente por muitos anos. Decerto, não há qualquer garantia de que a teoria do cinema vá aprofundar a apreciação dessa arte, e na realidade muitos estudantes reclamam da perda daquele prazer original irrefletido que todos já tivemos na sala de exibição. O que substitui essa perda é o conhecimento, a compreensão de como as coisas funcionam.

Essa situação, na qual o conhecimento de uma experiência começa a substituir a própria experiência, é um fenômeno peculiarmente moderno. Só o que é preciso é dar uma olhadela na livraria local para ver quantas experiências, que por si mesmas não são experiências da mente, estão sendo consideradas de modo racional. O mais comum seria o fenômeno da vida sexual do homem, que tem sido estudado por tantos manuais e trabalhos psicoterapêuticos. A religião, do mesmo modo, tem sido substituída por muitos pela filosofia da religião ou pela antropologia cultural, as quais colocam uma atividade da razão no lugar de uma de outra ordem. Todo o campo da psicologia tem como objetivo a compreensão consciente dos processos inconscientes. Essa lista poderia continuar e incluiria, é claro, a estética, a pesquisa racional do domínio da arte, um domínio que sem dúvida não é totalmente racional.

Perguntar se a razão pode acrescentar experiência é fazer uma pergunta que ultrapassa o objetivo deste pequeno estudo; mas é fazer uma pergunta que devemos ter sempre em mente, do contrário nossas interrogações se tornarão um substituto de nossa concepção do cinema. Acredito que quem estuda cinema é capaz de sentir mais tipos de filmes do que os que não estudam, e que os estudantes de arte veem os filmes simples, os filmes de sua juventude, de modo mais completo e mais intenso. Em qualquer campo o conhecimento pode enfraquecer a experiência, se o conhecedor o deixar. Mas isso não é necessário, pois o conhecimento deveria ser relacionado à experiência em vez de um substituto dela. Isso traz à luz a proposição socrática de que a vida irrefletida não vale a pena ser vivida. Devemos sempre lembrar-nos também da resposta do estudante a Sócrates: “A vida não vivida não merece ser analisada.”

A teoria do cinema é outra avenida da ciência e, como tal, está preocupada com o geral em vez de com o particular. Não está preocupada basicamente com filmes ou técnicas individuais, mas com o que pode ser chamado de a própria capacidade cinemática. Essa capacidade governa tanto os cineastas como os espectadores. Enquanto cada filme é um sistema de significados que o crítico de cinema tenta desvendar, todos os filmes juntos formam um sistema (cinema) com subsistemas (vários gêneros e outros tipos de grupos) suscetíveis de análise pelo teórico.

Nos Estados Unidos, a teoria do cinema mais bem conhecida é a teoria do *auteur* que, falando francamente, não é em absoluto uma teoria, mas um método crítico. Como todos os métodos críticos, baseia-se em alguns princípios teóricos, mas não visa especificamente a compreensão sistemática do fenômeno geral, e sim a avaliação de exemplos particulares do fenômeno. Nesse caso, o objeto de estudo é um filme específico ou um diretor específico. Como diz Andrew Sarris: “Pelo menos a teoria do *auteur* pode ajudar o estudante a decidir em qual filme prestar atenção e qual ignorar.” Ele e seus companheiros *auteurists* desenvolveram um sofisticado modo de descrever um filme ou um grupo de filmes chamando a atenção para detalhes e padrões significativos que iluminam a personalidade e a visão do cineasta. A teoria do *auteur* é também um modo de enumerar diretores numa hierarquia de valor. Como tal, pode ser de grande utilidade, mas certamente não é uma teoria. Como sua irmã de sangue, “a crítica de gênero”, organiza nossa história do cinema e nos torna sensíveis a alguns aspectos mostrando-nos quais os filmes que valorizamos ou deveríamos começar a valorizar.

Ambos esses métodos evitam os perigos do conhecimento impressionista que assola a crítica não sistemática, pois seguem um critério organizado e alguns princípios invariáveis que podem ser aplicados a uma série de filmes, um após o outro. Mas mesmo isso não é teoria em seu sentido puro, pois seu objetivo é uma apreciação do valor dos trabalhos individuais do cinema, não uma compreensão da capacidade cinemática. Podemos chamar a crítica de “teoria cinematográfica aplicada”, exatamente como chamamos a engenharia de “ciência física aplicada”. Mas devemos sempre lembrar que a crítica cinematográfica pode ser fortuita e casual ou, como nos dois casos em questão aqui (crítica de gênero e estudo do *auteur*), pode ser sistemática, progressiva e formal.

Enquanto a maioria das críticas começa com alguns princípios teóricos gerais, a maioria das teorias começa com perguntas geradas pelos filmes ou técnicas individuais; mas as respostas devem sempre ser aplicáveis a mais filmes do que aquele que gerou a pergunta. Do mesmo modo, um botânico deve ser levado a fazer uma pergunta geral pela aparência de uma flor em particular, mas sua teoria deve ser aplicável a mais flores do que aquela que ele primeiro observou; do contrário, ele não seria um cientista, mas um curioso.

Assim, o objetivo da teoria do cinema é formular uma noção esquemática da capacidade dessa arte. Pode-se argumentar que o cinema não é uma atividade racional e que nenhuma descrição esquemática será algum dia adequada. Mas isso nos leva de volta ao nosso problema do conhecimento e da experiência. Quando lhe perguntam: "Que valor possível existe na tentativa de se considerar cientificamente o cinema?", o teórico de cinema deve responder que a esquematização de uma atividade permite-nos relacioná-la aos outros aspectos da nossa vida. Ao descrever uma atividade em termos racionais, podemos discuti-la ao lado de outras atividades esquematizadas, sejam elas racionais ou não. O teórico de cinema deveria ser capaz de discutir seu campo com o linguista ou o filósofo de religião.

Ninguém jamais equipararia uma teoria do cinema, que afinal de contas é apenas uma ordem de palavras, à experiência de um filme. Mas, ao mesmo tempo, quem negaria o valor da geologia apenas porque ela reduz os fenômenos das substâncias terrestres a fórmulas químicas e matemáticas? São precisamente essas fórmulas que nos permitem ver o lugar da Terra no conjunto do universo. De modo semelhante, a generalidade da teoria do cinema nos dá um caminho para compreendermos uma experiência em novos termos, os quais nos deixam colocá-la no universo de nossa experiência como um todo. Nossa experiência do cinema não mais deve ser um aspecto isolado de nossa existência. Alguns podem objetar que, ao colocar o cinema num mundo mais amplo, ao tratá-lo em termos que nos permitem cruzá-lo com outros tipos de experiência, destruímos a singularidade e santidade da experiência do cinema. Mas a maioria de nós está feliz por ser capaz de pensar e falar sobre aquilo que tanto amamos e que continuamos a amar. E a maioria de nós pensa no cinema, não como um modo sagrado de estar com o mundo, mas como outro modo, diferente, de ser humano, diferente de – mas relacionado a – coisas como literatura, ritual religioso e ciência. A teoria do cinema pretende articular esse modo de ser humano, essa capacidade cinemática.

O MÉTODO

Podemos esperar que todos os teóricos de cinema se aproximem de seu tema logicamente, apesar de sabermos que a lógica de um teórico vai diferir da de outro. A seu próprio modo, cada teórico colocará o que considera ser uma pergunta importante sobre cinema e, tendo respondido a ela (ou, no ato de tentar dar uma resposta), será forçado a fazer outras perguntas afins. As teorias do cinema, assim, são redutíveis a um diálogo sinuoso de perguntas e respostas, e podemos compará-las provisoriamente apenas examinando os tipos de perguntas feitas e a prioridade dada a cada pergunta. Nosso estudo, no entanto, seria trivial se apenas enumerássemos todas as perguntas formuladas por cada teórico e as respostas dadas. Tal lista por si só nunca geraria a comparação, o contraste e a esquematização das ideias sobre cinema.

Para comparar teóricos, devemos forçá-los a falar de questões semelhantes, categorizando suas perguntas. Cada pergunta sobre cinema está contida em pelo menos um dos seguintes títulos: matéria-prima, métodos e técnicas, formas e modelos, objetivo ou valor. Essas categorias, adaptadas de Aristóteles,* dividem o fenômeno do cinema em aspectos que o compõem e que podem ser examinados.

1. "A matéria-prima" inclui perguntas sobre o veículo, tais como as que procuram sua relação com a realidade, fotografia e ilusão, ou as que dizem respeito a seu uso do tempo e do espaço, ou mesmo as que se referem a processos como cor, som e a decoração da sala de exibição. Tudo o que existe como um estado de coisas com o qual começa o processo cinemático pertence à categoria da "matéria-prima".

2. "Os métodos e técnicas" de cinema compreendem todas as perguntas sobre o processo criativo que dá forma ou trata a matéria-prima, indo das discussões sobre os desenvolvimentos tecnológicos (como a tomada em *zoom*) à psicologia do cineasta ou mesmo à economia da produção cinematográfica.

3. "Formas e modelos" do cinema é a categoria que contém perguntas sobre os tipos de filmes que foram ou poderiam ser feitos. Perguntas sobre a capacidade do cinema de adaptar outros trabalhos de arte pertencem a essa categoria, assim como perguntas sobre gênero e a expectativa da plateia ou sobre a repercussão. Aqui analisamos os filmes partindo da premissa de que são um processo completo no qual a matéria-prima já tomou forma através de vários métodos criativos. Que determina essas formas e como elas são reconhecidas por uma plateia?

4. "Objetivo e valor" do cinema é a categoria que se relaciona aos aspectos mais amplos da vida, pois aqui residem todas as perguntas que investigam o objetivo do cinema no universo do homem. Uma vez que a matéria-prima foi moldada por um processo, obtendo determinada forma significativa, que significa isso para a humanidade?

Quer essa seja ou não perfeita divisão de perguntas sobre cinema, parece-nos uma divisão justa e útil, e todo teórico implicitamente responde a cada

* A divisão de Aristóteles das quatro "causas" de qualquer fenômeno natural (material, eficiente, formal e final) é desenvolvida em sua *Física*, II, seção 3.

tipo de pergunta. Podemos conhecer muito sobre um teórico observando que categoria de perguntas mais o intriga. Em qualquer caso, em cada análise é feita uma tentativa para ver que tipo de respostas e questões é gerado por cada categoria de perguntas. Desse modo, as comparações de posições teóricas são bem mais fáceis. Sem dúvida, esse caminho é injusto com alguns teóricos, pois impõe uma espécie de esquema lógico às suas observações, que podem ajustar-se a elas desajeitadamente, mas proporciona uma perspectiva constante que nos permitirá obter um resumo das teorias do cinema, e nos dá as coordenadas que nos permitem começar a mapear essas teorias.

Apesar de haver incontáveis perguntas que podem ser catalogadas dentro dessas categorias, na realidade precisamos estar preocupados com apenas umas poucas. A razão disso é que a teoria do cinema forma um sistema no qual a resposta a qualquer pergunta pode facilmente levar à próxima pergunta, e qualquer pergunta pode ser reformulada. Estas duas proposições sobre teoria do cinema são essenciais: 1) a transposição de perguntas e 2) a interdependência de perguntas. Vamos analisá-las brevemente.

1. Transposição de perguntas

Os teóricos do cinema podem começar com uma pergunta relacionada a uma categoria e abordar as outras apenas implicitamente. Um teórico como Pudovkin estava muito interessado em perguntas sobre a criação de um filme. Ele discutiu questões técnicas do ponto de vista de um cineasta. Que espécie de montagem organiza melhor uma cena? Que espécie de interpretação é adequada a um filme épico histórico? Que deveríamos fazer com a nova invenção, o som?

Outros teóricos iniciais estavam interessados no cinema do ponto de vista do espectador. Como um espectador responde à montagem paralela ou a um filme do tipo *cinéma-vérité*, que tenta ganhar em imediatismo o que perde em atração visual? Alguns teóricos vão direto às próprias imagens projetadas para fazerem suas perguntas. Qual é a natureza do filme? Qual a sua relação com a realidade? Como a fotografia e o som se relacionam? O cinema é uma arte espacial ou temporal? Em sua essência, o que distingue o cinema?

Um único fenômeno pode ser estudado de qualquer perspectiva ou pode ser transposto e questionado de todas as perspectivas. Por exemplo, a pergunta de Pudovkin sobre os tipos de uso que podem ser feitos do cinema sonoro poderia ser reformulada: "O som sincronizado fará a imagem parecer mais real para o espectador ou, ao contrário, aumentará a ilusão do filme de ficção?" Essa transposição pode ser mais tarde redefinida para se ajustar à perspectiva material: "Seria o som mais real que a fotografia, por ser a reprodução de um fato auditivo, enquanto a imagem é uma representação em duas dimensões de um fato visual?" Assim, mesmo se dois teóricos começarem de diferentes perspectivas, podemos relacionar seus pontos de vista transpondo as perguntas.

2. A interdependência de perguntas

Não apenas uma única pergunta pode ser feita de diferentes perspectivas, mas uma única pergunta pode conter em si várias perguntas. A resposta que um teórico do cinema dá a uma pergunta que o interessa algumas vezes pode ser extrapolada para servir a todas as perguntas a que está relacionada. É assim que nós podemos nos aventurar a adivinhar, por exemplo, a opinião de Munsterberg sobre a proporção da tela panorâmica através de suas respostas às perguntas sobre cor e som. Cor, som e dimensões da tela são todas questões relacionadas com a tecnologia do cinema, com a arte cinematográfica. Podemos generalizar a partir da menor observação feita por um teórico sobre som até sua opinião sobre a questão mais ampla, mais genérica, da tecnologia. Em outras palavras, dentro de cada categoria as perguntas podem ser organizadas em uma hierarquia que vai do mais geral ao muito específico. Isso permite-nos caminhar continuamente em direção a perguntas cada vez mais gerais.

Para melhor resultado, podemos reunir todas as perguntas que um teórico responde e retirar as quatro perguntas básicas que servem como nossas categorias. 1) Que é que ele considera o *material* básico do cinema? 2) Que *processo* transforma esse material em algo significativo, algo que transcende tal material? 3) Quais as *formas* mais significativas que essa transcendência assume? 4) Que *valor* o processo como um todo tem em nossas vidas? Nos ensaios que se seguem, haverá uma tentativa de organizar a discussão de cada teórico em seções que tratam desses quatro tipos de perguntas. Os subtítulos dos capítulos são variações do tema de cada categoria. Ocasionalmente, duas categorias precisam ser tratadas como uma, de modo a preservar o caráter particular da concepção de determinado indivíduo. Mas em todos os casos os teóricos serão confrontados com os mesmos tipos de perguntas sobre o cinema e sobre seu valor e objetivo.

Para resumir: ao transpor perguntas e ao seguir seus ramos de interdependência, somos capazes de comparar os mais diversos teóricos, teóricos que começam de diferentes perspectivas e que fazem aparentemente diferentes perguntas. Se isso não fosse possível, a teoria do cinema se tornaria mera coleção de perguntas não relacionadas respondidas fortuitamente por vários indivíduos. Mas com essas duas proposições, isto é, considerando-se a teoria do cinema como um sistema, todas as perguntas e todas as perspectivas são inter-relacionadas.

Isso não significa, é claro, que todas as respostas dadas às perguntas serão iguais, ou que todos os teóricos terão a mesma perspectiva ou farão essencialmente as mesmas perguntas. O que realmente significa é que a teoria do cinema é um empreendimento lógico e que, ao mesmo tempo em que precisamos notar a diferença de abordagem de qualquer teórico em particular, precisamos ser capazes de comparar e contrastar seus pontos de vista com os nossos e com os de outros teóricos.

Em outras palavras, devemos examinar não apenas as perguntas que o teórico faz (apesar, repito, de isso revelar muito sobre ele), mas as bases dessas perguntas e as consequências que elas implicam. Devemos examinar cada teoria tão amplamente quanto possível, isto é, devemos examiná-las de maneira sistemática.

PARTE I

A Tradição Formativa

Como o nosso século provou ser um século de crítica, não surpreende o fato de as teorias do cinema terem aparecido antes de o processo cinematográfico completar 20 anos. Nunca antes uma arte foi pesquisada tão rapidamente por intelectuais que tentavam entendê-la ou, com maior frequência, que tentavam colocá-la apropriadamente em seu caminho.

Os primeiros ensaios sérios sobre o cinema naturalmente procuraram encontrar um lugar para ele na cultura moderna. O cinema havia crescido como uma trepadeira em redor dos grandes ramos de cultura popular e séria. Havia mesmo começado a alterar a visão cultural de sua história. No entanto, deve ter sido difícil, de início, separar o cinema dos eventos que ele registrava, e mais difícil ainda analisá-lo isoladamente das artes e entretenimentos estabelecidos dos quais dependia para adquirir sua forma e seus próprios métodos de atingir uma plateia.

As primeiras "teorias" parecem mais anúncios de nascimento do que pesquisas científicas. Indivíduos que sentiram uma simpatia imediata pelo cinema e que queriam vê-lo florescer por conta própria perceberam que primeiro tinham de libertá-lo de outros fenômenos que o apoiavam e aos quais o público naturalmente associava. Isso significou um ataque imediato ao realismo na tela e àqueles que, como Lumière, tinham a certeza de que o cinema não tinha um significado duradouro além dos eventos que podia registrar.

Esses teóricos lutaram para dar ao cinema o *status* da arte. O cinema, argumentavam, era igual às outras artes porque transformava o caos e a ausência de significado do mundo numa estrutura e num ritmo autossustentados. Durante essa época, foram feitas comparações entre o cinema e virtualmente todas as outras artes. O teórico Vachel Lindsay foi o primeiro norte-americano a publicar uma teoria do cinema (*The Art of the Moving Picture*, 1916), e mostrou especificamente que o cinema se beneficiava das propriedades de todas as outras artes, inclusive a arquitetura. Na França, um círculo de entusiastas do cinema comparou-o incessantemente com a música, concentrando-se em sua capacidade de moldar o fluxo e a aparência da realidade. Seguindo os passos iniciais de Ricciotto Canudo, e sob a bandeira levantada por Louis Delluc, líder do movimento de vanguarda do cinema francês até sua morte, em 1924, esse grupo não apenas queria ver o cinema considerado uma arte, mas insistia em que era uma arte independente.

Inúmeros ensaios desse período (1912-25) diferenciavam em altas vozes o cinema do teatro. A maioria afirmava que, pelo fato de o cinema em sua infância ter sido economicamente obrigado a registrar desempenhos teatrais, ele nunca superara o teatro na busca de sua própria essência. A vanguarda dos anos 1920 salientou as qualidades musicais, poéticas e, sobretudo, oníricas inerentes à experiência cinematográfica. Delluc tentou resumir sua concepção da nova arte numa palavra mística, *photogénie*, aquela qualidade especial disponível apenas ao cinema, que pode transformar tanto o mundo como o homem com um simples gesto. O cinema é fotografia, mas fotografia elevada a uma unidade rítmica e que, em troca, tem o poder de gerar e ampliar nossos sonhos. Os artigos e livros de Germaine Dulac, Jean Epstein e Abel Gance abundam em declarações líricas sobre a singularidade do cinema. As proposições estéticas são avançadas, mas raramente fundamentadas de modo rigoroso. Foi suficiente, na década de 1920, conceber e apresentar vigorosamente novas maneiras de se ver o cinema (como "forma plástica", ou "tempo congelado", ou "sincronizado com o tempo de nossos sonhos cotidianos").

Ao mesmo tempo em que a *teoria poética do cinema* aparecia na França junto com os primeiros cineclubes e os artistas cinematográficos de vanguarda, a indústria cinematográfica institucional alemã estava laboriosamente criando o movimento que chamamos *expressionismo*. Esse movimento, que leva a sério o ditado formativo de transformar a vida cotidiana, não teve teóricos reais que falassem por ele, apesar de, entre todos os movimentos da história do cinema, ter permanecido mais próximo das ideias da intelligentsia de que se originou. Certamente existem interessantes observações de atores, desenhistas, escritores e diretores expressionistas com relação ao método e à função do cinema, mas nenhuma ampla teoria expressionista do cinema foi jamais formulada.

Quando, em 1925, o movimento alemão perdeu seu poder original e a vanguarda francesa se desintegrou, o centro do pensamento avançado sobre cinema mudou-se para Moscou. A Rússia abrira sua famosa Escola Estatal de Cinema em 1920 e, ao redor dessa escola, desenvolveram-se entusiasmadas e produtivas discussões. Lev Kuleshov, Dziga Vertov, V.I. Pudovkin e especialmente Sergei Eisenstein são os nomes mais frequentemente associados a esse período. Quase todas as questões relativas ao cinema foram catalogadas por esse grupo como questões de montagem. As ideias de Eisenstein avançaram, mas nunca devemos esquecer-nos de que seus escritos foram compostos no contexto de uma vasta e vibrante atmosfera de debate.

O fim do cinema mudo gerou grande número de ensaios importantes. Por volta de 1929, o número de publicações dedicadas à teoria do cinema (incluindo revistas em inglês como *Close Up* e *Experimental Cinema*) indica que uma significativa comunidade mundial considerava o cinema poderosa forma de arte.

Estetas apareceram por toda parte para debater a nova direção que o cinema deveria tomar depois que o som perturbara seu equilíbrio. Todo esse debate ocorreu numa atmosfera definitivamente formativa.

Paradoxalmente, a chegada do som parece marcar o declínio da grande era da teoria formativa do cinema. No entanto, por volta de 1935 já era considerado certo em quase todos os círculos cultos que o cinema era uma arte, independente de todas as outras artes, mas tendo em comum com elas o processo de transformação através do qual um assunto banal torna-se uma declaração eloquente e brilhante. Se muitos de nós ainda veem o cinema desse modo, se a maioria dos artigos sobre cinema ainda se apega a essa perspectiva geral, isso ocorre em grande parte por causa da poderosa concepção defendida entre 1915 e 1935.

capítulo 1

Hugo Munsterberg

Quando Hugo Munsterberg escreveu *The Photoplay: A Psychological Study*, em 1916, escreveu sem precedente, e talvez por essa razão a sua não seja apenas a primeira, mas também a mais direta das principais teorias do cinema. Sua mente não foi distraída pelo ruído de argumentos, nem a memória o alimentava com obstinados contra-argumentos, pois o cinema dificilmente poderia ser considerado sofisticado o bastante para tentar qualquer coisa diferente do que preencher as funções que sabia poder controlar. Como Munsterberg afirma que só assistiu a filmes num período de cerca de dez meses antes de escrever seu livro (ele tinha vergonha de ser visto num cinema), seu legado visual foi obviamente restrito. Ele tentou superar isso com a energia e a obstinação de um especialista, pesquisando cuidadosamente o cinema e estudando sua história o quanto pôde. No entanto estava claramente interessado em discutir, não os primórdios do cinema, mas os maravilhosos filmes históricos de 1915 aos quais, é claro, assistiu quase diariamente.

O livro de Munsterberg divide-se em uma estética e uma psicologia do cinema, e ele era proeminentemente qualificado nas duas áreas. É frequentemente identificado como um dos fundadores da moderna psicologia e escreveu amplamente sobre o assunto para o especialista e para o leigo. Em filosofia, suas credenciais são até mais impressionantes. Ele fora importado da Alemanha para Harvard por William James e acabou se tornando diretor do Departamento de Filosofia durante a era não apenas de James, mas de Royce e Santayana. Parece ter tido uma inteligência tenaz e quando, em 1915, apontou essa inteligência para o cinema, não descansou até explicar seus trabalhos para si mesmo e justificar sua importância para os intelectuais da época, que o consideravam incipiente e tolo.

ASSUNTO E MEIOS

O livro de Munsterberg começa com uma introdução histórica, fruto de sua tentativa de conhecer tudo o que podia sobre o veículo. Essa seção, intitulada "Introdução", pode parecer autônoma e tangencial à sua teoria, especialmente para o leitor que sabe que a reputação de Munsterberg reside na filosofia e na psicologia, certamente não em história. Além disso, Munsterberg segue uma longa tradição de conhecimento quando examina a gênese do cinema antes de analisá-lo. As perguntas "O que quero examinar?" e "Como veio a ser assim?" têm uma precedência natural sobre perguntas como "De que modo funciona?" e "Que posso fazer com isto?" Mas não nos devemos enganar, pois a introdução informal de Munsterberg se encaixa no centro de seu argumento. O que a princípio parece uma simples cronologia de acontecimentos importantes serve, numa segunda olhadela, para resumir o modo pelo qual a instituição do cinema, assim como qualquer outro exemplo de cinema, pode existir.

A história do cinema de Munsterberg divide-se claramente entre o que ele chama de desenvolvimentos cinematográficos "externos" e "internos", entre a história tecnológica do veículo e a evolução do uso, pela sociedade, desse veículo. Munsterberg argumenta que a tecnologia proporcionou o corpo desse novo fenômeno e que a sociedade deu vida a esse corpo, forçando-o a desempenhar inúmeros papéis reais. Sem a tecnologia não haveria filmes e sem as pressões psicossociológicas esses filmes permaneceriam, sem ser projetados, em porões e museus. É a avidez da sociedade por informação, educação e entretenimento que permite ao cinema existir, sem dúvida.

A introdução de Munsterberg culmina com uma apologia à capacidade narrativa do cinema. Conta a lenda de um jovem cinema submetido, em seus primeiros anos, à escravizadora documentação de peças teatrais, libertando-se, inevitável mas heroicamente, para encontrar seu próprio destino como veículo da narrativa. Esse veículo ele chamou, na linguagem de sua época, de "peça cinematográfica" (*photoplay*).

Assim, a história do cinema mostra uma propulsão inelutável de (estágio um) brincadeira com insignificâncias visuais para (estágio dois) o desempenho de importantes funções na sociedade, como educação e informação, e finalmente, através de sua afinidade natural com a narrativa, para seu verdadeiro domínio, (estágio três) a mente humana. Depois dessa introdução, Munsterberg não mais menciona qualquer tipo de cinema, exceto o cinema narrativo. Para ele, o cinema é realmente mera insignificância sem a narração. Apenas quando o insignificante coloca em funcionamento a capacidade narrativa da mente é que a peça cinematográfica ganha vida e, através dela, os milagres artísticos do cinema que todos reconhecemos.

Munsterberg sempre se preocupou mais com o espectador e com o "arco de comunicações" do que com a feitura do filme. É interessante o fato de Munsterberg nunca ter discutido o diretor ou o roteirista como força criativa. Evidentemente, ele achava que os poderes impessoais da tecnologia e da sociologia trabalhavam através dos cineastas para dar origem aos filmes. Aquilo a partir de que trabalhavam, a partir de que os diretores faziam cinema, era a principal preocupação e a instigante inspiração de Munsterberg: a mente humana. A primeira metade de seu livro desenvolve essa ideia. Cínicos poderiam satirizar di-

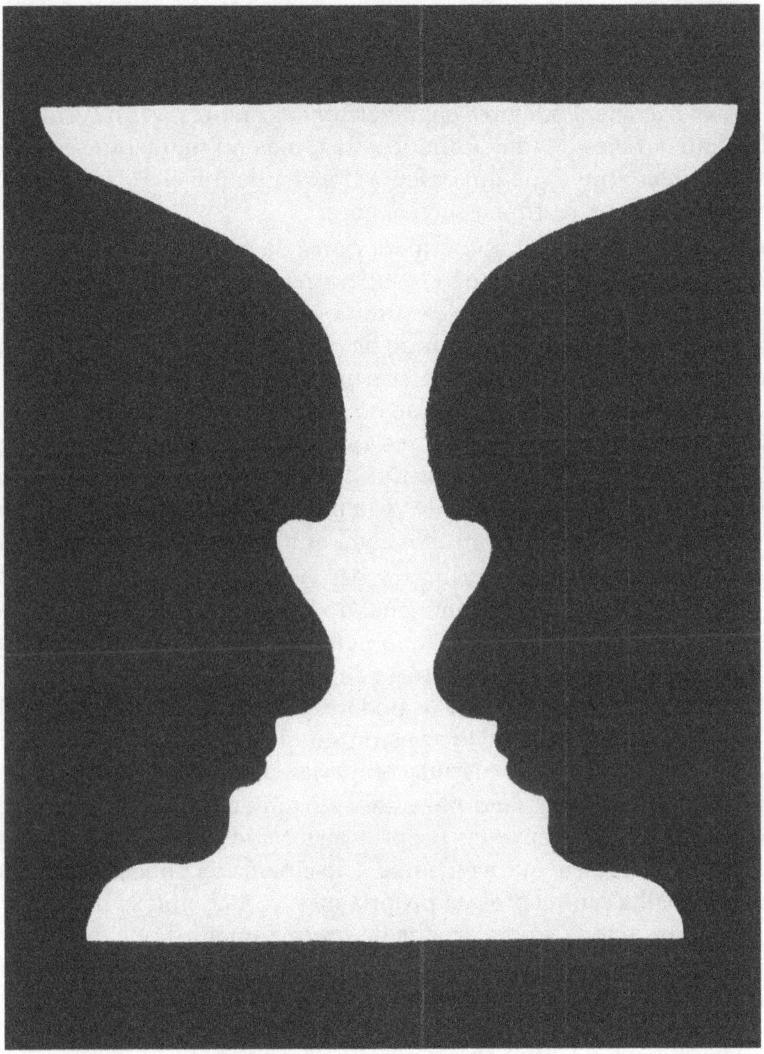

FIG. 1 Um clássico dilema figura/fundo.

zendo que apenas um filósofo idealista como Munsterberg seria capaz de conceber a mente como matéria-prima; mas Munsterberg estaria pronto a contra-argumentar com um impressionante elenco de evidências psicofisiológicas concretas.

Como os psicólogos gestaltistas, aos quais precedeu por apenas alguns anos, ele achava que toda experiência é uma relação entre uma parte e o conjunto, entre figura e fundo. É a mente que tem a capacidade de resolver essa relação e organizar seu campo perceptual. Ele atribui a sensação de observar o movimento à mudança de lugar de uma imagem em seu território e menciona que podemos, através da cuidadosa atenção, reverter essa relação, alterando nossa percepção do movimento. O movimento das nuvens e da lua dá o melhor exemplo dessa experiência. Podemos, em determinadas noites, ver nuvens passando delicadamente através de uma imperiosa lua, mas no momento seguinte a lua começa a deslizar através de uma escura floresta de nuvens. Tudo depende de como nossa atenção estrutura as percepções.

Munsterberg tinha uma noção hierárquica da mente; isto é, achava que ela continha vários níveis, com os níveis superiores dependendo da ação dos inferiores. Cada nível resolve o caos de estímulos indistintos mediante um ato verdadeiro, criando virtualmente o mundo de objetos, eventos e emoções que cada um de nós experimenta. Em seu primeiro nível, a mente dá movimento ao mundo sensorial. Sabe-se que sua descrição do chamado *fenômeno-phi** o coloca décadas à frente de teóricos posteriores que explicariam a ilusão do cinema recorrendo à teoria da "retenção de estímulos visuais". Munsterberg, caracteristicamente, ultrapassou esse ponto de vista passivo, adotando um ativo, no qual a mente, em seu nível mais primitivo, confere movimento aos estímulos.

Ele sabia que a retina retém impressões visuais momentaneamente depois que um estímulo foi removido, como quando fechamos os olhos depois de olhar para o sol; mas ele mostra que esse fenômeno passivo não é capaz de explicar o modo pelo qual damos vida a uma série de fotografias paradas (*stills*). O fenômeno-phi explica isso ao salientar os poderes ativos da mente que literalmente fazem sentido (movimento) devido a estímulos distintos. Munsterberg descreve esse fenômeno recorrendo a algumas experiências de percepção, mas nunca tenta explicá-lo. Esse fenômeno-phi é para ele um dado. Mostra que em seu nível mais básico a mente tem suas próprias leis e constrói nosso mundo exercitando-as. Mostra também que a tecnologia do cinema reconhece implicitamente essas leis e trabalha seus efeitos na própria mente. A complexa maquinaria (câmaras, projetores e toda a parafernália de processamento) que produz fotografias paradas intermitentes foi desenvolvida para trabalhar diretamente sobre a matéria-prima da mente. O resultado é o filme.

Essa única, básica capacidade mental foi suficiente para levar Munsterberg a conceber todo o processo cinemático como um processo mental. O cinema, para ele, é a arte da mente, assim como a música é a do ouvido e a pintura, a do olho. Toda a sua tecnologia e sociologia se originam dessa crença. Todas as invenções e uso do cinema foram desenvolvidos para moldar e criar filmes a partir da mente humana. É a mente a fonte do cineasta e a substância dos filmes.

Pareceu óbvio a Munsterberg considerar todas as propriedades cinemáticas mentais. Além da qualidade básica do movimento, ele nota que primeiros pla-

* O movimento ilusório de linhas, figuras, ou outros objetos mostrados numa rápida sucessão de posições diferentes, sem que na verdade qualquer movimento autêntico seja apresentado à visão. (N.E.)

nos e ângulos de câmara existem não apenas por causa das lentes e câmaras que os tornam tecnicamente possíveis, mas por causa do próprio modo de trabalho da mente, que ele rotula de "atenção". A mente não apenas vive num mundo em movimento, ela organiza esse mundo através da propriedade da atenção. Do mesmo modo, o filme não é mero registro do movimento, mas um registro organizado do modo como a mente cria uma realidade significativa. A atenção opera no mundo da sensação e do movimento, como o ângulo, a composição e a profundidade focal são propriedades um degrau acima do mero registro de fotografias intermitentes.

Num nível ainda mais elevado, Munsterberg confronta as operações mentais da memória e imaginação que superam a simples atenção para dar a esse mundo um sentido, um impacto, uma direção pessoal. As propriedades fílmicas que respondem a essas operações mentais são os vários tipos de montagem, que conferem tanto ao movimento quanto ao trabalho significativo da câmara uma direção dramática e uma organização. No mais alto nível mental estão as emoções, que Munsterberg considera os eventos mentais completos. Apesar de ele nunca distinguir, nesse livro pelo menos, entre a mente e suas emoções, a mente deve organizar os poderes e atividades das emoções. O aspecto cinemático correspondente à emoção é a própria história, a mais alta unidade ou ingrediente disponível a essa arte da narrativa, e a que dirige todos os processos inferiores do cinema.

Assim, ao elaborar sua hierarquia psicológica, Munsterberg indicou cuidadosamente os análogos materiais do cinema relacionados a cada estágio mental. A primitiva ilusão de movimento dada a nós pela ação da mente sobre fotografias intermitentes é complementada pela atenção seletiva obtida via ângulo, composição, tamanho da imagem e iluminação. Correspondendo à memória e à imaginação estão os recursos naturais de montagem, que diminuem ou aumentam o tempo, criam ritmo e desvendam retrospectos ou cenas de sonho. Finalmente, Munsterberg afirma: "Registrar emoções deve ser o objetivo central da peça cinematográfica."[1] Como os materiais do cinema são os recursos da mente, a forma do cinema deve espelhar os acontecimentos mentais, isto é, as emoções. O cinema não é o veículo do mundo, mas da mente. Sua base não reside na tecnologia, mas na vida mental.

Finalmente, podemos ver como Munsterberg presta apenas uma rápida atenção aos documentários e filmes educacionais. Eles podem ter valiosas funções sociais, mas nunca podem atingir o *status* de peça cinematográfica, que é uma forma baseada na verdadeira matéria-prima do cinema, o movimento dos processos mentais. Também podemos ver por que ele achava que a cor e o som demonstrariam ser mais do que supérfluos para a experiência cinemática. Eles são desenvolvimentos técnicos que não ativam um novo nível mental. Para ele, a tecnologia de 1915 já servia de modo ideal para moldar as maiores obras de arte de que o cinema seria capaz e para realçar nossas vidas, em consequência preenchendo inteiramente os objetivos da arte. Como sua posição é diferente da de Bazin, que, 30 anos mais tarde, afirmaria que o cinema deve ser visto como um fenômeno em evolução, desenvolvendo permanentemente uma tecnologia cada vez mais perfeita, que servirá a objetivos impensáveis ao nos dar formas inimagináveis de cinema. Nunca passou pela cabeça de Munsterberg que o objetivo do cinema de mais alto nível poderia ser diferente do objetivo tradicional da arte ou que sua forma poderia não seguir os preceitos estabelecidos para todas as artes bem-sucedidas.

FORMA E FUNÇÃO

Munsterberg foi em primeiro lugar e sempre um filósofo, um idealista da escola neokantiana. E é a estética kantiana que ele nos entrega pré-embrulhada no início da parte II de seu livro. Para usar nosso sistema de categorias, foi o valor, função ou propósito do cinema que primeiro deve ter atingido sua mente, a partir do momento em que ele se viu voltando inúmeras vezes aos filmes de 1915. Para ele, a experiência de se deixar levar por uma história cinematográfica provou que o cinema era uma arte, tendo o objetivo da arte, e é em direção à estética do filme que tende a sua psicologia do cinema.

Seguindo Kant, Munsterberg utiliza um tipo inteiramente diferente de análise quando se volta da psicologia para a estética. A psicologia é parte de um modo de pensar científico. Tenta explicar aspectos do que Kant chamou de *domínio fenomênico*, o domínio do senso de experiência onde as coisas são ligadas no tempo, no espaço e na causalidade. A introdução histórica de Munsterberg descreveu a epiderme do cinema, tratando-o como um objeto *in natura*. A parte I concentrou-se na psicologia porque Munsterberg considerava o cinema um objeto para experiência exigindo que o relacionemos com o local da experiência, a mente. A história, em resumo, descreveu o objeto que em geral chamamos de cinema, e a psicologia mostrou como aquele objeto externo cria o objeto interno, que é na realidade o filme. Juntas, estas análises explicam os aspectos "fenomênicos" do cinema.

A segunda metade de seu livro sai da ciência para a filosofia, de modo a explicar a forma e a função do cinema, isto é, o *domínio numênico*. Embora a ciência seja capaz de mostrar como uma coisa ganhou existência e como funciona em nossas vidas, é incapaz de descrever o valor desse objeto. Por isso, precisamos recorrer à filosofia, e especificamente à filosofia de valor e à estética neokantiana que Munsterberg praticou e defendeu por 40 anos.

A estética desempenha importante papel no conjunto filosófico de Kant, e papel ainda mais importante no sistema de Munsterberg. As ciências do mundo fenomênico nunca podem sair desse mundo para a base da vida e da consciência. Elas estão trancadas dentro de um mundo de causalidade. Kant descobriu que, para a ciência ser considerada correta ou "verdadeira", temos de acreditar na transcendência de determinadas categorias lógicas que existem no numênico, não na esfera fenomênica. Essas categorias não podem ser provadas, mas sem elas toda a nossa ciência e o senso comum cotidiano se desintegram. A lógica não está sozinha nesse domínio numênico. Ele também colocou lá os primeiros princípios éticos que servem para justificar nosso senso moral normal, dando-nos a capacidade de julgar que uma ação é melhor que outra e, mais importante, nos permitindo superar-nos ao fazer tal julgamento. Assim como pedimos que todos aceitem os princípios lógicos através dos quais damos sentido ao mundo material, do mesmo modo pedimos que todos reconheçam a transcendência de determinados princípios morais sem os quais não poderíamos falar apropriadamente de ações certas e erradas.

Lógica e ética juntam-se à estética para completar a pesquisa de Kant do numênico. Aqui também determinados princípios inatos e transcendentes são indicados para ressaltar nossa vida sensual básica. Vemo-nos atraídos ou repelidos por vários objetos e experiências, e Kant precisa mostrar que esse aspecto "afetivo" de nossas vidas não é completamente governado pela pura causalidade física, que não estamos completa e passivamente à mercê de nossa psique e dos frívolos estímulos do mundo. Ele argumenta que, enquanto a maioria de nossos sentimentos e julgamentos baseia-se no princípio do prazer, e são dessa forma explicáveis dentro do domínio normal da psicologia, nossa experiência do realmente belo coloca-nos momentaneamente fora do alcance de todas as considerações de ganho ou prazer pessoal. Confrontamos um objeto ou experiência por si mesmo e sentimos que se justifica em si mesmo. Eis por que Kant chama o objeto belo de um objeto tendo "objetividade sem objetivo". Parece perfeitamente desenhado, de tal modo que cada uma de suas partes trabalha em direção a um conjunto magnificente, mas nada podemos fazer com ele, exceto experimentá-lo. É afastado de outros objetos e experiências, assim como somos afastados momentaneamente da continuidade normal do autointeresse, que inclui nossa vida cotidiana e nossos projetos. Tanto a mente como o objeto flutuam livremente durante essa experiência. Kant diz que a mente é "desinteressada", isto é, não tem a intenção de transformar esse objeto em objeto de uso enquanto o objeto está "isolado", afastado de todos os outros objetos do mundo. Não olhamos para ele para ver como nos pode ajudar, nem para descobrir seu lugar no esquema mais amplo das coisas. Durante a experiência estética, esse objeto torna-se para nós todo o contexto, um fim em si mesmo, um *valor terminal*.

O que agradava tanto a Kant quanto a Munsterberg era que esse valor não nos ajuda absolutamente, nada nos faz ganhar. Não temos por que mantê-lo. No entanto, argumentaram, nossa atração sem egoísmo por esse valor prova a existência da transcendência, prova a realidade de todo o mundo de valores. Os materialistas sempre argumentaram que a lógica e a ética são fabricadas por uma mente frenética incapaz de lidar com o mundo arbitrário das substâncias e dos princípios morais. Tendo que justificar nosso senso comum e nossa moralidade comum, inventamos o domínio "numênico" e afirmamos que ele faz com que *o* mundo permaneça unido, quando na realidade é uma simples armadilha psicológica destinada a manter *nosso* mundo unido. Na verdade, tais materialistas usam a psicologia para explicar os sentidos humanos universais ao seu redor. Eles tentam explicar o numênico pelo fenomênico. Tanto Kant quanto Munsterberg foram sensíveis a esses ataques e chegaram à estética para escorar o indefeso mundo da transcendência. Eles descobriram que na pura experiência da beleza o homem encontra uma transcendência que não o atinge diretamente e que a psicologia dos materialistas não pode explicar. A beleza salva tanto a verdade como a bondade.

No objeto de arte, a mente de repente descobre no mundo um objeto construído com perfeição para ele, assegurando a exatidão tanto do objeto como da mente perceptiva, os quais escapam por um momento da apressada tensão ininterrupta existente entre o homem e o mundo. Para Munsterberg, o objeto de arte isolado deve atingir o receptor desinteressado com toda a sua singularidade, primeiro pressionando a mente e depois relaxando-a. Alguns filmes, ele descobriu, alcançam isso plenamente.

Evidentemente, o efeito foi tão forte que ele se recusou a acreditar que o filme era uma forma de arte inferior. Os que afirmam ser este um mero derivado da arte do teatro ignoram o fato de que, quando vemos uma fotografia da pintura renascentista, desejamos ver o original e, desse modo, não ficamos realmente satisfeitos com o objeto em frente a nós; mas quando vemos um bom filme ficamos satisfeitos e não o consideramos um teatro deslocado. Nossas mentes são invadidas por esse objeto na tela e são afastadas de todos os outros compromissos. O filme então desliza para sua conclusão moldado de tal forma que *se mantém* longe do mundo real e *nos mantém* no que tem sido chamado de estado de "atenção extasiada". Em vez de tentar usar tal filme, ou mesmo de compreendê-lo, ficamos contentes por percebê-lo em si mesmo, isolado de todo o resto, valioso por si só. Essa é a resposta de Munsterberg ao objetivo final do cinema. Ele tem tanta certeza dessa resposta que jamais se preocupou em discuti-la nesse ensaio. Para ele, é um fato provado.[2]

A experiência estética atinge-nos, em primeiro lugar, em nossa contemplação da natureza. Quando, em nossa rotina diária, repentinamente paramos sem razão "para realmente ver", e temos prazer com o que antes quase não havíamos notado, estamos isolando esse objeto ou paisagem de seu *background* e nos isolando de nossa rotina. Essa instância da natureza agrada-nos, não porque ajuda as nossas vidas, mas porque corrobora o que diz Mikel Dufrenne: "Somos feitos para este mundo e o mundo é feito para nós." Nossa experiência deixa-nos relaxados e nada mais desejamos mesmo quando o objeto é violento ou estranho.

Cultivamos a experiência estética dos objetos de arte, que são objetos construídos no mundo sem razão prática. Frequentemente são retirados do mundo por uma fronteira espacial (uma moldura ou um arco de proscênio) ou por uma fronteira temporal (ouvimos uma sinfonia num salão das 20h às 20h45 e depois voltamos para a rua). Trabalhos de arte são objetos, diria Munsterberg, seguindo Kant, construídos de acordo com nossas mentes, objetos cuja *raison d'être* é serem sentidos perfeitamente e fora de qualquer contexto.

Munsterberg tem de mostrar como o cinema pode ser um objeto de arte desse tipo. Ele procede negativamente. Primeiro indica, como vimos, que o cinema não é mero canal de transmissão do trabalho artístico teatral. Depois, talvez muito resumidamente, nos conta que o filme também não é um canal de transmissão da experiência estética do mundo natural. É verdade que o diretor pode proporcionar uma fotografia das cataratas do Niágara para aqueles de nós que nunca as vimos; e pode mostrar-nos pela primeira vez a beleza de uma flor que conhecemos, mas que nunca realmente "vimos antes", apenas colocando esses objetos naturais na tela onde, forçosamente, não têm valor. Mas Munsterberg nunca afirmaria que essa é a capacidade estética total do filme. Afinal de contas, por que precisamos de uma duplicação da natureza, e quem não pode sentir o cheiro da flor ou os respingos das cataratas? Os filmes sobre beleza natural têm o objetivo prático de estimular nosso apetite pela experiência estética da natureza, mas nunca podem substituir tal experiência. São mais como a fotografia de uma pintura renascentista que acaba nos levando à Galeria Uffizi, em Florença.

Finalmente, Munsterberg volta-se para o lado positivo de seu argumento. Se uma parte da natureza ou um ato de uma peça deve funcionar esteticamente num filme, ele o faz, afirma, submetendo-se à poética da tela, formando um novo objeto, um objeto fílmico de contemplação. Para Munsterberg, esse é um objeto mental, um objeto que flui e encontra seu abrigo de acordo com as leis da mente. Aqui podemos reconhecer a coincidência de sua teoria estética e sua psicologia do cinema. A crença de que o único vínculo do cinema com a validade estética reside em sua capacidade de transformar a realidade em objeto da imaginação encontra eco na reivindicação psicológica de que o filme existe, não em celuloide, nem mesmo na tela, mas apenas na mente, que o efetiva ao conferir movimento, atenção, memória, imaginação e emoção a uma inanimada série de sombras.

Nem todos os filmes conseguem ser objetos estéticos. Como um filme deve ser para atingir este *status*? Em outras palavras, como os filmes devem ser transformados em imaginação? Aqui Munsterberg mostra suas raízes kantianas mais explicitamente quando afirma que a realidade é caracterizada pelas ordens primárias de tempo, espaço e causalidade. Esses três caminhos básicos de relacionar objetos asseguram seu *status* na continuidade da realidade. Nem podemos conceber o mundo sem eles. Agora o cineasta tem os meios para organizar precisamente essas três categorias de experiência, dando-lhes forma, não importando as relações espaciais, temporais e causais que escolha. Apesar de Munsterberg não o dizer explicitamente, esse ponto de vista sobre o potencial do cinema o aproxima bastante do mundo do sonho. Naturalmente, Munsterberg apreciaria essa relação tanto no campo estético como no psicológico.

O filme deve seguir um mundo puramente mental, substituindo as relações entre as formas do mundo por relações mentais. O filme difere do sonho principalmente em plenitude. Enquanto o sonho pode gerar determinadas fantasias e emoções, deixando-nos desnorteados ou trêmulos ao acordarmos, o filme estético vai dispersar todas as energias que chama à ação. Ele vai pegar as formas da natureza, reordená-las à luz da mente e, ao fazer isso, vai excitar nossas emoções. Irá então claramente juntar essas formas, dando-lhes uma ordem final que imediatamente corrobora a prioridade das leis mentais sobre as formas caóticas, e ao mesmo tempo completa a experiência do espectador de um modo que o deixa sem sentir falta de nada. O espectador transporta-se para um objeto da imaginação e é deixado no mundo, mas maravilhosamente afastado de suas tarefas e obrigações. Munsterberg não poderia ter sido mais sucinto ao resumir:

> A peça cinematográfica conta-nos uma história humana ultrapassando as formas do mundo exterior — a saber, espaço, tempo e causalidade — e ajustando os acontecimentos às formas do mundo interior — a saber, atenção, memória, imaginação e emoção. ... [Estes acontecimentos] alcançam isolamento total do mundo prático através da perfeita unidade de enredo e forma pictórica.[3]

Essa estética prática levou Munsterberg a uma concepção avançada da censura. Qualquer material é adequado ao cinema, argumentou, mesmo o mais violento e lascivo, contanto que atinja suas conclusões apropriadas, liberando as energias que despertou. A "unidade" torna-se o lema aqui, como em tantas teorias da arte. A unidade formal absoluta do trabalho artístico assegura que nada nele irá afetar diretamente nossas práticas. A experiência é inteiramente autocontida. Exatamente como o espaço e o tempo do filme são imaginários e não afetam o espaço e o tempo de nossa existência cotidiana, assim também a causalidade do trabalho cinematográfico não flui diretamente para dentro de nossas vidas. Os sentimentos que vemos na tela, ternos, violentos, eróticos, virtuosos... todos cresceram fora de um sistema conectado que termina quando termina o filme. Esses sentimentos emocionam-nos durante o filme, mas a unidade do filme permite-nos contemplá-los desapaixonadamente quando somos lançados de volta ao barulho do tráfego fora do cinema. Se a *forma* do filme é unificada, então o *objetivo* do filme servirá e nos envolverá desinteressadamente como um objeto isolado e intrinsecamente valioso.

Há várias questões sérias levantadas pela estética de Munsterberg, mas elas poderiam ser formuladas por incontáveis estetas a partir de Kant. É mais importante notar a consistência do pensamento de Munsterberg. Embora algumas de suas respostas possam surpreender-nos pela estreiteza de visão (sua recusa em aceitar o som, a cor, o documentário, a espontaneidade etc.), deve-se lembrar que ele proporcionou ao cinema um pensamento cuidadoso, não apologético, extraído de uma tradição respeitada de psicologia e filosofia, e que o cinema precisava desesperadamente de tal apoio naquela época. Talvez o impacto total de Munsterberg ainda esteja por vir. A reedição de seu estudo provocou considerável interesse por sua teoria, e Jean Mitry, para citar apenas um, disse: "Como pudemos deixar de conhecê-lo durante tantos anos? Em 1916 esse homem compreendeu o cinema quase tão bem quanto qualquer um jamais o fará."[4]

capítulo 2

Rudolf Arnheim

As ideias de Hugo Munsterberg, não importa quão avançadas ou irrefutáveis, tiveram pequena influência sobre as subsequentes teorias do cinema. Rudolf Arnheim, ao contrário, cujas noções, na maioria dos casos, são substancialmente as mesmas de Munsterberg em *The Photoplay: A Psychological Study*, teve ampla influência. Assim como cresceu a reputação de Arnheim no campo da crítica de arte e da psicologia da percepção, o mesmo ocorreu com o interesse por *Film as Art*, o pequeno livro que publicou (originalmente na Alemanha) em 1932. Como Munsterberg, Arnheim vem de uma respeitada escola intelectual, a escola gestaltista de psicologia. E talvez por essa razão seu raciocínio, como o de Munsterberg, seja rápido e consistente. Ao mesmo tempo, sua absoluta adesão a um grupo de ideias leva-o a rejeitar muitos tipos de cinema, fazendo-o parecer hoje deveras paroquial.

Na primeira frase de seu ensaio, Arnheim limita seu interesse pelo cinema enquanto forma de arte apenas. Como apoio, usa analogias dos outros veículos: não damos atenção estética a cartões-postais (arte), marchas militares (músicas) e *striptease* (dança). Todos os veículos, diz, têm usos múltiplos, sendo apenas um estético; mas é essa função artística que geralmente nos faz focalizar o veículo. Em consequência, a poesia remete-nos às palavras, não às mensagens, e a pintura coloca em evidência nossa sensibilidade com relação à linha, à cor, à composição e a outras propriedades formais, em vez de nos remeter à imagem. A arte cinematográfica, do mesmo modo, remete-nos à base do veículo em vez de enfatizar o mundo que ela fotografa. Mas qual é a base?

MATERIAL

Para Munsterberg, essa base são os processos psicológicos do espectador. Arnheim quer focalizar o material do próprio veículo, mas não encontra um modo de reduzi-lo a qualquer coisa análoga aos materiais simples das outras artes. Conclui que o material cinematográfico devem ser todos os fatores que tornam o cinema uma ilusão mais que perfeita da realidade.

A maioria dos teóricos tem afirmado que até certo ponto o cinema é veículo da realidade, mesmo sendo uma substituição do real. Arnheim, no entanto, assegura que, nesse caso, o filme não pode ser arte, a partir do momento em que um artista não tem possibilidade real de manipular tal veículo. O artista teria apenas de reapresentar a realidade, focalizando a atenção da plateia no que é representado, não no modo de tal representação. Tal como o texto de prosa educacional, tal feitura de filme teria seu valor, mas este nunca seria um valor estético, pois se dirige ao objeto e não ao modo.

Assim, Arnheim volta-se para uma abordagem decisivamente brilhante. Como o filme só pode ser uma arte se o veículo difere de um verdadeiro retrato da realidade, ele enumera cada aspecto do veículo que é, de certo modo, irreal. Estes incluem: 1) a projeção de sólidos numa superfície bidimensional; 2) a redução de um sentido de profundidade e o problema do tamanho absoluto da imagem; 3) a iluminação e a ausência de cor; 4) o enquadramento da imagem; 5) a ausência da continuidade espaço-temporal graças à montagem; 6) a ausência de entradas (*inputs*) de outros sentidos. Cada imagem do filme contém pelo menos esses seis tipos de aspectos irreais. E são esses aspectos que devem ser a matéria-prima da arte cinematográfica.

Deveria ficar claro por que Arnheim se opõe a desenvolvimentos tecnológicos como cor, fotografia tridimensional, som e tela panorâmica, que reduzem o impacto do cinema ao levá-lo cada vez mais em direção à experiência natural. A posição de Arnheim aqui é próxima da de Munsterberg, pois os aspectos enumerados não são tanto desvios da *realidade*, mas da nossa *experiência do real*. Vindo como vem da psicologia gestaltista, que enfatiza conjuntos em relação a partes, padrões em relação a sensações isoladas, Arnheim considera a experiência cinematográfica irreal. Na realidade, ela produz muitos fatos visuais em celuloide exatamente como eles seriam vistos pela retina, mas nosso sentimento com relação à realidade é muito mais profundo do que seu componente retiniano.

Vejamos alguns exemplos. Arnheim salienta o fato de vermos uma mesa retangular como quase retangular mesmo quando a parte frontal é empurrada para bem perto de nossos olhos. Apesar de a imagem retiniana da mesa ser trapezoidal (como seria qualquer fotografia dela tirada dessa perspectiva), nossa mente compensa tal distorção. Nossa visão, em outras palavras, não é mero resultado da estimulação da retina, mas envolve um "campo" inteiro de percepções, associações e memória. Nesse caso, não estamos vendo mal; na realidade, estamos vendo mais do que nossos olhos podem ver, pois a visão é uma operação mental completa na qual o estímulo da retina desempenha apenas uma parte. Os objetos diminuem de tamanho na razão da raiz quadrada de sua distância de nós. Nossa mente compensa isso em grande medida. Mas a fotografia não compensa, dando-nos uma imagem do pé de um homem, diz Arnheim, maior do que sua cabeça se este for colocado em frente a ele. Quando examinamos uma fotografia, nossa mente não consegue compensar esse efeito, pois a fotografia é um objeto bidimensional. É isso que torna a composição fotográfica tão

FIG.2 Fotografia de Joe Heumann.

diferente da mera arrumação de figuras. A composição no filme ou na fotografia é uma função deste fato ou inadequação visual. Apesar de ser matematicamente fiel ao real, a fotografia é psicologicamente falsa com relação a ele.

A noção de Arnheim do enquadramento como princípio organizador do cinema, seu conceito de continuidade espaço-temporal, sua insistência no fato de o filme ser abstrato porque fracassa em proporcionar *inputs* de nossos sentidos de olfato, tato e paladar são outras instâncias onde o significado reside num *padrão* de estímulos em vez de residir nos próprios estímulos isolados. O filme pode registrar mecanicamente as sensações que a retina coleta, mas o faz indiferentemente e, em consequência, de modo não representacional. A arte cinematográfica baseia-se na manipulação do tecnicamente visível, não do humanamente visual.

Essas são apenas algumas das razões para as limitações técnicas do representacionalismo, que nos permitem sentir o veículo mesmo quando tentamos perder-nos na ilusão da realidade. Arnheim sustenta que a soma dessas limitações é a matéria-prima da arte cinematográfica, pois são as únicas que um artista pode controlar e manipular para atingir seus próprios propósitos expressivos. Muitas pessoas recusaram essa noção de matéria-prima do cinema. O próprio termo "limitações técnicas do representacionalismo" soa desagradável quando colocado ao lado de termos como "som", "pedra", "gesto", "cor", que podem ser utilizados como matérias-primas por algumas das outras artes. Não apenas é um termo grosseiro; admite que o cinema tenta desesperadamente ser representacional. Esse movimento em direção ao realismo é o que André Bazin chamou "o mito do cinema total", uma força psicológica no coração de todos nós empurrando o cinema em direção ao ilusionismo perfeito. Para Arnheim, esse movimento é profano e deve ser detido e obstruído se quisermos ser capazes algum dia de usar esse veículo para atingir objetivos superiores. As limitações do ilusionismo são os meios pelos quais reconhecemos totalmente o veículo, e são capazes de tratar um filme como filme e não como realidade. Essas limitações também são a estrutura do veículo.

Apesar de Arnheim não dizer isto, a arte cinematográfica difere amplamente das outras artes nessa questão da matéria-prima. A música, por exemplo, é som que se tornou consciente de si mesmo e de suas propriedades, e que foi retirado do mundo de modo a se transformar em objeto mental. A arte cinematográfica, por outro lado, é o uso autoconsciente, não de *algo* do mundo (som, pedra, gesto etc.), mas um *processo* que usamos para representar o mundo. Em outras palavras, a arte cinematográfica baseia-se em um processo ou, mais acuradamente, no retardamento de um processo.

Poderíamos pensar no processo cinematográfico como uma janela através da qual somos capazes de ver o mundo. Arnheim nos faria virar essa janela até um ângulo em que o vidro começasse a refratar a luz, distorcendo o que está além dele e ao mesmo tempo revelando suas propriedades. Repentinamente, tornamo-nos conscientes da composição do vidro, da sua textura, dos tipos de luz que ele permite passar e assim por diante. No entanto nunca nos conscientizaríamos dessas qualidades se não estivéssemos tentando olhar através da janela. A arte cinematográfica é um produto da tensão entre a representação e a distorção. Baseia-se, não no uso estético de algo do mundo, mas no uso estético de algo que nos dá o mundo.

Arnheim não analisa as implicações dessa diferença do cinema em relação à arte tradicional, diferença que se tornará a pedra angular da teoria de Bazin. A de Arnheim é necessariamente uma teoria negativa, baseada como é na noção de supressão: devemos suprimir o processo fílmico da representação em favor do processo artístico da expressão. Podemos fazê-lo porque o processo cinemático tem suas próprias peculiaridades. Não é tanto uma janela, mas um prisma.

O USO CRIATIVO DO VEÍCULO

O próximo passo de Arnheim é simples, e seus estudos sobre a teoria da arte o prepararam para ele. Tendo definido que a matéria-prima do cinema são aspectos de sua tecnologia, pode desenvolver os efeitos artísticos associados a cada aspecto ou limitação. E o faz com muitos exemplos de filmes artisticamente bem-sucedidos. Os artistas do cinema são conscientes da irrealidade das imagens que criam e exploram essas limitações, forçando o espectador a ver não apenas o objeto na tela, mas o objeto cuidadosamente delimitado através do veículo. Já mencionei a composição em profundidade como função da bidimensionalidade do filme. Do mesmo modo, o enquadramento, que restringe a visão do espectador, pode ser usado pelo artista para organizar e dirigir nossa percepção do objeto. Para cada limitação da percepção natural há um ganho de percepção estética potencial, e Arnheim rapidamente enumera tais ganhos. Além disso, há possibilidades especificamente fílmicas que ninguém associaria à percepção real: câmara lenta ou movimento acelerado; fusões, *fades*, superposições; movimento para trás, o uso da fotografia parada, distorções através de foco e de filtros.

Estaria Arnheim tentando criar um dicionário da arte cinematográfica? Se tal abordagem é válida, cada aspecto manipulativo do cinema poderia ser descrito, junto com sugestões sobre o significado de tal manipulação (por exemplo, a câmara baixa sugere peso ou impetuosidade; o plano fechado em teleobjetiva de alguém correndo denota a futilidade ou dificuldade de seu esforço). Inumeráveis manuais sobre capacidade visual foram escritos com base no trabalho de Arnheim, todos pretendendo dar aos espectadores uma explicação sobre aquilo que o cineasta está dizendo através de seu tratamento especial de um assunto. Tais iniciações frequentemente são valiosas, pois focalizam a atenção do espectador não iniciado em aspectos do veículo que ele anteriormente "não vira"; mas também podem promover uma visão empobrecedora do cinema. Há, pelo raciocínio de Arnheim, um número finito de limitações para o artista manipular; e, ao mesmo tempo em que existem inúmeros meios de se manipular alguns deles, uma lista de possíveis "efeitos artísticos" é na realidade muito possível. Devemos então acreditar que toda imagem consiste em um objeto (nome) ou ação (verbo) modificados pelos efeitos artísticos (adjetivos e advérbios)? Devemos então pensar em todo filme como algo visto através de um prisma que foi cuidadosamente moldado pelo diretor com o objetivo de distorcer ou alterar o que quer que seja que esteja mostrando?

A esterilidade dessa visão sombreia sua utilidade. Alguma outra arte apenas "comenta" ou altera o mundo? Talvez Arnheim tenha gerado tal visão com sua definição da matéria-prima do cinema. Notamos que o material cinematográfico parece diferir do tipo de material das outras artes. Sua visão de que o cinema se torna arte quando o processo fílmico de representar o mundo é retardado, no entanto, mantém a arte cinematográfica dependente da representação. As outras artes retiram seu material do mundo e jogam com ele livremente; o cinema pareceria estar condenado a comentar sobre o mundo porque seu material não é material do mundo, absolutamente, mas um *processo* inventado para representar o mundo e que é inconcebível fora desse mundo.

FORMA FÍLMICA

Ao mesmo tempo em que as prescrições de Arnheim para o uso artístico do cinema foram amplamente adotadas, suas noções do cinema como forma artística raramente são levadas a sério. Mas é apenas graças a suas ideias precisas sobre a forma cinematográfica que Arnheim é redimido e se coloca acima de seus incontáveis imitadores, os quais só parecem interessados em catalogar técnicas e efeitos visuais. Eles são incapazes de mostrar como os *efeitos* artísticos são capazes de produzir *arte*. O envolvimento de Arnheim com a psicologia gestaltista confere-lhe uma vantagem nesse campo.

Ele revela sua herança gestaltista no prefácio, quando emprega o termo *impurezas* em relação à forma cinematográfica. E é essa ideia que volta no último ensaio do livro, "A New Laocoön". Para Arnheim, todo veículo, quando usado com objetivos artísticos, retira a atenção do objeto que ele mostra e a focaliza nas características do próprio veículo. Além disso, todo veículo age através de um nexo sensorial central: a música é o veículo do som, a dança, do gesto, a poesia, das palavras, e assim por diante.

O nexo torna-se uma linguagem simbólica a ser manipulada pelo artista, e o artista precisa aprender a organizar esse material físico a fim de que sua concepção ou ideia transpareça. Mesmo se ele quer duplicar aspectos do mundo físico, deve estudar seu veículo diligentemente a fim de que possa traduzir com sucesso sua percepção do mundo para os códigos apropriados desse veículo. Um pintor observa uma cena pastoral com vacas e casas de fazenda; em seguida olha para a paleta e para a tela; finalmente, depois de muitas tentativas e erros, e com o forte apoio de truques aprendidos de outros artistas, esparrama as pinceladas apropriadas de tinta na tela e produz relações com as quais todos vão maravilhar-se por serem tão fiéis à realidade. Ele não *transmite* coisa alguma; em vez disso, *traduz* uma espécie de percepção através das convenções de seu veículo. Se seu objetivo é a expressão de um estado ou emoção internos, deve proceder do mesmo modo. Não há qualquer atalho através do veículo.[1]

Como um artista após outro joga com seu nexo material, as experiências são rapidamente acumuladas. Aprende-se que algumas coisas não podem ser bem traduzidas pela música ou pela escultura. Mais importante, aprende-se que o veículo é mais sutil e mais interessante quando adota determinados contornos concentrados ou puros. Anos de atenção no veículo deveriam ter como efeito a purificação progressiva deste, a fim de que a música, num estágio avançado, por exemplo, pudesse libertar-se de referências (líricas) e teatralidades (características de interpretação) e revelar o som puro. Em outras palavras, a capacidade estética de sua natureza procura uma simplificação do caos e no máximo encontra um domínio de pureza no coração do veículo.

Embora todo uso de um veículo seja convencional (isto é, uma tradução, não uma transmissão), algumas convenções são mais naturais a um certo veículo do que outras, pois um veículo tem propriedades físicas definidas. Com o tempo, as várias convenções revelam cada vez mais claramente as peculiaridades mais poderosas do veículo, até que ele é purificado de todas as conexões estranhas. Nesse ponto, o veículo encontrou sua forma. Após séculos de inícios e paradas, a música caminhou em direção à pureza da forma sonata na época de Mozart e Haydn. Outras formas coexistiram com essa, mas ficou claro que a música encontrara uma postura natural na sonata. Mesmo em nosso século, os compositores são atraídos por essa forma porque os ouvintes percebem sua herança e, mais importante, porque é um uso puro e, em consequência, poderoso da música.

Arnheim temia que o cinema, em constante procura da novidade, nunca desenvolvesse uma plateia capaz da experiência sutil. Também estava preocupado com a possibilidade de que os artistas cinematográficos, ao mudarem de forma para forma, renunciassem ou desistissem de uma forma pura da expressão cinemática se um dia a encontrassem.

Na realidade, Arnheim achava que o cinema encontrara tal forma e desistira dela. O cinema mudo da década de 1920 foi, para ele, o ponto alto da história do cinema. Depois de 20 anos de experiência, os cineastas haviam localizado as peculiaridades do veículo e estabelecido uma forma narrativa capaz de unificar os mais variados efeitos. Com a chegada do som, essa forma foi jogada fora. Em vez de um grupo altamente flexível de sistemas de sinais físicos, os diretores proporcionaram às plateias uma aparência de realismo total. Qualquer um ligado à profundidade e à sofisticação da expressão podia ver que o cinema negociara sua pureza. Do ponto de vista de Arnheim, as peculiaridades do veículo estavam sendo desenfatizadas. A forma cinemática, em vez de unificar um grupo variado de sistemas de sinais (iluminação, interpretação, montagem, composição), tornara-se na década de 1920 uma espécie de saco de lavanderia contendo imitações da realidade. Uma forma moderna, excepcionalmente versátil, foi trocada por uma forma que só era capaz de enfatizar um elemento, a fala, transformando o cinema numa espécie impura de substituto do teatro.

O filme sonoro fracassou como arte de todos os modos. Ele tentou passar aproximando-se da realidade, esquecendo que a arte só existe quando a atenção reflui para o veículo. Em segundo lugar, colocou num relicário uma de suas partes (o diálogo) à custa não apenas de outras partes desenfatizadas, mas do conjunto orgânico. Os psicólogos gestaltistas sugerem que, na evolução de qualquer organismo, a perda de uma coação pode causar um crescimento doentio, crescimento que não beneficia o organismo como um todo. Um câncer resulta da perda das defesas naturais e esse câncer pode destruir o conjunto ao se expandir. A defesa tecnológica contra o som mantivera a energia cinematográfica fluindo produtivamente para filmes bem organizados, bem equilibrados, filmes nos quais todos os aspectos trabalhavam harmoniosamente. O som força todos os elementos a servirem ao enredo e ao diálogo, e tenta insistir na realidade de seu conteúdo. Para Arnheim, é realmente um câncer que destruiu a vida artística do cinema ao lhe distorcer a forma de conjunto.

O OBJETIVO DO CINEMA

O que, no cinema mudo,[2] tanto atraía Arnheim? Que função ele desempenhava tão bem? Qual é, para Arnheim, o objetivo do cinema? Apesar de *Film as Art* não responder adequadamente a essas perguntas, os prolíficos ensaios de Arnheim nos campos da história da arte e da psicologia da percepção contêm muitas referências exatamente a este problema. O que ocorre com Arnheim, assim, é muito semelhante ao que ocorre com Munsterberg. Ambos os intelectuais escreveram tratados muito superficiais sobre cinema (como se o cinema fosse para eles umas férias de seus verdadeiros campos), mas esses tratados, nos dois casos, têm atrás de si volumoso trabalho em campos afins, assim como o prestígio de uma importante tradição intelectual.

A importante tradição dentro da qual Arnheim escreveu, e ainda está escrevendo, é obviamente a psicologia gestaltista. Ao ganhar proeminência logo após a Primeira Guerra Mundial, a psicologia gestaltista obteve seus maiores sucessos no campo da percepção. Os gestaltistas acreditam que a mente atua na experiência da realidade, de tal modo que confere à realidade não apenas seu significado, mas também suas verdadeiras características físicas. Baseando suas crenças em numerosas experiências, as mais famosas das quais envolvem a mudança de relações entre figura e fundo, argumentaram que a cor, a forma, o tamanho, a densidade e o brilho dos objetos do mundo são produtos do trabalho da mente criativa sobre uma natureza essencialmente muda ou neutra.

Arnheim chegou a afirmar que não apenas a mente, mas todos os nossos centros nervosos criam o mundo em que vivemos ao organizá-lo. Nossos olhos, nossos ouvidos, as pontas de nossos dedos dão forma, cor, contorno e finalmente significados superiores ao mundo que os estimula. Esse processo é chamado de *transformação*, e ocorre constantemente com todos os seres humanos mentalmente saudáveis. Os gestaltistas atribuem muitos distúrbios psicológicos ao mau funcionamento sensorial. Por exemplo, Arnheim fala do esquizofrênico como de alguém que está trancado num mundo de pouquíssimas formas visuais aplicadas infinitamente ao mundo. Essas poucas formas são inadequadas para competir com a grande quantidade de estímulos que nossos próprios olhos e mentes não têm dificuldade em transformar. O esquizofrênico, então, certamente entrará em conflito com uma realidade na qual o resto de nós, com nossas capacidades mais "saudáveis", ou pelo menos mais diversificadamente estruturadas, o obrigamos a viver e a qual reconhecemos.

Os gestaltistas reservam um lugar importante em suas teorias aos processos artísticos. Para eles, esse é o verdadeiro modelo ou paradigma da atividade perceptiva. Bem conhecidas são as suas experiências e diagnósticos que envolvem o sujeito no ato de criar ou ler (isto é, transformar) imagens. Mas além disso os gestaltistas têm apoiado a tendência do século XX de desmistificar a arte, fazendo-a parecer parte do que todos fazemos como seres humanos, em vez de um talento divino que uns poucos gênios têm o direito de praticar. No prefácio de seu *Art and Visual Perception*, Arnheim escreve:

> Não mais podemos considerar o processo artístico uma atividade reservada, misteriosamente inspirada do alto, não relacionada e não relacionável às outras coisas que as pessoas fazem. Em vez disso, o elevado modo de ver que leva à criação da grande arte aparece como um resultado da mais humilde e rotineira atividade dos olhos na vida cotidiana.[3]

E mais tarde, no mesmo livro, continua:

> O recente [isto é, gestaltista] pensamento psicológico encoraja-nos a chamar de visão uma atividade da mente humana. A percepção alcança, no nível sensorial, o que no domínio da razão é conhecido como compreensão. O olhar de cada homem também antecipa, de modo modesto, a admirada capacidade do artista de produzir padrões que interpretam validamente a experiência através da forma organizada (p.37).

Apesar de a arte poder ser produzida pela mesma capacidade humana que permite a experiência cotidiana, Arnheim nunca afirmaria que é do mesmo tipo. A "excelência" e a "exaltação" da arte advêm precisamente de sua generalidade, isto é, de sua qualidade de pairar acima do cotidiano num mundo de formas. A arte é a organização, não de um campo específico de informação sensorial, mas de um padrão geral aplicável acima de si mesmo. Arnheim afirma: "O artista usa suas categorias de forma e cor para capturar alguma coisa universalmente significativa no particular" (*Art and Visual Perception*, p.vi). A preocupação do artista, então, não é tanto seu tema, mas o padrão que ele pode criar através desse tema. Quando admiramos uma pintura, não admiramos o tema reproduzido, mas a organização dada pelo pintor. Numa pintura representacional, notamos que o artista primeiro viu o seu tema (isso é chamado de *transformação primária*, a transformação que cada um de nós realiza constantemente) e depois o organizou imaginativamente, num padrão mais elevado que parece expressar sua visão particular tanto do tema como de toda a realidade (essa é a *transformação secundária*). Uma pintura cubista de um edifício, por exemplo, é uma transformação, não do prédio, mas do modo particular do artista de organizar alguns tipos de percepções.

Ora, Arnheim sempre foi muito cuidadoso para não exagerar. Um trabalho de arte é uma expressão, que fique claro, uma expressão que lança luz sobre os sentimentos organizativos do artista; no entanto, não devemos esquecer que a expressão começa no mundo. De outro modo, os seres humanos seriam trancados, como esquizofrênicos, dentro de um grupo fechado de categorias de experiências *a priori*. Para Arnheim, a arte é um "dá e recebe" com o mundo. O artista recebe estímulos brutos do mundo que ele vê como objetos e eventos; então projeta esses objetos em um padrão imaginativo que joga de volta para o mundo. O mundo responde, obrigando-o a adaptar seu padrão, até que ambos, o artista e o mundo, estejam satisfeitos. Desse modo, o trabalho artístico expressa tanto o artista como o mundo.

Essa posição é mais moderada que o idealismo ou mentalismo extremos de Munsterberg. A percepção e a arte são ambas fundadas nas capacidades organizativas da mente, mas para Arnheim elas são apoiadas por um mundo que parece emprestar-lhe determinados tipos de organização. Parece importante salientar que a psicologia gestaltista esforçou-se para se basear na física, não na filosofia. Um de seus primeiros e mais importantes membros, Wolfgang Köhler, argumentou que o conceito de "campo" da percepção humana, por ele introduzido, estava diretamente relacionado com a física atômica de Max Planck.[4] A ciência moderna, incluindo a ecologia, mostrou que algumas formas ou impulsos gerais organizam os eventos naturais e que todo evento isolado ganha significado apenas quando visto em termos de um sistema completo. Köhler levou a sério essa analogia e construiu teorias da percepção baseadas nas propriedades físicas dos movimentos eletrônico e celular, que ele acreditava deverem ocorrer nos centros nervosos. O trabalho físico do cérebro, em outras palavras, exige que pensemos em termos de equilíbrio, simetria, contraste e assim por diante. Percebemos o mundo de acordo com as leis que existem em nós, mas que nos foram dadas pelo mundo, do qual somos, em consequência, parte integrante homogênea.

Outros pensadores gestaltistas podem aceitar ou não esses pontos de vista, mas Arnheim certamente vê uma íntima relação entre o mundo e a mente. Decerto os sentidos humanos e seu padrão cerebral padronizam o mundo e, na arte, o padronizam de modo absoluto. Isso pareceria dar à mente uma autoridade sobre a natureza. Mas esses padrões, pensa Arnheim, têm as mesmas características da natureza bruta. Ele insiste nisso no final de *Art and Visual Perception:*

> Temas como ascensão e queda, domínio e submissão, fraqueza e força, harmonia e discórdia, esforço e conformismo perpassam toda a existência. Nós os encontramos dentro de nossa própria mente e em nossas relações com as outras pessoas, na comunidade humana e nos eventos da natureza. A percepção e a expressão preenchem sua missão espiritual apenas se nela experimentamos mais do que a ressonância de nossos próprios sentimentos. Ela nos permite perceber que as forças que nos sustentam são apenas exemplos isolados das mesmas forças que agem em todo o universo (p.434).

Numa perspectiva mais ampla, portanto, Arnheim sente que o objetivo da arte é perceber e expressar as forças gerais da existência. Enquanto todos os seres humanos transformam o mundo de estímulos brutos em um mundo de objetos e eventos, o artista vai além, abstraindo desses objetos e eventos suas características gerais. Arnheim diz que, quando termina um quadro, o artista não criou um padrão do mundo feito por si mesmo, mas em vez disso equilibrou um grupo de forças (as suas próprias e as do mundo) até que seu quadro adquirisse equilíbrio. Alguns artistas, argumenta, negligenciam sua própria padronização na esperança de expressar o caos da natureza e da vida (os românticos); outros são compelidos a estampar uma forma atemporal sobre não importa que natureza escolham reunir para suas padronizações (artistas clássicos, os descendentes do estilo bizantino). Ambos os métodos são autodestrutivos quando levados a seus limites, e todos os estilos artísticos se encontram em algum lugar entre os dois.

Arnheim não se coloca a favor de um estilo de arte contra outro, pois vê na multiplicidade de estilos uma manifestação da infinita variedade do homem e da natureza. Mas de todos os estilos, a seu ver, devem atingir algum tipo de equilíbrio entre a mente e a natureza, pois sem isso o trabalho permanece inacabado. O artista pode fracassar no nível do material que supostamente deve padronizar, satisfazendo-se com a mera reprodução de particularidades da natureza. O resultado é sensação bruta, sensação acessível sem arte, sensação nunca elevada ao nível onde se expressa a si mesma. Por outro lado, o artista pode fracassar no nível de suas abstrações, nunca atingir um padrão singular adequado ao material. Esse fracasso é chamado de "ambiguidade" e "confunde o ato artístico, pois deixa o observador numa situação crítica entre duas ou mais afirmações que nada acrescentam ao conjunto" (*Art and Visual Perception*, p.31). Para Arnheim, existe um e apenas um padrão que corresponde claramente ao seu material, levando ambos à luz da expressão. Aqui, mais que qualquer outro ele rejeita de modo absoluto os teóricos realistas que serão estudados mais tarde. A ambiguidade para eles, especialmente para Bazin, torna-se um valor, não uma responsabilidade; o produto artístico, de seu ponto de vista, jamais poderia ser considerado um "ato".

Apesar de Arnheim salientar a interação entre o homem e a natureza na criação da arte, a sua é, em conclusão, uma teoria mentalista da arte. Ele procura aqueles momentos nos quais um equilíbrio de forças, obtido pela mente de um artista através dos estímulos do mundo, consegue expressar aspectos, tanto do artista como do mundo, dos quais nunca antes nos conscientizáramos totalmente. A inspiração, nas esferas científicas e artísticas, é adquirida quando o material em frente de alguém repentinamente se reorganiza numa nova e satisfatória estrutura. Tanto o artista como o cientista criam a "figura esboçada", o padrão da mancha de Rorschach que chamamos de realidade, um padrão que a realidade já está predisposta a receber. Graças a tais reestruturações científicas e artísticas, podemos ver mais profundamente, viver mais plenamente. Como veículo fotográfico, o cinema nos proporciona mais material para padronizar. Como veículo artístico, pode ajudar-nos a padronizar esse material e nos mostrar os caminhos através dos quais nossas mentes são ligadas ao universo físico em que vivemos.

Arnheim escreveu apenas uns poucos artigos menores sobre o cinema desde seu livro de 1932, mas recentemente, em 1957, disse: "Ainda acredito no que acreditava então" (*Film as Art*, p.5). E seus ensaios mais recentes aplicam as mesmas ideias à arte da fotografia.[5] Sua recusa em renegar suas crenças iniciais exasperou gerações de estudantes de cinema, mas confere a seus pontos de vista uma presença e uma solidez que não podem ser ignoradas. Hoje Arnheim permanece silencioso sobre o cinema, mas sua posição tem muitos defensores, que vão dos manuais de educação visual diretamente derivados dele até as sofisticadas teorias da percepção fílmica que Christian Metz está desenvolvendo atualmente na França e pelas quais abertamente se diz em débito com Arnheim.[6]

capítulo 3

Sergei Eisenstein

As concepções de cinema desenvolvidas por Sergei Eisenstein são infinitamente mais ricas e mais complexas que as de Arnheim ou Munsterberg. Diferentemente deles, Eisenstein era um cineasta de capacidade imensurável, cuja fama assegurou a seus ensaios sobre cinema uma leitura imediata e ampla. Eisenstein foi um pensador enérgico e eclético. Diferentemente de Arnheim e Munsterberg, porém, foi por temperamento incapaz de deduzir uma teoria cinematográfica a partir de uma filosofia firmemente sustentada, e atravancou sua pesquisa teórica com quantidades maciças de informações arquivadas, selecionadas durante toda uma vida de leituras variadas em pelo menos quatro idiomas.

Apesar de publicamente render homenagem a Marx e Lenin, e de certamente estar comprometido com muitas de suas teorias, Eisenstein não foi o tipo de pensador que abraça uma única ideia ou tradição e a desenvolve sistematicamente. Eisenstein interessava-se por incontáveis temas e numerosas teorias sobre esses temas. Ele daria uma olhada criativamente numa livraria ou biblioteca, descobrindo fatos e hipóteses de todos os tipos que mais tarde aplicaria à sua paixão especial, o cinema.

Tudo isso dá a muitas de suas ideias a aparência de teoria *pop*. Basta examinar seu ensaio "Color and Meaning" (em *The Film Sense*), onde ele reúne uma vasta mas difusa lista de declarações famosas sobre a teoria da cor. A lista é impressionante e ao mesmo tempo fascinante. Permanecerá como importante fonte para a estética da teoria da cor, mas é uma coleção de declarações que gera milhares de confusões e contradições que Eisenstein, em sua busca apaixonada da substância, não se preocupou em esclarecer. Em sua excitação para confirmar suas intuições sobre cor e cinema, ele rapidamente invocou como testemunhas todas as fontes que pôde, muitas dificilmente relevantes para sua teoria. E isso é característico. Seus ensaios sempre revelaram o drama da descoberta que na realidade experimentava ao elaborar sua teoria. Parece que era repentinamente tomado por uma intuição e levado a explorar a história, a economia, a história da arte, a psicologia, a antropologia e incontáveis outros campos com o objetivo de substanciar essa intuição. Ou, em outras ocasiões, parece que uma nova ideia com relação a algum aspecto da teoria cinematográfica chegava a ele através de um encontro quase fortuito com livros, eventos, pessoas. Seu ensaio original, "The Unexpected" (em *Film Form*), começa: "Recebemos a visita do teatro *kabuqui*...", e continua desenvolvendo uma teoria da imagem cinematográfica que o atingiu enquanto assistia a esse teatro.

Apesar de, até certo ponto, todos agirmos desse modo (da intuição a uma procura de apoio para essa intuição), poucos autores expõem esse processo de modo tão engenhoso quanto Eisenstein. A qualidade de chocar que tanto salientou na feitura de filmes é do mesmo modo uma parte integrante de sua tática de escrever teoria cinematográfica. Folheie o ensaio "A Dialectical Approach to the Film Form" (em *Film Form*) e você verá graficamente como Eisenstein tentou jogar ideias sobre nós em vez de compô-las num tecido de lógica linear. Mesmo em seus dois ensaios há um uso contínuo da transição abrupta, em lugar de uma passagem gradual ou de um encadeamento das ideias. Exatamente como afirmava que devemos ouvir os sobretons dos planos dos filmes, do mesmo modo devemos ouvir tais sobretons em seus ensaios.

Tudo isto torna a leitura de Eisenstein interessante mas vaga; e torna quase impossível um resumo de suas ideias. Pretendo apenas tentar localizar Eisenstein nas categorias de perguntas que usamos para examinar outros teóricos. Esperamos que tal orientação dê ao leitor alguns pontos de referência e vários marcos nos quais se possa apoiar enquanto vagueia através dos vários quarteirões, avenidas e becos que constituem essa rica megalópole teórica que chamamos o trabalho de Eisenstein.

É justo notar, inicialmente, que nossa preocupação neste capítulo será tentar manter o mesmo empenho que as ideias de Eisenstein aparentemente tiveram em todos os níveis. Apesar de todas as suas afirmações soarem dogmáticas e decisivas, devem ser vistas como restringindo-se umas às outras. Esse é o modo verdadeiramente dialético de pensar, um modo que Eisenstein praticou brilhantemente.

Veremos, em primeiro lugar, que sua concepção sobre o material básico do veículo evoluiu da crença de que o plano era o bloco de construção básico do cinema (uma crença que Vsevolod Pudovkin nunca transcendeu) a uma concepção mais completa, a da "atração". Esse último conceito é muito menos mecanicista que o do plano, pois leva em conta a atividade da mente dos espectadores, não apenas o desejo do diretor. No entanto, Eisenstein nunca abandonou completamente o determinismo de seus primeiros pontos de vista e a esperança de que o diretor, através de uma estruturação calculada de atrações, pudesse moldar os processos mentais do espectador.

Em seguida, no nível do processo criativo, veremos como sua atitude com relação à montagem, em geral considerada inflexível e dogmática, na realidade mudou com relação a seu ponto de partida de modo bastante significativo. A mudança de ponto de vista de Eisenstein com relação à montagem é mais bem percebida através da relação do conceito com determinados tipos de psicologia. Enquanto Eisenstein parece ter elaborado sua concepção de montagem de acordo com o modelo psicológico de Pavlov, ou pelo menos dos associacionistas, seus últimos ensaios sobre a questão parecem muito mais próximos da psicologia do desenvolvimento de Jean Piaget. Novamente suas noções mecanicistas, inicialmente simples, foram questionadas e alteradas por uma variante mais complexa e menos previsível, que significou um respeito pelos poderes do espectador e pelos misteriosos trabalhos da percepção e da compreensão.

A tensão entre o processo simples, previsível, mecanicista da feitura de filmes e a complexa experiência de evolução da visão do cinema aparece explicitamente na visão dupla de Eisenstein, primeiro com relação à forma cinematográfica e, depois, com relação ao objetivo do cinema. Ele considerava o cinema unificado como, algumas vezes, uma máquina, e, outras vezes, um organismo. Algumas vezes falou sobre o cinema como um poderoso veículo de persuasão teórica, e outras como um meio superior, quase místico, de se conhecer o universo. Isto é, falou do cinema como arte autônoma. Esses dois pares de opostos dialéticos (a máquina *versus* o organismo e retórica *versus* a arte) serão discutidos separadamente. A meu ver, foi a real frustração de tentar manter pontos de vista opostos que permitiu a Eisenstein questionar cada ponto de vista e permanecer um teórico produtivo por mais de 30 anos. Seus ensaios são sempre fascinantes porque cada um deles está repleto de uma energia derivada da justaposição de tendências opostas. Ele sentia essas oposições em si mesmo, no mundo em que vivia, e passou a vida tentando entender o cinema.

A MATÉRIA-PRIMA DO CINEMA

Eisenstein estudou engenharia mecânica antes de entrar no círculo artístico de Moscou, e quando se juntou a esse círculo participou de um movimento conhecido como "construtivismo". Desde o início Eisenstein considerava a atividade artística uma atividade do "fazer", ou, mais precisamente, do "construir". Por isso, a pergunta sobre a "matéria-prima" que o artista tem à sua disposição constantemente adquiria supremacia em sua mente.

O que incomodava Eisenstein nos filmes que via era a ineficiência. O cineasta, achava ele, estava à mercê dos acontecimentos que filmava, mesmo quando interpretados. A plateia olhava para os eventos cinematográficos exatamente como olhava para os acontecimentos cotidianos, tornando o cineasta mero canal através do qual a realidade podia ser reproduzida. Eisenstein enfrentara um problema semelhante no teatro no início dos anos 1920, quando se envolveu numa luta brutal entre o Teatro de Arte de Moscou e os movimentos teatrais de vanguarda de que participava. "O Teatro de Arte de Moscou é meu inimigo mortal", disse, por causa de sua preocupação com uma réplica fiel da realidade. Os construtivistas mostravam esse realismo de uma série de maneiras, a maioria das quais levando os vários aspectos do teatro para sua esfera, onde podiam ser recompostos de acordo com os desejos formais do diretor. Os cenários não deviam ser uma cortina de fundo do diálogo, argumentavam os construtivistas, mas deviam funcionar em igualdade de condições com o diálogo, quase em diálogo com o diálogo. O mesmo com relação à iluminação, à perucaria, aos figurinos e assim por diante, que deveriam coexistir em harmonia democrática, e não em uma hierarquia feudal. Já no teatro Eisenstein procurava caminhos através dos quais pudesse transformar a realidade em material útil a ser moldado pelo diretor.

O processo de decompor desse modo a realidade em blocos ou unidades utilizáveis pode ser chamado de *neutralização*. Ele afirmava que a música e a pintura baseiam-se na neutralização do som e do tom, respectivamente. Em seu ensaio sobre cor, negou especificamente que determinada cor pudesse ter um significado próprio – que o amarelo, por exemplo, pudesse significar ciúme e o vermelho, paixão. O significado da cor, como todos os significados para Eisenstein, deriva de uma inter-relação de partículas neutras: o verde adquire um significado quando aparece num sistema de relações envolvendo outras cores e outros códigos.

Eisenstein reconhecia que a partícula elementar do cinema, o plano isolado, é diferente de um tom ou de um som. Já é compreensível e atinge imediatamente a mente do espectador, assim como seus sentidos. Para dar ao cineasta o mesmo poder do compositor e do pintor, achava Eisenstein, os planos devem ser neutralizados a fim de se tornarem elementos formais básicos capazes de serem combinados sempre que o diretor achar necessário, e de acordo com qualquer dos princípios formais que ele possa desejar. Seu "senso" genuíno deve ser extraído, a fim de que suas propriedades físicas possam ser usadas para criar um significado novo e superior.

A "inesperada" revelação proporcionada a Eisenstein pelo teatro *kabuki* deu-lhe pelo menos a evidência que ele precisava para suas teorias sobre a neutralização. O *kabuki* usa uma estilização exagerada, muito além do que normalmente permitimos no teatro ocidental. Não apenas intensifica a realidade do fato ou evento; nem apenas faz uma alusão ou dá uma interpretação particular aos fatos e eventos através da estilização, como Arnheim achava que toda arte deveria fazer; em vez disso, deforma e altera todos os acontecimentos e fatos até que estes retenham apenas uma base física. Todos os aspectos do drama tornam-se iguais, a partir do momento em que todos foram estilizados na pura epiderme, na forma física pura. Desse modo, a interpretação do *kabuki* de, digamos, um assassinato é bem diferente da convencional *mise-en-scène* ocidental. A estilização do gesto do assassinato elimina sua primazia e o coloca em pé de igualdade com outros gestos com os quais coopera. No entanto todos esses gestos estilizados funcionam num sistema mais amplo que inclui códigos estilizados de sons, figurino e cenário, de tal modo que não se pode dizer que esses códigos estão lá para apoiar os gestos. O significado de uma peça *kabuki*, em outras palavras, nunca poderia ser entendido através do enredo ou dos gestos. É a forma do conjunto que contém o significado, e essa forma, segundo Eisenstein, é tão abstrata e tão poderosa quanto a forma musical ou pictórica. A realidade não mais oprime o teatro. O gesto tornou-se igual ao tom e à cor.

Logo após sua experiência com o teatro *kabuqui*, Eisenstein desejou criar para o cinema um sistema em que todos os elementos seriam iguais e comensuráveis: iluminação, composição, interpretação, história, mesmo legendas devem ser inter-relacionadas, a fim de que o filme possa escapar do realismo cru de apenas contar uma história acompanhada por elementos de apoio. Eisenstein afirmou que cada elemento funciona como uma atração circense, diferente das outras atrações do parque de diversões, mas em pé de igualdade e capaz de dar ao espectador uma impressão psicológica precisa. Isso é bem diferente da estética convencional que considera a iluminação, a perucaria, o trabalho de câmara e assim por diante como apoio da ação *dominante*, criando uma impressão ampla. Para Eisenstein, ver um filme é como ser sacudido por uma cadeia contínua de choques vindos de cada um dos vários elementos do espetáculo cinematográfico, não apenas do enredo.

Em seus primeiros ensaios, Eisenstein acreditava que a menor unidade do filme fosse o plano, e que cada plano agia como uma atração circense para transmitir um estímulo psicológico particular que poderia depois combinar-se com outros planos vizinhos para construir o filme. Posteriormente Eisenstein se tornou mais interessado nas possibilidades dos elementos dentro do próprio plano, proporcionando várias atrações harmoniosas e conflitantes. Nos dois casos Eisenstein achava que o cinema só poderia existir como arte quando se reduzisse a "feixes" de atrações, como notas musicais, que poderiam ser moldados rítmica e tematicamente nas ricas texturas de experiências totais.

Na música, todos os diapasões possíveis do universo são regulados até formarem uma escala capaz de interação harmônica. Eisenstein queria uma escala para o cinema de modo que o diretor pudesse utilizar todos os elementos, isolados ou em combinação com outros elementos, tendo a certeza do resultado. Como Pavlov, ele acreditava que os planos, ou atrações, podiam ser controlados para se obterem efeitos específicos da plateia.

Em suma, Eisenstein nunca considerou cinemático o mero registro da vida. No início de sua carreira, criticou cineastas que usavam planos gerais. O que se poderia ganhar continuando a olhar para um evento cujo significado já fora absorvido? Para ele, a matéria-prima do cinema residia nos elementos de um plano capazes de provocar uma reação distinta (e potencialmente mensurável) no espectador.

Os principais valores de tal neutralização de elementos são a transferência e a sinestesia. Na transferência, um único efeito pode ser produzido por vários elementos diferentes. Num filme, muitos elementos estão presentes na tela ao mesmo tempo. Eles podem reforçar-se uns aos outros, aumentando o efeito (isso ocorre no cinema convencional que Eisenstein critica); os elementos podem entrar em conflito entre si e criar um novo efeito; ou um elemento inesperado pode acrescentar um efeito necessário. Este último é o auge da transferência. Em *Bronenosets Potiomquim* (*O encouraçado Potemkin*, 1925), por exemplo, quando a dama burguesa diz nos degraus de Odessa: "Vamos chamá-los", obtém uma resposta, não através de uma fala ou de uma legenda, nem mesmo de uma ação, mas das alongadas sombras dos soldados que se movem de modo silencioso, incessante e sinistro, descendo as escadas. Aqui, onde elementos da fala e da iluminação estão em diálogo, ocorreu uma transferência de efeito.

FIG.3 *O encouraçado Potemkin*, 1925. Museum of Modern Art/Arquivo de Fotografias de Filmes.

Quando vários elementos se combinam ao mesmo tempo, ocorre o máximo da sinestesia, ou experiência multissensorial. Um bom exemplo disso é encontrado no maravilhoso filme de Jean Vigo, *L'Atalante* (1934). Depois da noite de seu casamento, a noiva, Dita Parlo, emerge do porão do navio, e os seguintes fatos ocorrem simultaneamente: a posição da câmara muda instantaneamente do plano geral para o primeiro plano; o sol brilha com uma luz ofuscante no rosto de Dita Parlo, que abre um irresistível sorriso; e a tripulação faz para ela uma serenata de acordeão. Aqui, quatro tipos de elementos se combinam para produzir uma experiência sinestésica no espectador. Nós vemos, ouvimos, sentimos e quase cheiramos o frescor daquele momento. Isso é possível, acha Eisenstein, porque o cineasta tem a capacidade de construir cada uma dessas atrações do modo que escolher. Ele finalmente tem um material aproveitável.

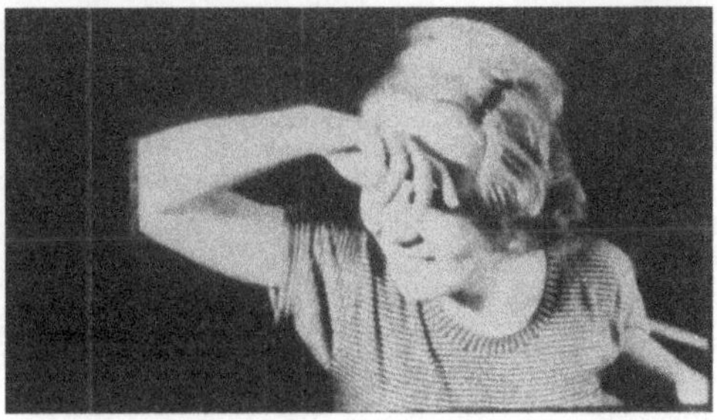

FIG.4 *L'Atalante*, 1934.

Ao tornar o cineasta igual ao pintor, ao compositor e ao escultor, Eisenstein supera Pudovkin, com o qual frequentemente tem sido associado. Pudovkin colocava o cineasta à mercê do plano e insistia em que a direção criativa deriva da escolha e organização apropriadas desses pedaços de realidade que já têm um poder definido. Ele afirmava que o cineasta vê através da confusão da história e da psicologia e cria uma suave sucessão de imagens que levam em direção a um completo evento narrativo. Para Pudovkin, o sentido do mundo já existe na realidade capturada pelos planos, mas poderia ser ampliado e liberado pela montagem meticulosa. O cineasta tem meios, acreditava Pudovkin, para forçar o espectador a sentir um evento cinematográfico como se fosse um evento natural. Pode sutilmente dirigir e controlar a atenção e as emoções do espectador, já que o leva, não através da confusão do enredo, mas através da claridade de uma realidade reorganizada em filme, de modo que suas relações secretas são esclarecidas. A ênfase de Pudovkin no plano individual como fragmento básico do filme coloca-o muito mais próximo do que Eisenstein dos teóricos cinematográficos realistas. Mesmo em seu período mais formativo, quando falava da criação de eventos pelo cinema através da montagem, Pudovkin ficou bem atrás de Eisenstein. Pudovkin queria ligar os planos para levar o espectador a aceitar sub-repticiamente um acontecimento, uma história ou um tema. Eisenstein mencionou isso e reivindicou, não uma *ligação*, mas uma *colisão*, não uma plateia passiva, mas uma plateia de cocriadores.

Todas essas diferenças entre os dois grandes contemporâneos originam-se do conceito crucial de matéria-prima. Eisenstein nunca poderia aceitar a noção do plano como um pedaço da realidade do qual o cineasta se apodera. Ele insistia de modo tão obstinado quanto lhe era possível em que o plano era o *locus* de elementos formais como iluminação, linha, movimento e volume. O sentido natural do plano não precisa, não deveria, dominar nossa experiência. Se o cineasta é realmente criativo, extrairá seu próprio sentido dessa matéria-prima; construirá relações que não estão implícitas no "significado" do plano. Criará em vez de dirigir o significado.

Atualmente, a maioria dos filmes e das teorias cinematográficas ainda leva a marca de Pudovkin, muito mais que a de Eisenstein, mas foi Eisenstein que estimulou a imaginação dos que procuram um novo cinema. Sua teoria da matéria-prima é infinitamente mais complexa que a de Pudovkin, pois contém um lado material (os aspectos do plano que ele chama de atrações) e um lado mental, ou mesmo espiritual (a mente que é atraída). Pudovkin simplificou esse problema ao definir a matéria-prima a partir da posição do cineasta. Um plano é uma simples etapa técnica da produção cinematográfica. Um choque ou uma atração, por sua vez, é uma relação entre mente e tema; é uma questão de experiência da plateia e, em consequência, um conceito muito mais sutil, muito mais rico.

OS MEIOS CINEMÁTICOS: CRIAÇÃO ATRAVÉS DA MONTAGEM

Apesar de a matéria-prima do cinema serem os estímulos distintos dos planos, não devemos concluir que, para Eisenstein, tais estímulos equivalessem ao próprio cinema. Eles são, em vez disso, blocos de construção ou, para usar sua analogia, "células". O cinema só é criado quando essas células independentes recebem um princípio de animação. Que é que dá vida a esses estímulos, tornando possível uma experiência cinematográfica completa? Para responder, devemos examinar o famoso e central conceito de *montagem*.

Assim como a abordagem de Eisenstein do material fílmico foi gerada pelo teatro *kabuki*, do mesmo modo foi seu estudo sobre a poesia *haicai* que ostensivamente o levou a uma compreensão da montagem. No próprio "alfabeto" da língua japonesa, Eisenstein viu as bases da dinâmica do cinema. Que é um ideograma, pergunta, senão a colisão de duas ideias, ou atrações? O desenho de um pássaro e uma boca significa "cantar", enquanto o desenho de uma criança e uma boca significa "gritar". Aqui, a mudança em uma atração (do pássaro para a criança) produz, não uma variação do mesmo conceito, mas um significado completamente novo. No cinema, os sentidos percebem as atrações, mas o significado cinemático só é gerado quando a mente supera a compreensão para prestar atenção à colisão dessas atrações.

A poesia haicai, feita de ideogramas, funciona de modo semelhante. Registra uma curta série de percepções sensoriais, forçando a mente a criar seu senso de unidade e produzindo um impacto psicológico preciso. Eisenstein dá o seguinte entre vários exemplos:

> Um corvo solitário
> sobre um galho desfolhado
> numa noite outonal.

Cada frase desse poema pode ser considerada uma atração, e a combinação das frases é a montagem. A colisão de atrações de verso para verso produz o efeito psicológico unificado que é a marca do haicai e da montagem.

Depois de citar o caso do haicai, Eisenstein imediatamente enumera os tipos de conflitos entre atrações disponíveis ao cineasta: conflito de direção gráfica, de escalas, de volumes, de massas, de profundidades, de escuridões e claridades, de distâncias focais e assim por diante. Num ensaio posterior, ele enumera os tipos gerais de efeitos que tais colisões podem gerar. Revela cinco "métodos de montagem", da montagem métrica absolutamente matemática, onde o conflito é criado estritamente pela extensão e duração dos planos, até a montagem intelectual, onde o significado é resultado de um pulo consciente dado pelo espectador entre dois termos de uma metáfora visual, ou imagem. A maioria dos ensaios de Eisenstein trata dos métodos que ficam entre esses dois extremos. Ele diz que o conflito pode ser organizado de modo rítmico, tonal e sobretonal. Cada um desses métodos depende de um conflito entre os elementos gráficos dos planos. Nossos sentidos apreendem a atração de cada plano e nossos desejos interiores compartilham essas atrações através da semelhança ou do contraste, criando uma unidade superior e uma interação de planos específicos (no nível da extensão, do ritmo, do tom, do sobretom ou da metáfora) que produz significado. A montagem é, para Eisenstein, o poder criativo do cinema, o meio através do qual as "células" isoladas se tornam um conjunto cinemático vivo; a montagem é o princípio vital que dá significado aos planos puros.

Apesar de Eisenstein ter trabalhado nesses conceitos centrais relacionados com a montagem logo no início de sua carreira, ele continuou a dar atenção aos problemas relativos à montagem durante toda a sua vida. Especificamente, tentou mostrar como vários elementos particulares podiam ser criativamente amalgamados na experiência fílmica. Com a expansão da tecnologia do cinema, Eisenstein rapidamente indicou o potencial formativo de cada novo recurso.

Nisso foi muito mais liberal (e, devo dizer, mais agradável aos leitores modernos) do que Arnheim, com quem tinha algumas semelhanças óbvias em outros assuntos.

A famosa "Declaração sobre o Som" que Eisenstein escreveu em conjunto com Pudovkin e Grigori Alexandrov é um exemplo perfeito da adaptabilidade de sua teoria da montagem. Apesar de as ideias de Eisenstein sobre a matéria-prima do cinema e sobre a construção da montagem terem sido elaboradas antes de o som tornar-se um recurso viável do cinema, ele rapidamente incorporou essa invenção "realista" à sua teoria antirrealista.

> Haverá exploração comercial da mercadoria mais vendável, o CINEMA SONORO. Aquele em que o registro do som ocorrerá num nível naturalista, correspondendo exatamente ao movimento na tela, e proporcionando determinada "ilusão". ...
> Usar o som desse modo pode destruir a cultura da montagem, pois cada ADESÃO do som a uma peça visual aumenta sua inércia como peça de montagem e aumenta a independência de seu significado – e isso sem dúvida ocorrerá em detrimento da montagem, operando em primeiro lugar, não nas peças de montagem, mas em sua justaposição.

Apenas um USO EM CONTRAPONTO do som em relação à peça de montagem visual permitirá uma nova potencialidade do desenvolvimento e aperfeiçoamento da montagem.[1]

Eisenstein prossegue afirmando que as experiências com som não sincronizado "levarão à criação de um CONTRAPONTO ORQUESTRADO de imagens visuais e imagens auditivas". Ele vê na trilha sonora um meio de integrar diálogo e informação, sem mencionar a música, de modo muito superior ao permitido pelo uso de legendas.

O caso do som é apenas uma das muitas instâncias em que Eisenstein proclamou um uso de "montagem" da tecnologia realista. Em outra ocasião, apoiou o cinema em cores porque a cor podia formar um complexo código adicional de unidades de montagem, ou atrações, que poderiam interagir com outros elementos do filme. Como uma observação de seu *Ivan Groznii (Ivã, o Terrível)*, Parte II, demonstrará, ele deve ter refletido longa e arduamente sobre as possibilidades de tal uso irreal da cor. Nesse filme, a cor foi usada junto com a filmagem em preto e branco, e as próprias cores são cuidadosamente separadas através de filtros e do figurino para chocar o espectador com um novo elemento visual. De modo semelhante, ele estava ávido pelo desenvolvimento da fotografia tridimensional, pois nela via novos parâmetros de relações entre volume e espaço, dando ao cineasta um elemento adicional para controlar. Finalmente, defendeu a tela perfeitamente quadrada, rejeitando a invasão de proporções cada vez maiores. Como considerava a tela uma moldura e não uma janela, achava que o "quadro dinâmico" oferecia possibilidades mais variadas para os modelos de tela.

Assim, Eisenstein sempre procurou aumentar o número de variáveis sob o comando do cineasta; mas, ao mesmo tempo, desejava que todos os elementos permanecessem sob aquele comando e não agissem por conta própria. A montagem é a verdadeira voz de comando que transforma esses elementos num filme. Enquanto Hollywood dava boas-vindas aos desenvolvimentos técnicos por causa do realismo adicional que proporcionavam ao espectador, Eisenstein procurava subverter o realismo natural do som, da cor e da fotografia tridimensional através da fragmentação ou "neutralização" desses elementos, permitindo-lhes funcionar justapostos em contraponto com os outros elementos do filme. Eles proporcionavam, desse modo, uma nova variação de sons na escala que podia ser integrada à experiência artística pelo cinema-compositor através da energia da construção da montagem.

O conceito de montagem de Eisenstein tem muitas fontes. Foi uma noção-chave da estética construtivista, apesar de nunca ter sido desenvolvida de modo tão completo como na teoria do cinema de Eisenstein. Claramente, deve muito às teorias do pensamento dialético de Hegel, Marx e quase todos os membros do círculo sociocultural de Eisenstein. Também compartilha muito das muitas teorias psicológicas da década de 1920, teorias que Eisenstein certamente conhecia, dado seu profundo interesse pelos processos do pensamento.

É fascinante colocar a teoria da montagem ao lado de algumas teorias cognitivas que prevaleceram durante os anos 1920, mesmo que apenas para ajudar a separar Eisenstein de Arnheim, cuja psicologia gestaltista ele nunca poderia aceitar. Certamente o interesse de Eisenstein por Pavlov foi suficiente para afastá-lo de Arnheim, pois Pavlov trabalhou no nível da significação dos estímulos individuais, enquanto a psicologia gestaltista enfatiza o "campo" ou o "conjunto", que absorve e transforma os estímulos e dos quais os estímulos retiram todo o seu significado. O conceito de montagem de Eisenstein, porém, superou Pavlov. O que é frequentemente negligenciado é a provável influência sobre Eisenstein dos associacionistas, que floresceram nos anos 1920. Eles salientavam as leis do espaço, do tempo e da causalidade que relacionam as percepções individuais. Como Eisenstein, cortaram o processo cognitivo em sequências de elementos imagísticos individuais, relacionados, não pela sintaxe, como é a linguagem, mas pela pura justaposição. O famoso psicólogo E.B. Titchener até afirmou serem necessárias pelo menos duas sensações para se obter um significado. Isso proporciona uma racionalização clara para a teoria da montagem de Eisenstein.

Mas foi o famoso psicólogo infantil Jean Piaget que proporcionou os mais surpreendentes paralelos psicológicos para a teoria de Eisenstein. Este conheceu as ideias do grande pensador suíço através do trabalho de Lev Vygotsky, psicólogo russo do período, muito próximo de Piaget. Não importa quão próxima tenha sido a relação real entre Eisenstein e a escola de Piaget, as muitas ideias comuns a esses dois homens merecem ser citadas:[2]

1. *Egocentrismo*. No esquema de Piaget, crianças entre dois e sete anos realizam o pensamento pré-operativo no qual suas representações não podem ser diferenciadas delas mesmas. De muitos modos, Eisenstein considera a experiência da visão uma atividade egocêntrica. O espectador adota as imagens da tela como se elas corporificassem sua experiência precognitiva.

2. *Símbolo do toque primário*. No estágio dos dois aos sete anos, Piaget descobriu a predominância do símbolo do toque como operação organizadora. Tais símbolos são altamente icônicos em sua natureza, isto é, o símbolo compete o mais proximamente possível com as características físicas daquilo que simboliza. Como exemplo, Piaget citou uma criança abrindo a boca para facilitar seu aprendizado de como abrir uma caixa. Esse exemplo é peculiarmente adequado com relação às teorias de Eisenstein, a partir do momento em que este falou de sua admiração por uma tribo filipina que dava apoio espiritual às mulheres durante o parto mediante a abertura de todas as portas da aldeia (cf. *Film Form*, p.135).

3. *Raciocínio de montagem*. Piaget descobriu que crianças pequenas mensuram o significado examinando a diferença entre os dois estados terminais de um processo sem prestar qualquer atenção aos estágios intermediários que os unem. Suas experiências nessa área são bem conhecidas: uma criança olha a água sendo despejada de uma vasilha para outra mais alta, mais fina, e conclui que agora há mais água. O próprio despejar não é levado em consideração. De várias formas as teorias da montagem de Eisenstein supõem exatamente esse tipo de atenção nos estágios terminais. Essa foi uma das razões pelas quais ele tanto se opôs ao plano geral, estilo cinematográfico que necessariamente focaliza o desdobramento de um evento. Preferia filmar fragmentos estáticos de um evento, energizando-os com um princípio dinâmico de montagem. Para uma criança, pelo esquema de Piaget, e para uma plateia, pela teoria de Eisenstein, é mais significativo mostrar três leões em rápida sucessão, todos estáticos, todos ocupando uma posição diferente, mas juntos sugerindo uma excitação selvagem, do que mostrar um leão realmente preparando-se para lutar.

4. *Discurso interior.* Em seu ensaio "Film Form – New Problems", Eisenstein falou explicitamente da capacidade do cinema de exprimir a sintaxe do discurso interior, uma sintaxe de choques e justaposições da imagem que apenas mais tarde foi traduzida e submetida à lógica do discurso exterior. Piaget sugeria, como seria de esperar, que as crianças operam num mundo de discurso interior feito de uma colagem de imagens. Elas aprendem vagarosamente a modificar seus mundos pessoais quando esse discurso interior é repetidamente confrontado com uma situação externa à qual não se adapta. Em geral, o discurso interior é amplamente substituído pela sintaxe operativa universal aos sete anos. Esse processo é caracterizado por vários aspectos que dizem respeito à teoria do cinema Eisenstein. Primeiro, ele ocorre no "movimento inconsciente" de uma sequência de imagens a outra sequência de imagens. Segundo, ele é "transdutivo" a partir do momento em que a criança atribui causa aos elementos

associados visualmente pela justaposição. Finalmente, exibe um "sincretismo" básico que reúne numerosos elementos num único evento.

Eisenstein não usou o vocabulário de Piaget, mas podemos dizer que ele queria que o cinema ressuscitasse o discurso interior. Queria que o fluxo do discurso interior fosse ativado pela montagem e desenvolvido em direção a um evento emocionalmente significativo através da justaposição visual. Pelos termos de Piaget, queria que o cinema se tornasse ou produzisse um "sincretismo global de inferências transdutivas individuais".

O fascínio de Eisenstein pelas sociedades primitivas e pelas expressões das crianças reforça o conceito da arte cinematográfica como uma volta a um Éden pré-lógico. Ele certamente não seria o primeiro esteta a ver na arte uma redescoberta da capacidade de raciocínio supralógico que inconscientemente proporciona uma experiência imediata ou realiza uma comunicação imediata.

A montagem é o instrumento dessa consciência ampliada. Na linguagem, supera a sintaxe universal e cria o mais poderoso dos efeitos poéticos. No filme, toma elementos inarticulados ou banais e os funde em ideias ricas demais para serem exprimidas por palavras. Em sua melhor forma, a montagem molda essas ideias sentidas em um grande evento emocional sincrético, um evento capaz de reorientar nosso pensamento e nossa ação. Por si mesma, a montagem não pode realizar essa proeza; devemos ultrapassar a montagem para descobrir as formas e as estruturas mais poderosas e efetivas que o cinema pode utilizar. Mas a montagem permanece o princípio vital básico que energiza cada filme que vale a pena e proporciona uma entrada no mundo pré-lógico do pensamento imagístico onde a arte tem suas consequências mais profundas.

FORMA FÍLMICA

Nos anos 1920, Eisenstein percebeu que as atrações individuais nunca poderiam ser responsáveis pelo significado do cinema e então introduziu o conceito unificador e dinâmico de montagem. No final daquela década e durante toda a década de 1930, ele empenhou-se em ultrapassar a montagem simples para chegar ao nível da forma cinematográfica, pois se tornara claro que, apesar da energia vivificadora da justaposição de planos, a mera justaposição por si mesma nunca determinará o impacto de um filme. A montagem é responsável pelo significado no nível local, mas não pelo significado total.

A questão da forma cinematográfica na realidade surgiu dentro de seu estudo da própria montagem como uma pergunta sobre o que ele chamava de *o dominante*. Em qualquer plano, existem múltiplas atrações; qual dessas deveria determinar o tipo de justaposição requerido? Se o plano A é unido ao plano B com base em valores de iluminação conflitantes, pode o diretor uni-los então ao plano C, que interage com o B com relação à direção? Em caso positivo, que acontece com o valor da luz do plano C? Os espectadores simplesmente o ignoram? Tais perguntas levaram Eisenstein a sugerir que todo plano tem uma atração dominante e muitas subsidiárias no contexto do filme exposto. Nos filmes narrativos, a linha do enredo dita o que nos deveria atrair primeiro num plano. Num filme policial, por exemplo, localizamos instantaneamente o assassino quando ele se esconde atrás de cortinas de renda. As outras atrações do plano (o movimento das cortinas com a brisa, o reflexo do luar e as sombras no quarto e assim por diante) agem em volta da atração central da imagem. Num filme um pouco mais abstrato, a atração dominante poderia ser o luar e suas sombras, e o filme seguiria a evolução dos valores de luz cambiantes. Em tal filme, a imagem por trás das cortinas de renda não mais usurparia nossa atenção. Muitos filmes experimentais dos anos 1920 e 1930 tentaram a organização através de linhas outras que não o enredo.

A noção do dominante prevaleceu na Rússia durante os anos 1920 e sem dúvida Eisenstein estava familiarizado com o ensaio fundamental intitulado simplesmente "The Dominant", escrito em 1927 pelo famoso crítico literário Roman Jakobson. Um trabalho literário é feito de um grupo de códigos que interagem, afirma Jakobson, mas um código se torna dominante e controla as inflexões dos outros códigos.[3] Em alguns poemas líricos, por exemplo, os códigos sonoros de aliteração e assonância dominam o sistema e atraem os outros códigos de narrativa, repetição, imagem e assim por diante.

Esse conceito parece conflitar com a noção de *neutralização*, pela qual todos os códigos se tornam efetivamente iguais. Eisenstein vacilou entre essas ideias, considerando que todos os sistemas têm um dominante, por um lado, enquanto, por outro lado, encorajava os artistas a se libertarem de sua tirania. No caso mais óbvio, podemos dizer que todo filme persegue várias linhas, a mais aparente das quais é a linha narrativa, ou do enredo. Na maioria dos filmes, é a linha do enredo que domina o filme, levando todos os outros aspectos a se "emparelharem" com ela. Eisenstein estava claramente ansioso por subverter essa convenção e dar mais independência e importância a esses outros códigos "subsidiários".

Ao analisar os códigos subsidiários, Eisenstein voltou à sua analogia musical, sugerindo que cada plano é feito de uma série de tons e sobretons ao lado de seu dominante. O dominante é o que mais plenamente chama a atenção do espectador, enquanto os tons e sobretons são "estímulos secundários" agindo na periferia tanto da imagem quanto da consciência do espectador. Eisenstein admitia que toda a sua primitiva concepção da montagem se concentrara nas justaposições dos dominantes dentro de uma cena cinematográfica. Mais tarde começou a dar ênfase à montagem, que revelaria outras linhas de desenvolvimento dentro de um filme.

Torna-se claro que Eisenstein começou a pensar na experiência cinematográfica como um nexo de linhas complementares, e não como um sistema *staccato* de estímulos distintos. Se consideramos o plano como notas distintas de uma peça de piano sendo moldadas por um compositor em várias linhas, devemos lembrar que a linha dominante na música tradicional sem dúvida seria a linha melódica, mas qualquer boa peça deve ser rica em tons e sobretons criados através da atenção às harmonias periféricas do teclado em relação à peça em desenvolvimento.

Em seu ensaio "The Filmic Fourth Dimension" (em *Film Form*), Eisenstein meditou especificamente sobre essa analogia musical. Apesar de admitir que um dominante existe, defendeu uma neutralização de elementos (que chamou de "igualdade democrática de direitos para fazer todas as provocações, ou estímulos, considerando-os um... complexo", *Film Form*, p.68). Sugeriu então que os diretores começassem a trabalhar com os sobretons tanto quanto com o dominante, com o objetivo de criar o equivalente ao "impressionismo" de Debussy ou Scriabin. De passagem, devemos notar que, de todos os compositores, eles são os mais frequentemente associados à sinestesia, tendo Scriabin composto até evocações musicais de cores.

Estimulado por seu senso da forma musical, Eisenstein começou a fazer referências à "experiência total" e ao "sentimento do conjunto". O cineasta não deve unir apenas mecanicamente peças de montagem ao longo de uma linha dominante, mas deve orquestrar com sensibilidade um vibrante conjunto a fim de que o espectador possa receber um grupo de estímulos organizados fluindo variadamente através de sua mente, mas criando uma impresão final, uma sensação de totalidade. Tal concepção de montagem interconectada é a "montagem polifônica" e seu resultado é a "unidade através da síntese". Essas noções estão num nível superior à montagem, assim como a montagem estava num nível superior ao das atrações que ela justapunha. A montagem é a energia do cinema que faz a matéria-prima adquirir vida, mas o conceito de unidade sintética é o que leva essa energia em direção a um objetivo total, em direção a uma forma significativa.

Virtualmente todas as reflexões de Eisenstein sobre a forma e a unidade cinematográfica podem ser reduzidas a uma interação entre as imagens da "máquina artística" e do "organismo artístico". Várias vezes ele insistiu em que a arte deve ser a interseção da natureza com a indústria. Em um de seus primeiros ensaios, já tentava subjugar esses conceitos tradicionalmente antitéticos:

> O pensamento da montagem – o auge do sentir e resolver diferencialmente o mundo "orgânico" – é realizado de um modo novo por um desempenho impecavelmente matemático da máquina-ferramenta (*Film Form*, p.27).

O estilo caracteristicamente estridente de Eisenstein proclama a bem-sucedida confrontação de um mundo orgânico com uma máquina artística. Mas esse otimismo juvenil desencadeou muitas dúvidas e o contínuo reexame dessas imagens. Podemos dizer que, ao amadurecer sua concepção da forma cinematográfica, ele mudou marcadamente de um interesse pela forma mecânica (nascida durante o período construtivista) para a forma orgânica, mas nunca o conflito entre os dois desapareceu completamente.

Com o objetivo de compreender, mesmo de modo resumido, os complicados pontos de vista de Eisenstein relativos à forma cinematográfica, vamos analisar essas duas imagens separadamente e com alguma profundidade.

A máquina artística

A noção da arte como máquina aparece pela primeira vez, sem dúvida, entre os muitos retóricos clássicos que falaram da arte como um recurso para controlar as respostas de uma plateia. Em épocas mais recentes, os realistas do século XIX, especialmente Taine e Zola, contribuíram para a elaboração dessa noção. Mas a noção de Eisenstein da arte como máquina deve mais, inquestionavelmente, aos construtivistas com os quais trabalhou. Eles levavam a sério o mandamento de Marx e Lenin de que a arte, antes de tudo, é um trabalho como qualquer outro. É necessário apenas olhar as pinturas e gravuras daquela era ou ler as descrições dos cenários teatrais (em muitos dos quais Eisenstein trabalhou) para ver como essa ideia foi obedecida religiosamente. Eisenstein também foi um partidário de uma nova teoria de interpretação chamada *biomecânica*. Nos anos 1920, ele desafiou com sucesso o método Stanislavski, o coração do detestado e totalmente naturalista Teatro de Arte de Moscou. O próprio nome biomecânica demonstra a orientação da vanguarda na Rússia dos anos 1920.

Quais as propriedades de uma máquina que a tornam uma analogia viável para um trabalho artístico? Ela é, antes de tudo, uma construção intencional planejada com objetivos específicos. É inventada para atingir um objetivo ou resolver um problema que existe antes de sua invenção. É totalmente planejada antes de ser construída e em todos os estágios é retificada até que sua engenharia se adapte a seu objetivo. Tanto a construção como o funcionamento da máquina são amplamente previsíveis. Sempre que possível, os engenheiros usam peças familiares e métodos familiares com o objetivo de fazer com que a máquina terminada corresponda intimamente ao planejado. A própria máquina é então alterada e modificada até que realize clara e eficientemente sua operação. Se for uma boa máquina, seu desempenho será previsível. Se a máquina começa a fracassar, pode ser consertada com a substituição das peças defeituosas. Com o tempo, pode perder sua efetividade e ser superada por um modelo mais novo planejado para realizar a mesma função, mas de modo mais eficiente, respondendo aos avanços da ciência e da tecnologia.

Muitos desses aspectos de uma máquina adequaram-se à concepção da natureza e objetivo do cinema de Eisenstein. Vimos que para ele a matéria-prima do cinema é a "atração", e que um filme é uma série de choques dados no espectador, uma espécie de máquina psicológica. A partir daí, a forma de um filme depende do tipo da experiência que o cineasta deseja evocar. O processo criativo, na realidade, começa com o artista conscientizando-se inteiramente do *fim* que tem em mente, decidindo então qual o melhor modo possível de atingir esse fim.

O modo envolve uma série de passos, cada um dos quais atua num nível sucessivamente mais alto de abstração do espectador. Primeiro vem a matéria-prima, as atrações simples que podem ser definidas como qualquer coisa no filme que faz diferença para o espectador. Através de simples justaposição desses estímulos primários, criam-se os significados cinemáticos básicos. Esses inumeráveis momentos de montagem-significado começam a se amalgamar em linhas de desenvolvimento, incluindo uma linha dominante e várias auxiliares. As mais comuns dessas linhas são a caracterização, o enredo, o tom da iluminação total e assim por diante. O espectador apodera-se desses grupos de significado dramático e na realidade recria a história do filme, resolvendo as tensões com que é confrontado.

O conflito de personagem, enredo, tom e todos os níveis mais elevados de significação é exatamente análogo ao conflito físico que Eisenstein considerava estar na base da montagem primária. Os repetidos e quase incontáveis conflitos entre atrações produzem os grandes conflitos e tensões do drama. Aqui, é claro, os elementos conflitantes são facilmente identificados: um determinado grupo de personagens colocado em contraposição a outro grupo; uma ação passada colocada em contraposição ao presente; um cenário e uma iluminação invernais usados em contraposição a uma atmosfera primaveril, e assim por diante.

Esse nível dramático começa a se dissolver num nível ainda mais elevado de generalidade na mente do espectador. Ele vê o enredo apenas como única instância de um tema geral que poderia ser colocado por outros enredos e outras oposições. No nível superior, então, o espectador torna-se consciente do problema central, ou dos problemas centrais, que o cineasta pretendeu gerar dentro dele. O filme funcionou como máquina, utilizando combustível confiável (atrações), energizado para criar uma corrente estável de movimento (montagem), desenvolvendo um significado dramático controlado e total (enredo, tom, personagem etc.), levando em direção a um destino inevitável (a ideia ou tema final).

Como Eisenstein acreditava que a mente trabalha dialeticamente fazendo síntese entre elementos em oposição, e que o auge de um filme ocorre quando a mente sintetiza as ideias opostas que lhe dão sua energia, ele queria permitir ao espectador ficar consciente da sintetização de todo o filme, das menores partículas às ideias controladoras. Enquanto D.W. Griffith e Pudovkin pretendiam levar o espectador a seguir em frente num transe em direção a uma conclusão que repentinamente explodiria à sua frente, vinda do nada, Eisenstein sempre insistiu na ajuda do espectador ao se forjar o significado do filme. Nisso, obviamente, sua teoria lembra as teorias do teatro que Bertolt Brecht estava elaborando na época.

Em seu filme *Istáchica (A greve)*, por exemplo, Eisenstein não hesitou em justapor imagens bizarras, como o rosto de um homem e o retrato de uma raposa, ou o retrato de uma multidão e o de um touro sendo morto. Essas imagens, cada uma proporcionando um forte estímulo, permanecem sem significado até que a mente cria as ligações entre elas através de sua capacidade metafórica. O próprio enredo emerge de numerosas metáforas como essa, com a mente criando uma interação entre trabalhadores específicos lutando contra um sistema gerencial específico. Antes do final do filme o espectador começa a sintetizar suas ideias controladoras, ideias sobre capital *versus* trabalho. O filme atinge seu objetivo quando o espectador imagina a conclusão (ou síntese) da colisão de tais ideias principais. A síntese, nesse caso, é uma que demanda a derrubada do capitalismo e a ascensão da classe trabalhadora.

A máquina cinematográfica existe para entregar o tema ao espectador. Toda a atenção do cinema focaliza-se na potencialidade necessária para levar esse espectador a uma confrontação com o tema. E o cineasta deve levá-lo com seus olhos abertos, expondo ao espectador seus meios, seu mecanismo, não apenas porque seu estilo é preferível ao realismo ilusório que é a marca registrada de Hollywood, mas porque o filme retira sua energia dos saltos mentais conscientes do espectador. A plateia, literalmente, dá vida aos estímulos mortos, forçando a iluminação a saltar de um polo a outro até que todo o enredo esteja incandescente e até que o tema esteja iluminado acima tanto da dúvida quanto da ignorância. Sem a participação ativa da plateia não haveria trabalho artístico. Essa teoria mecanicista da arte deve sempre focalizar a estrutura e os hábitos da mente humana, mais que o tema do trabalho artístico, pois a mente humana é o meio através do qual o filme existe e o destino de sua mensagem. A teoria orgânica, ao contrário, dá ênfase ao próprio objeto cinematográfico, considerando-o autossuficiente, autossustentado.

A analogia orgânica

Eisenstein nunca aderiu totalmente à teoria mecanicista acima resumida. No início, havia o indício em seus ensaios de uma teoria conflitante, a orgânica. Esse indício transformou-se no tema dominante de seus ensaios dos anos 1930. O volumoso e crucial ensaio intitulado "Word and Image" (em *The Film Sense*) ou "Montage 1938" (em *Notes of a Film Director*) é essencialmente uma meditação sobre os problemas que a teoria orgânica coloca em relação a suas primeiras ideias a respeito de cinema. As fontes reais das ideias de Eisenstein sobre a teoria orgânica são muito numerosas para serem citadas aqui. A teoria orgânica tem sido o modelo de criação artística de maior influência na civilização ocidental desde o início do século XIX. O desejo de Eisenstein de fundir algumas ideias dessa tradição com o construtivismo mais radical de sua juventude é natural.

Quais os aspectos de um organismo que o tornam comparável a um trabalho de arte? Mais importante é o princípio vital ou alma que vive em todas as partes do organismo, fazendo com que ele adquira sua forma peculiar. Há o senso de que o organismo, quando transplantado para um ambiente diferente, vai alterar-se ao se adaptar sem perder sua identidade. Há a noção, maravilhosamente intrigante, da autorreparação, pela qual um organismo é capaz de curar seus próprios ferimentos e defeitos. Há o aspecto generativo de um organismo através do qual ele se supera na procriação. Finalmente, e em resumo, há o senso de que um organismo existe por si mesmo. Enquanto uma máquina existe para realizar um objetivo preexistente, um organismo vive apenas para sua própria continuidade.

Entre esses aspectos, o que mais fascinou Eisenstein foi o do princípio vital impregnando a tudo. O que séculos de cristianismo chamaram de "alma" e o que Hegel batizou de "ideia", Eisenstein chamou de "tema". É o tema que faz um organismo tender a ser do modo como é, tema que parece exigir que, no processo criativo, se façam determinadas escolhas em vez de outras. Eisenstein escreveu:

> Cada peça de montagem não mais existe como algo não relacionado, mas se torna uma representação particular do tema geral que, em igual medida, penetra em todas as peças do plano.[4]

Eisenstein prosseguiu para dizer que em um bom filme as representações particulares, quando ordenadas apropriadamente, produzem o tema que as criou. Ao tentar lutar corpo a corpo com o difícil problema da circularidade que tal noção gera, Eisenstein volta várias vezes à situação do ator. O ator exibe uma cadeia de gestos cuja combinação promove e finalmente realiza uma imagem completa (digamos, a do ciúme). Os pequenos gestos ligados na cadeia são todos apropriadamente escolhidos pela exigência do tema do ciúme, mesmo se o ciúme só existe quando a cadeia se completa. O lado mecanicista de Eisenstein sugere que o ator, desde o início, sabe precisamente o que quer transmitir e só precisa encontrar o meio mais eficiente e poderoso para encorajar a plateia a pular para aquela imagem. O lado orgânico de Eisenstein rebela-se afirmando que o tema é invisível mesmo para o ator até que sua cadeia de gestos tenha percorrido seu caminho, mas que esse tema funciona sempre da mesma forma ao escolher aqueles mínimos pedaços (nesse caso, os gestos) que compõem o conjunto. Esses pedaços são escolhidos porque eles, apenas eles, fora de todas as possíveis representações, contêm em si mesmos o microssistema do tema. Para o leitor moderno, a noção de "cédula" de montagem incorpora um significado metafórico posterior em que cada peça de montagem, em adição ao funcionamento da completa máquina do filme, tem dentro de si a assinatura do código genético que é o tema. Isso garante que as células irão interagir em montagem polifônica e criar um "monismo de conjunto".

O conceito da forma orgânica é claramente atraente; mas corre o risco de tirar a responsabilidade pelo resultado de um filme do diretor-engenheiro, transferindo-a misticamente para a "natureza". Um orgânico pode ser tentado a reduzir toda a discussão sobre cinema à declaração: "Mas este cinema evoluiu para sua forma apropriada e não há mais utilidade em pensar sobre isso." Eisenstein nunca considerou perder-se em tal reducionismo. Para ele, o tema, como o princípio vital, começa a dirigir as decisões durante o processo de feitura do filme, mas este tema não poderia simplesmente ser colhido no ar. Consequentemente, a tarefa mais crucial da feitura do filme para Eisenstein é a descoberta do tema. O trabalho que tal descoberta implica compara-se à construção do filme.

Para entender a concepção de Eisenstein da "descoberta do tema", devemos entender que para ele a natureza não existe de modo facilmente disponível. Isso separa-o imediatamente da maioria dos teóricos orgânicos, que acham que a pura observação atenta da natureza revela o tema orgânico, o qual é então capaz de inspirar um trabalho artístico com sua energia natural. Para Eisenstein, tanto a natureza como a história devem ser transformadas pela mente antes de poderem tornar-se verdadeiras. Não existe nada como uma realidade nua diretamente apreensível. A tarefa do cineasta, a tarefa do artista, é apreender a *verdadeira* forma de um evento ou fenômeno natural e então utilizar essa forma na construção de seu trabalho artístico.

Um exemplo óbvio do próprio trabalho de Eisenstein vai ajudar. Em 1905, houve uma insurreição no navio *Potemkin* como parte de uma revolução abortada naquele ano. Durante certo tempo a insurreição uniu a população de Odessa e os marinheiros de outros navios próximos. Eisenstein achava que esse evento poderia ser filmado de incontáveis maneiras, mas apenas uma tiraria vantagem da verdadeira forma do evento. Apenas um filme seria amarrado organicamente à verdade da história.

O processo através do qual um cineasta chega a se apropriar da verdadeira forma de um evento não é o de apenas registrar a aparência desse evento. Eisenstein sempre defendeu que, para capturar a "realidade", deve-se destruir o "realismo", decompor a aparência de um fenômeno e reconstruí-lo de acordo com um "princípio da realidade". Para o marxista Eisenstein, tanto a natureza quanto a história obedecem a um princípio da forma dialética. O cineasta deve olhar abaixo da superfície do realismo de um evento até que sua forma dialética se torne clara; só então é capaz de "tematizar" seu tema. Depois disso, as escolhas que faz tanto quanto a sua matéria-prima como quanto a seus métodos de montagem serão automaticamente ditadas por esse princípio vital. Por seu lado, o espectador deve recriar o tema do filme a partir do momento em que sua mente energiza as "atrações". As inúmeras interconexões entre essas células irão finalmente dominar completamente o espectador, pois tanto o filme quanto o espectador caminham em direção à imagem final do tema. O filme não é um *produto*, mas um *processo* criativo organicamente desvendado no qual a plateia participa tanto emocional quanto intelectualmente. Eisenstein escreveu: "O espectador é levado a percorrer a estrada da criação que o autor percorreu ao criar a imagem" (*The Film Sense*, p.32). E citou Marx como apoio:

> Não apenas o evento, mas a estrada para chegar a ele é parte da verdade.
> A investigação da verdade deve ser verdadeira. A verdadeira investigação é a verdade desvendada, cujos membros disjuntivos se unem como resultado (*The Film Sense*, p.32).

Em suma, a analogia orgânica desloca, em certa medida, retira do cineasta a origem da forma de um filme. Até Eisenstein reconheceu a inadequação e a imoralidade da obstinada criação de montagem que tenta manipular o espectador. A apreensão do tema orgânico envolve uma compreensão da realidade fora da consciência do criador, mas apenas através dela. O cineasta criativo coloca-se na posição de entender a realidade tematicamente e de ser capaz de criar um filme cujas linhas entrelaçadas revelam esse tema. Além disso, as próprias linhas do significado desse filme são feitas de fragmentos ou células, cada qual contendo em si a marca do tema. O filme inteiro é uma peça, apesar de operar através do conflito e da colisão. Isso ocorre porque, de acordo com o credo de Eisenstein, os temas básicos da própria vida são redutíveis ao conflito. A montagem, então, apesar de proporcionar a energia mecânica que permite à máquina cinematográfica desempenhar sua tarefa determinada, é formalmente isomórfica com relação à estrutura orgânica da natureza e da história.

Eisenstein parecia satisfeito com sua "máquina orgânica". Sempre que investigava o impacto de um filme no espectador, lançava-se em direção à imagem da máquina. Mas quando se voltava para a relação do trabalho artístico com a realidade, concentrava-se na inter-relação orgânica das células que o compõem. Apesar de isso ter confundido muitos de seus críticos e seguidores, para ele nada mais era que uma mudança de ênfase. "O erro", disse, "reside em enfatizar possibilidades de justaposição, enquanto menos atenção parecia ser dada à análise do material justaposto" (*The Film Sense*, p.8).

Em suma, Eisenstein queria apenas que o filme fizesse as coisas como uma máquina, mas não queria que essa máquina fosse feita de nenhuma das velhas partes, algumas fabricadas especialmente, outras compradas num ferro-velho, todas mantidas juntas de qualquer modo que parecesse funcionar. E então procurou a natureza, o orgânico, no qual todas as partes são inter-relacionadas num sistema autossustentado. Mas esse modelo mais atraente (próximo da forma cinematográfica sonhada por Munsterberg e Arnheim) era necessariamente "inútil". Pois é naturalmente autossustentado, não promove a revolução, não diretamente de qualquer modo. Eisenstein vacilou entre essas duas noções muito diferentes da forma cinematográfica porque nunca teve a certeza absoluta da função ou do objetivo da arte cinematográfica. Precisamos examinar essa incerteza.

O OBJETIVO FINAL DO CINEMA

Implícitas em todas as suas reflexões sobre a forma do cinema estão questões que dizem respeito ao objetivo do cinema. O modo mais acessível de penetrar nos problemas da teoria de Eisenstein é através da análise das relações entre a retórica e a arte autônoma. Esses termos são polos opostos na maioria das teorias da arte, e em nossa cultura tem havido uma ampla inclinação normativa em favor da arte sobre a retórica. É justo notar de início que, até onde sei, Eisenstein nunca considerou suas teorias como qualquer coisa além de teorias da arte. Não há uma única instância registrada de sua referência ao cinema como veículo retórico. No entanto vários críticos do passado acusaram-no de ser um teórico da retórica e outros tentaram apoiar tal acusação analisando seus filmes como textos de propaganda. É inútil enumerar as questões em jogo em qualquer análise da questão retórica *versus* arte e tentar localizar as posições de Eisenstein.

Retórica

Os gregos construíram complicadas teorias da retórica mesmo antes de a ciência da estética ou a ideia da arte ter sido desenvolvida. Em seu sentido mais amplo, a retórica é a ciência da linguagem e da comunicação. Mais especificamente, é o estudo dos fins, métodos e efeitos do discurso. Para nossos objetivos, podemos conceber a retórica como o exame de situações discursivas em que um grupo quer transmitir alguma coisa a alguém mais com o objetivo de influenciá-lo ou pelo menos esclarecê-lo.

Deve ser óbvio que qualquer crença que considere a arte como uma máquina incorpora a situação retórica clássica. O trabalho artístico ou o filme torna-se um verdadeiro veículo, capaz de ser ajustado e modificado, através do qual um retórico (ou cineasta) transmite suas ideias com a maior clareza e força de que é capaz. O objetivo de tal situação reside precisamente no efeito provocado na plateia, seja esse efeito intelectual ou emocional.

A situação do cinema coloca naturalmente o retórico numa posição de absoluto domínio sobre a plateia, pois não há qualquer chance de esta responder no sentido normal do diálogo. O espectador, na realidade, espera informar-se ou se emocionar e se esforça por conseguir os efeitos que a máquina do cinema foi construída para suscitar. Afinal de contas, ele pagou dois dólares para ter as reações que alguém em Hollywood criou com 2 milhões de dólares. Além disso, porque o veículo cinema é tecnológico, o espectador está até mais disposto a aceitar seu papel de recipiente de efeitos. Um retórico fala com conhecimento de causa através de um misterioso aparato que lhe confere um poder especial.

A maioria dos primeiros ensaios de Eisenstein sobre cinema indica que ele aceitava essa situação e queria explorá-la o mais plenamente possível. Surpreendia-se com a ineficiência e estupidez da maioria dos filmes, especialmente dos que procuravam dar à plateia a impressão de realidade. A realidade, achava, só fala de modo muito obscuro, quando fala. Depende do cineasta destruir a realidade e reconstruí-la, transformando-a num sistema capaz de gerar os mais profundos efeitos emocionais. O próprio senso de montagem de choque confirma isso. Em uma de suas mais notáveis afirmações, escrita no final de sua carreira, quando havia modificado muito suas ideias a respeito do tratamento de choque pavloviano sobre a plateia, Eisenstein ainda insistia numa definição orientada para a plateia: "Um trabalho de arte, entendido dinamicamente, é apenas esse processo de arrumar imagens nos sentimentos e na mente do espectador" (*The Film Sense*, p.17).

A teoria de Eisenstein poderia facilmente ser interpretada como uma teoria da propaganda. Qual o objetivo dos filmes de propaganda e dos comerciais de televisão, além de arrumar imagens de modo inteligente nos sentimentos e nas mentes dos espectadores com o objetivo de causar o maior efeito emocional possível? O efeito, mapeado com antecedência, torna-se a *raison d'être* do trabalho de arte. Essa situação subordina a arte às reações que gera e encoraja o ponto de vista (apesar de não exigi-lo) de que um único efeito pode ser obtido via dois ou mais trabalhos artísticos. Isso levaria, naturalmente, a uma avaliação dos filmes baseada em sua capacidade de causar um efeito explícito.

Poder-se-ia fazer uma tipologia de filmes de acordo com a importância e complexidade da mensagem ou efeito visado e de acordo com a capacidade do filme de transmitir essas mensagens. Tal teoria do objetivo do cinema parece adequar-se à maioria dos textos de cinema. Muitos críticos acham que todos os textos de cinema – os filmes de propaganda da Alemanha nazista, os anúncios de Alka Seltzer nos Estados Unidos, os filmes de Hitchcock e Bergman – são máquinas mais ou menos bem-sucedidas em sua tarefa de levar ao lar uma mensagem ou efeito pré-planejado.

Não é fácil dizer até que ponto Eisenstein aceitou essa concepção de cinema. Mas parece bem claro que ele achava que a arte estava reservada para aqueles tipos de efeitos e mensagens não disponíveis ao discurso comum. Isto é, a arte visa antes de tudo as emoções, e apenas em segundo lugar a razão. Ela causa um efeito que não é disponível à linguagem comum. A arte, então, é semelhante aos outros veículos retóricos, mas é de uma ordem superior, capaz de transmitir mensagens completas e de envolver todo o ser humano. Pode-se dizer que Eisenstein afirmava que o cinema é a maior arma de propaganda possível. Apesar de nunca ter discutido a propaganda, ele afirmou com muita frequência que o cinema é parte de uma revolução mundial da consciência. Tudo isso implica que o cineasta existe num estado de conhecimento e que o espectador é levado da ignorância ao conhecimento via o poder do cinema, um poder que energiza o corpo do espectador e, através dele, mente. Nessa concepção retórica, o processo de conhecimento é completado antes de o filme ser feito. O filme existe exclusivamente para levar o conhecimento a um público mais amplo, para disseminá-lo e deixar seu poder trabalhar no mundo.

Arte

Desde os poetas românticos do início do século XIX, foram inúmeras as declarações sobre a importância da arte pura. A arte, dizia-se, existe no próprio objeto, independente de qualquer intenção que o artista possa ter ou de qualquer efeito que o objeto possa suscitar na plateia. Existe apenas para ser bela, isto é, para se manifestar. Os objetos artísticos têm direito a um estado de existência superior ao dos outros objetos porque são, acima de tudo, destituídos de propósito e, em segundo lugar, apropriados em si mesmos. Diz-se que eles se adequam às aspirações que têm em si mesmos. Se o trabalho artístico é uma pintura barroca, trança seus objetos numa arrumação perfeita em si mesma. Se é uma fuga de Bach, organiza as notas e linhas melódicas em seu padrão complexo peculiar. O que é mais importante, esse padrão não é imposto ao trabalho a partir de fora, como um engenheiro impõe um desenho a uma máquina para fazê-la funcionar de acordo com os desejos *dele*. Não, o padrão, de algum modo, existe organicamente dentro do trabalho artístico. O artista trabalha até que a forma que cria exista de acordo com esse padrão, liberando-a de seu controle, permitindo-lhe existir para nossa contemplação.

Apesar de essa descrição de uma teoria da arte autônoma ser excessivamente breve, já se pode ver que Eisenstein teria pouco a ver com a maioria de suas premissas. Mas há vários elementos, especialmente em seus últimos ensaios, que indicam que o modelo retórico era demasiado simplista para o seu gesto e que ele estava pesquisando as teorias românticas da arte como um modo de entender o objetivo pleno do cinema.

Mais importante é sua reflexão sobre o *status* da imagem. Em seu último ensaio, Eisenstein definiu a imagem como qualquer conceito global capaz de dar vida a um grupo de representações. Seu exemplo de imagem é a Rua 42. Essa imagem gerava nele uma sensação total que podia ser expressa através de uma série de representações individuais (anúncios de neon, multidões, determinados edifícios, teatros e assim por diante). Reciprocamente, uma série de representações apropriadamente organizadas podia gerar uma imagem. De um ponto de vista estritamente retórico, o cineasta começa com uma imagem e depois calcula cuidadosamente o melhor meio de transferir essa imagem para a plateia. Deve recorrer invariavelmente a uma ordenação apropriada de pedaços (atrações) que vai imprimir no espectador aquele sentimento ou imagem total. Em grande medida, Eisenstein parecia defender exatamente esse ponto de vista, mas há indicações de que também achava que a imagem era algo que se desenvolve quase espontaneamente fora das representações que o artista está manipulando. O artista não começa com uma visão total, mas chega a algo indescritível que o leva a escolher determinadas representações e a combiná-las de maneira a que enfatizem determinadas relações.

A ambivalência de Eisenstein nessa questão transparece em seu artigo "Word and Image". Neste, com 300 palavras ele parece tentar demonstrar ambas as possibilidades (*The Film Sense,* p.30, 31). Primeiro apoia explicitamente o argumento retórico: "Diante da percepção do criador paira uma determinada imagem, incorporando emocionalmente o seu tema. A tarefa com que ele é confrontado é transformar essa imagem em algumas representações parciais básicas que, em sua combinação e justaposição, devem evocar na consciência e nos sentimentos do espectador ... aquela mesma imagem geral inicial que originalmente pairava diante do artista criativo."

Mas apenas um parágrafo adiante Eisenstein parece modificar o *status* da imagem. Esta não mais paira fora do tempo. Eisenstein caminha em direção ao campo organicista quando diz: "A imagem desejada não é fixa ou pronta, mas aparece – nasce."

Parece que Eisenstein nunca colocou o problema em termos de retórica e arte. Sua tendência foi muito mais a de concebê-la em termos de *discurso* e *discurso interior.* Todas as expressões afetam o espectador, mas algumas o fazem através dos canais claramente públicos do discurso, enquanto outras invadem o mundo mental privado do espectador. Apesar de todos os filmes terem um propósito, apenas os grandes filmes evitam uma *retórica* simplista que agiria ao modo do discurso, e na qual a montagem é uma simples teoria da sintaxe. Os grandes filmes atingem suas plateias ao modo da *arte autônoma*, e essas mesmas teorias de montagem desta vez promovem o misterioso processo do discurso interior, aquela padronização pré-linguística do fenômeno que age pela justaposição de explosões de atrações. Os grandes filmes superam a linguagem convencional, que normalmente leva as representações primais a uma cadeia de significado gramático dedutivo. No discurso interior, a única regra gramática em cena é a associação através da justaposição. Como o discurso interior, o cinema usa uma linguagem concreta na qual o sentido se origina, não da dedução, mas da plenitude das atrações isoladas, conforme delimitadas pela imagem que elas ajudam a desenvolver.

Esse tipo de pensamento não é inteiramente estranho ao marxismo. Eisenstein era capaz de citar Lenin para ajudar a estabelecer o argumento da força dos padrões primários. Lenin disse que os processos primários da natureza, processos dialéticos, manifestam "recorrência, ao nível superior, dos conhecidos traços, atributos etc. do inferior" (*Film Form*, p. 81). Essa citação adquire vida quando colocada perto dos últimos ensaios de Eisenstein.

> Cada peça de montagem existe não mais como algo não relacionado, mas como determinada *representação particular* do tema geral que, em igual medida, penetra em todas as peças do plano. A justaposição desses detalhes parciais numa determinada construção de montagem chama à vida e obriga a aparecer aquela qualidade *geral* de que cada detalhe participou e que reúne todos os detalhes num *conjunto*, ou seja, naquela *imagem* genérica onde o criador, seguido pelo espectador, experimenta o tema (*The Film Sense*, p.11).

Na arte, como no discurso interior, os conjuntos determinam os detalhes e são por eles determinados. Esse processo de se chegar a uma imagem autojustificativa é o processo da arte. É preciso lembrar aqui a máxima de Marx segundo a qual a verdade reside no caminho tanto quanto no destino. E Eisenstein, ao obrigar o espectador a criar a imagem, reunindo todas as relações entre atrações (relações que existem por causa do tema interpenetrante), dá ao espectador não uma imagem completa, mas a "experiência de completar uma imagem". Tal experiência gera uma compreensão do tema mais primal e mais poderosa do que qualquer apelo através do discurso normal e da lógica.

Neste ponto, é até possível ver traços de misticismo no pensamento de Eisenstein. Sua constante curiosidade com relação aos processos mentais das culturas primitivas e das crianças origina-se de sua crença de que, ao evitar as cadeias de lógica verbal às quais estamos subjugados, elas são naturalmente ligadas a um mundo mais *real*, no qual a mente naturalmente padroniza os estímulos que encontra no mundo. Quando todos os membros de uma aldeia ajudam o nascimento de uma criança abrindo suas portas, de seu ponto de vista eles se aproximam mais entre si e desse processo *natural* do que nós, com nossa cultura iluminada, podemos jamais esperar, exceto, talvez, através do poder da arte e especialmente do cinema.

Na arte, somos afastados da lógica para reexperimentar nosso modo primário de compreensão. Eisenstein, como os teóricos românticos da arte, acredita que o que é primário e natural irá por si mesmo ligar-se à verdade. Para Eisenstein, tanto o método (justaposição dialética de representações tematicamente interpenetradas) quanto a imagem final que aquele método cria irão, no filme propriamente dito, unir os criadores (tanto o artista quanto o espectador) aos verdadeiros processos e temas da vida.[5] Isso, ele tinha certeza, faria avançar aquele estado de vida mais consistente com os processos reais da natureza e da história, o movimento dialético em direção ao milênio marxista. A arte, assim, tem uma missão bem diferente da retórica. Existe para manifestar a correspondência entre a percepção humana básica e os processos básicos da natureza e da história. Isso não pode ser conseguido através de um sistema cuidadosamente racionalizado, mas de um quase místico anúncio do próprio trabalho artístico que, ao ser perfeitamente ele mesmo, faz mediação entre o homem e a natureza.

No Estado marxista, Eisenstein achava que a arte reforçaria a cultura, de vez que essa cultura já se baseia em princípios dialéticos apropriados, coordenados desde o início aos processos da mente e da natureza. Nas sociedades pré-revolucionárias como as nossas a verdadeira arte deve necessariamente ser uma força insurgente destinada a manifestar, no nível da percepção e da imaginação, as antinomias de uma sociedade fora de sintonia com o homem e com a natureza. A arte, em consequência, pode ainda mudar o comportamento ao mudar a percepção, mas o faz de modo muito indireto, como subproduto natural do fato de simplesmente ser ela mesma. A retórica, por outro lado, existe apenas para fazer mudanças específicas no conhecimento ou no comportamento.

Apesar de Eisenstein desejar desesperadamente tais mudanças, ele gradualmente considerou a arte cinematográfica como algo superior e mais duradouro. Considerou-a não tanto entregadora de uma verdade (teórica), mas uma imagem geral da verdade (arte). Enquanto uma máquina artística construída para fazer o proletariado apoiar o plano quinquenal de 1925 pode ser hoje ineficiente, um organismo artístico que se transformou numa imagem da verdade em 1925 pode ser redescoberto por todas as gerações.

Num sentido real, a teoria do cinema de Eisenstein também incorporou essa dialética da máquina e do organismo. A maioria de seus ensaios foi escrita como parte de uma guerra estética na Rússia, como apologia de determinados tipos de feitura de filmes e como ataque contra outros. Eles foram retóricos no sentido mais pleno da palavra. Mas sua teoria como um todo parece ter do mesmo modo uma vida orgânica. Toda vez que seus ensaios são traduzidos para um novo idioma, pode-se verificar seu impacto sobre a atitude de outro grupo de teóricos e cineastas.

Talvez o exemplo mais surpreendente do poder perpétuo da teoria de Eisenstein chegou até nós através da recente cultura cinematográfica francesa. Até meados dos anos 1960, as concepções de André Bazin não tinham rivais. Elas dominavam as publicações sobre cinema e tiveram grande influência nos filmes mais importantes da Nouvelle Vague. Bazin e sua geração na França conheciam Eisenstein apenas através de fontes secundárias e de uns poucos ensaios não reunidos, traduzidos para o francês. Com os maciços projetos de tradução no final dos anos 1960, o domínio de Bazin sobre a teoria do cinema na França diminuiu. As ideias de Eisenstein, hoje, são ouvidas por toda parte em Paris. Elas dominam as principais publicações, *Cahiers du Cinéma* e *Cinéthique*. São evidentes no estilo de corte dinâmico dos filmes franceses recentes. Em suma, foram integradas e ajudaram a promover a nova consciência cinematográfica radical. Por causa da ousadia de sua formulação, a teoria de Eisenstein sempre será um instrumento das concepções radicais sobre o cinema, mas, por causa da honestidade de sua constante autodelimitação, sua teoria sobreviverá a qualquer utilização.

capítulo 4

Béla Balázs e a Tradição do Formalismo

UM RESUMO DA TEORIA FORMATIVA DO CINEMA

Theory of Film de Béla Balázs é uma das primeiras e, inquestionavelmente, uma das melhores introduções a essa arte. Teve vários imitadores, todos tentando proporcionar a uma audiência mais ampla uma visão básica da potencialidade do veículo. Neste capítulo, toda a aventura da teoria formativa do cinema será colocada sob uma luz crítica, a fim de que possamos entender as premissas de tais livros de introdução ao cinema e, mais importante, ver por que o livro de Balázs está entre os melhores.

As figuras que examinamos até agora são sem dúvida as mais interessantes e valiosas da tradição formativa. Munsterberg e Arnheim impressionam-nos por causa da profunda herança filosófica que apoia ativamente suas teorias. Eisenstein está acima até desses homens não apenas em razão da diversidade e originalidade de seus ensaios, mas também porque se empenhou toda a vida em evitar o reducionismo simplista que a teoria formalista tende a fazer com que se adote. Vimos que ele teve a coragem de ultrapassar suas descobertas teóricas iniciais com o objetivo de buscar soluções que explicariam aspectos mais sutis da experiência do cinema.

Quase sempre, as incontáveis figuras menores que seguiram a direção geral do pensamento formativo não tiveram nem a tenacidade e a visão de Eisenstein, nem a disciplina filosófica de Arnheim e Munsterberg. Consequentemente, a maior parte da teoria formativa é previsível, frequentemente cansativa.

Houve dois períodos principais em que a teoria formativa se mostrou prolífica. O primeiro foi, entre 1920 e 1935, quando toda uma classe intelectual se conscientizou de que o cinema (especialmente o cinema mudo) era não apenas um fenômeno sociológico de importância extraordinária, mas uma poderosa forma artística com os mesmos tipos de direitos e responsabilidades que qualquer outra. Esses teóricos queriam tornar conhecidas as propriedades desse novo veículo para ajudar a explicar os misteriosos sucessos dos grandes filmes mudos e a dirigir o futuro cinema em direção a um poder e uma maturidade maiores. O segundo período principal da teoria formativa do cinema começou no início da década de 1960 e ainda está se desenvolvendo. Esse período retira sua força do interesse acadêmico burguês pelo cinema. Nossas salas de aula estão repletas de jovens pedindo para conhecer os segredos do cinema, e milhares de manuais de introdução, todos necessariamente da tradição formativa, apareceram para responder às necessidades desses estudantes.

Caracteristicamente, tais livros dividem-se em capítulos baseados nas variáveis técnicas do cinema. Há sempre capítulos sobre composição, câmara, iluminação, montagem, som, cor, e frequentemente um sobre interpretação. Cada capítulo enumera as várias possibilidades de se obter controle artístico em seu domínio, desvendando os aspectos "não naturais" (ou especificamente "cinemáticos") do veículo. Em certo sentido, todos esses livros são descendentes (desejados ou não) de *Film as Art* de Arnheim. A maioria faz copiosas referências a filmes artisticamente bem-sucedidos para provar a validade das facetas cinemáticas de que estão tratando. O significado da cor é explicado através de *Il deserto rosso* (*O deserto vermelho*) de Michelangelo Antonioni. O uso artístico da iluminação é analisado tomando-se como referência *M* (*M – O vampiro de Dusseldorf*) de Fritz Lang, ou *Diaes Irae* ou *Vredens Dag* (*Dias de ira*) de Carl Dreyer. Em todos os casos, é-nos mostrada a solução de um problema de significação encontrada por um diretor através da manipulação de algum aspecto técnico.

Há sempre algo irreal nesse tipo de abordagem. A teoria formativa do cinema é perigosa devido à mesma razão pela qual é atraente: é inteiramente centralizada na *técnica* do cinema. Quando esse foco não é apoiado pela iluminação apropriada de questões pertinentes à forma e ao objetivo do cinema, o resultado é uma mera rubrica de possíveis usos do veículo, em vez de uma teoria plena e consistente.

Quase todos os manuais de introdução desse tipo dão lastro a si mesmos fazendo uma analogia implícita entre o cinema e a linguagem. Eles negam ser simples rubricas e reivindicam, em vez disso, a elaboração de dicionários e gramáticas visuais que armam o estudante com o vocabulário e a sintaxe necessários "para ler" os vários tipos de significado existentes nas técnicas de todos os filmes. Os títulos de muitos de tais livros traem essa intenção: *A gramática do cinema*, *A linguagem do cinema*, *A retórica do cinema* etc.

Certamente o cinema tem alguma relação com a linguagem, e pode ser proveitosamente considerado uma linguagem em alguns sentidos; não obstante, como Christian Metz, Jean Mitry e outros mostraram, sua relação com a linguagem verbal não é direta; é, na melhor das hipóteses, parcial e complexa. Fazer uma analogia entre esses veículos sem confrontar as limitações da analogia é fracassar na teorização.

Além da grave dificuldade inerente à tentativa de se discutir um veículo líquido e fisicamente multifacetado como se fosse um sistema digital, homogêneo como a linguagem, há a conclusão muito perigosa, tirada pelas cartilhas da linguagem cinematográfica, de que o cinema é um sistema finito fechado, como um teclado, no qual o diretor toca qualquer melodia que tenha em mente. Isso transforma o processo de feitura do filme numa fórmula de "escolhas corretas", escolhas adequadas à mensagem disponível. Foi contra essa tendência mecânica e digital de seu próprio pensamento que Eisenstein lutou por tanto tempo. Ele sabia muito bem que um formalismo estrito prende o artista e tende a ditar a aparência dos filmes a partir de fora.

De modo mais simplista, a teoria formativa deve inevitavelmente dar um prêmio à clara visibilidade da linguagem cinematográfica. Os diretores cujas técnicas chamam a atenção são enumerados acima dos diretores mais sutis,[1] pois por si mesma uma teoria tecnicamente orientada jamais poderá diferenciar o valor estético de um filme de Robert Bresson de qualquer comercial de televisão. Há de fato mais "arte" técnica (técnicas visíveis) num anúncio de Pepsi-Cola do que em todos os filmes de Bresson. Sem um senso abrangente de forma e objetivo, a teoria nada nos proporciona além de um catálogo de efeitos cinematográficos, e isso dificilmente é suficiente para uma teoria do cinema.

Para entender a teoria formativa do cinema em suas dimensões plenas, temos de ir além da teoria do cinema propriamente dita assim como vamos ao neokantismo para situar a teoria de Munsterberg e à psicologia gestaltista para situar a de Arnheim. Para obtermos uma visão mais ampla de toda a aventura da teoria formativa do cinema, para percebermos sua visão implícita do mundo, devemos observar os poetas formalistas russos.

FORMALISMO RUSSO

Seria pura coincidência o fato de as datas do movimento formalista russo (1918-30) coincidirem de tal modo com as da primeira fase da teoria formativa do cinema? Sem dúvida. Mas decerto Sergei Eisenstein foi profundamente influenciado por seu trabalho, e Arnheim e Balázs tinham consciência dele. Ainda mais surpreendente, as doutrinas formalistas russas foram revividas amplamente traduzidas e têm sido abertamente celebradas desde o início dos anos 1960, precisamente com o nascimento da semiótica cinematográfica e a supremacia da teoria formativa em nossas salas de aula.

À parte essas intrigantes relações históricas, o formalismo russo fornece à teoria formativa do cinema o amplo contexto filosófico no qual precisamos examiná-la. Embora nem todos os teóricos formativos as aceitem, as posições formalistas russas são perfeitamente adequadas à teoria formativa do cinema. Basicamente uma teoria da linguagem poética, o formalismo russo estabelece toda uma teoria da atividade humana. Que é, perguntam os formalistas, que torna os aspectos artísticos ou estéticos da vida de um homem tão diferentes e tão especiais? Para responder, primeiro estabeleceram um sistema de quatro categorias de funções que, afirmam, são responsáveis por todas as possíveis atividades humanas. Toda ação que realizamos pertence a uma ou mais das seguintes funções: prática, teórica, simbólica e estética.

A categoria prática diz respeito aos objetos ou ações que servem ao uso imediato (as estradas de rodagem e sua construção permitem-nos ir de uma cidade a outra). A categoria teórica compreende todos os objetos e ações que funcionam para usos gerais e inespecíficos (a microbiologia serve, e servirá, para muitos objetivos relativos à saúde humana). Na categoria simbólica, determinado objeto ou atividade funciona no lugar de outro objeto ou atividade (o ritual do casamento existe para e tem o objetivo de unir duas vidas). Por último, há a função estética que, de modo muito estranho, inclui os objetos e atividades que funcionam sem qualquer objetivo. Eles existem por si mesmos, para a contemplação e percepção puras.

Um único objeto ou atividade pode preencher várias funções. Por exemplo, uma chave egípcia da XII Dinastia teve a função prática de abrir uma porta. Hoje é colocada numa caixa de vidro num museu como objeto puramente estético. Uma linguagem, para tomarmos outro exemplo, geralmente tem uma função simbólica, requerendo que a superemos caminhando em direção àquilo que representa. Na poesia, porém, os formalistas argumentam que essa linguagem existe por si mesma.

Ora, a categoria estética opera em muitas áreas da vida, e nem todas chamamos de arte. Um matemático pode realizar sua atividade por motivos puramente estéticos. Uma paisagem da natureza pode ser observada sem qualquer motivo, puramente por si mesma. Arte é o nome que damos às atividades que representam objetos sem objetivo, objetos que nada fazem além de existir para nossa intensa percepção e contemplação.

Victor Shklovsky, um dos mais proeminentes formalistas russos e amigo e biógrafo de Eisenstein, resume essas ideias com perfeição:

> A arte existe para que se recupere a sensação de vida; existe para fazer com que as coisas sejam sentidas, para fazer a pedra *pedrar*. O objetivo da arte é transmitir a sensação das coisas tal como elas são percebidas, e não como elas são conhecidas. A técnica da arte é fazer objetos "não familiares" tomarem formas difíceis, aumentar a dificuldade e a extensão da percepção, pois o processo da percepção é um fim estético em si mesmo e deve ser prolongado. A arte é um modo de experimentar a plenitude artística de um objeto; o objeto em si não é importante.[2]

A maioria das primeiras teorias do cinema enquadra-se claramente nessa visão da arte e da vida. Todos os teóricos que chamei de "formativos" acreditam que o cinema tem uma função simbólica quando apenas reproduz a realidade. Tem uma função estética quando nos obriga a prestar atenção, de um modo especial (via suas técnicas não naturais) naquela realidade.

Em 1926, o pintor e cineasta experimental Fernand Léger lamentou o fato de a maioria dos filmes desperdiçar seus esforços tentando construir um mundo reconhecível, negligenciando inteiramente "o poderoso efeito espetacular do objeto. ... A possibilidade do fragmento".[3] Léger, é claro, criou o famoso *Ballet Méchanique* (*Balé mecânico*), no qual objetos práticos do cotidiano, como facas e colheres, são colocados um contra o outro para produzir um padrão rítmico de formas perceptivas. Como proclamou Shklovsky, esses objetos do cotidiano tornam-se sem importância, embora ao mesmo tempo nos transmitam a experiência de sua "artificialidade".

Poucos anos mais tarde, o crítico norte-americano Harry Alan Potamkin, que visitou a Rússia durante o período da hegemonia formalista, afirmou: "Para tornar o material significativo, ele (o cineasta) deve quebrar a continuidade da visão",[4] deve fazer-nos ver o cinema, não como mero substituto de um mundo real, mas como uma imagem que existe para a percepção significativa. Hans Richter, um dos grandes artistas de vanguarda dos anos 1920, resumiu essas noções: "O principal problema estético do cinema, que foi inventado para reproduzir, é, paradoxalmente, ultrapassar a reprodução."[5]

Já citamos que Eisenstein rejeitou o plano geral porque seu objetivo é sempre "a continuidade da visão", o impulso em direção à pura "reprodução" criticada por Potamkin e Richter. E Arnheim, por sua vez, afirmou claramente:

> Nenhuma representação de um objeto jamais será válida visual e artisticamente, a não ser que os olhos possam entendê-la diretamente como um *desvio* da concepção visual básica do objeto.[6]

O vocabulário de Arnheim aqui corresponde exatamente ao dos formalistas russos, para os quais a técnica da arte sempre se baseia no desvio. "Torne o objeto estranho!", gritavam. Para eles, a arte nunca foi uma questão de conteúdo significativo, inspiração, imaginação ou o que quer que seja que as pessoas tenham colocado no cerne da atividade artística. Era precisamente a técnica, isto é, a percepção, o trabalho e o talento puro que podem pegar um objeto ou atividade e arrancá-lo do fluxo vital. Ao parar a fim de olhar esse objeto, somos atingidos por sua forma visível, atingidos, dizem os formalistas, pela própria técnica que se coloca diante de nós.

O processo completo através do qual a técnica chama a atenção para o objeto é chamado de *desfamiliarização*. Os formalistas eram rápidos em elogiar os trabalhos artísticos que enfatizam esse processo. Em um dos mais famosos artigos formalistas, Shklovsky citou *A vida e as opiniões do cavalheiro Tristram Shandy* como o paradigma do objeto literário.[7] *Tristram Shandy* é um romance em que o leitor é continuamente notificado de que está envolvido numa experiência literária. Sterne torna-nos quase impossível relacionar o seu livro com o mundo fora dele. Somos deixados com um objeto estético cujo prazer é produto de nossa percepção do próprio processo literário, da própria *técnica* literária.

Boris Tomashevsky, pegando sua deixa com Shklovsky, generalizou esse processo ao catalogar várias técnicas literárias e mostrar como cada uma delas obriga a arte a sair da representação da realidade.[8] Ele distinguiu o enredo (técnica) da história (realidade), a motivação (técnica) da causalidade geral (realidade) etc. Concluiu que todas as técnicas literárias que consideramos artísticas (ironia, humor, *pathos*, figuras da fala) funcionam como distorções conscientes da realidade. Pode-se ver imediatamente como essa posição está próxima da de Arnheim.

Uma segunda onda de formalismo literário, que floresceu em Praga no final dos anos 1920 e início dos 1930, mais tarde sofisticou o conceito de desfamiliarização introduzindo a noção de "primeiro plano". O discurso artístico, diziam esses formalistas, é o discurso que escapa do rapidamente compreensível (o claramente codificado) e se coloca solidamente em frente aos olhos do leitor. Este não pode ignorá-lo porque é simultaneamente diferente e difícil. Eles consideravam todo trabalho artístico uma construção de várias espécies de discurso artístico e julgavam cada um de acordo com sua capacidade de se colocar em primeiro plano com sucesso.

A relação entre esses conceitos literários e a teoria do cinema está sem dúvida nesse ponto. A ênfase de Tomashevsky no detalhe exagerado e a descrição de Jan Mukarovsky do primeiro plano são contrapartes diretas do primeiro plano cinemático. Vários críticos do cinema, sendo o mais notável o europeu oriental Béla Balázs, afirmam o cinema como arte por sua capacidade de fazer primeiros planos, "a formação pictórica dos detalhes".[9]

A metáfora espacial do primeiro plano tem sua contraparte temporal na noção de ritmo, que é, muito previsivelmente, outro conceito central dos formalistas. Assim como podemos associar o primeiro plano fílmico com o primeiro plano literário, do mesmo modo podemos colocar a montagem junto com o ritmo. Allardyce Nicoll, ao falar dos filmes russos da década de 1920, disse: "Se o corte é prosa, então a montagem é poesia."[10]

No ponto extremo, essa visão do cinema acha que o artístico é o que trabalha em direta oposição ao prosaico. Isso obedece precisamente à máxima de Shklovsky de que "poesia é discurso *atenuado, tortuoso*", e à sua concepção do ritmo como uma "desordenação que não pode ser prevista",[11] mas que continuamente atrai uma previsão equivocada. Comparemos Shklovsky aos teóricos do cinema como Dallas Bower, para quem os ritmos de montagem "quebram o fluxo onipresente ... para produzir um novo tempo artificial superposto como se fosse o tempo real",[12] ou a Potamkim, para quem os ritmos são "repetições, repetições na variação, a *deformação* progressiva de um tema".[13] E finalmente temos o epigrama de Jean Cocteau: "Minha preocupação básica é evitar que as imagens fluam, para opô-las, para apoiá-las e reuni-las sem destruir sua distinção."[14]

Existe, subjacente nessas noções de desfamiliarização, primeiro plano, deformação e desvio, a possibilidade de um enorme e perigoso exagero. Shklovsky concluiu, em grande parte, que apenas o material em primeiro plano é artístico. Mas essa formulação pode levar a alguns equívocos deveras bizarros. Por exemplo, poderia afirmar-se que um poema ou determinado poema ou filme contém exatamente 30 (ou *n*) momentos artísticos construídos sobre seu segundo plano de prosa. Deveria um trabalho de arte ser julgado por sua densidade de primeiros planos?

Poucos formalistas desejam ir tão longe, pois tal noção implica uma noção quantitativa do valor estético. Poucos considerariam *The Waste Land*, de T.S. Eliot, um trabalho mais poético do que *The Rape of the Lock*, de Alexander Pope, simplesmente por quebrar o significado da prosa com maior frequência e de modos mais variados. Mas os formalistas sempre tiveram atração por classificar os trabalhos de arte privilegiando a técnica pomposa em detrimento de modos mais sutis de trabalho artístico. Na realidade, o formalismo tem apresentado a tendência a se tornar partidário de um estilo particular de arte, em vez de uma filosofia aplicável aos trabalhos artísticos de todos os estilos.

Tanto na teoria do cinema quanto na teoria literária houve formalistas que lutaram contra essa tentação. Jan Mukarovsky, um dos principais críticos da escola de Praga, rapidamente percebeu que o trabalho de arte mais denso possível conseguiria tudo no primeiro plano, eliminando completamente o segundo.[15] Nesse caso, toda a distinção seria perdida e nada de espécie alguma realmente iria permanecer. Para ele, o primeiro plano é o que faz com que o objeto estético se afaste do *mundo*, em vez dos elementos específicos de um trabalho artístico que se opõem ao restante do *trabalho artístico*. O estilo do trabalho depende dos tipos de primeiros planos usados em relação a um segundo plano específico, mas a pura quantidade de primeiros planos jamais poderá tornar um objeto "mais estético". Um objeto é visto esteticamente ou não, e é suficiente para um trabalho artístico ter uma e apenas uma instância de deformação dentro de si para nos fazer vê-lo esteticamente como um todo.

É possível, em consequência, acreditar que a arte se separa do mundo através de técnicas de desfamiliarização sem se deduzir que "mais desvios é igual a mais arte". Mukarovsky e seus colegas de Praga desenvolveram os conceitos de "norma" estética e "valor" estético para lidar com situações específicas de trabalhos artísticos isolados. Esse formalismo mais fluido permitiu-lhes manter uma posição descritiva em vez de avaliativa e analisar trabalhos artísticos de todo tipo. Quando estudamos os tipos e quantidades de primeiros planos dentro de vários trabalhos artísticos, estamos estudando e comparando estilos. O estilo nada é além de uma estratégia específica da técnica; e a técnica, disse Shklovsky, é a própria arte. O formalismo então, induz ao estabelecimento de estilos "altamente visíveis" acima de outros mais naturalistas, mas, creio, não exige essa hierarquia. Apesar de a maioria dos teóricos formalistas de cinema terem sucumbido a essa tentação, houve desde o início alguns autores que se esforçaram para evitar o reducionismo, sua principal armadilha. Um dos primeiros e decerto mais influentes desses teóricos foi Béla Balázs.

BÉLA BALÁZS

Os primeiros ensaios de Balázs sobre cinema apareceram já em 1922. Nos anos 1930 e 1940 ele acrescentaria reflexões que desenvolveu ao dar cursos na União Soviética. O volume com seus ensaios disponível popularmente, *Theory of the Film*, organiza tanto seus primeiros quanto seus últimos ensaios num conjunto sistemático. Inquestionavelmente, o livro de Balázs, hoje, parece muito pouco original, pois cobre o mesmo campo técnico de tantas outras introduções ao cinema. Mas, além desse fato histórico de o seu ter sido virtualmente o primeiro de tais textos, o trabalho de Balázs sobressai por sua clareza e cuidado. Ele cercou suas observações sobre técnica cinematográfica com grande quantidade de ideias relativas à origem e ao objetivo do cinema e acrescentou a essa ampla perspectiva a paixão de quem acredita que uma completa teoria do cinema é necessária para guiá-lo em direção a caminhos mais fecundos.

Balázs abriu o seu livro com uma olhada na gênese do cinema. Seu objetivo era limitar seu tema à arte cinematográfica, ou o que chamava de "forma linguística" do cinema. Nisso lembrou tanto Munsterberg como Arnheim, mas, diferentemente deles, iniciou sua pesquisa analisando a infraestrutura econômica do cinema, que, como um marxista, insistia estar na base dessa nova arte.

A arte cinematográfica só poderia crescer, afirmou, quando as condições financeiras o permitissem. Porque estava à mercê de gerentes de casas exibidoras tentando preencher a necessidade de um novo entretenimento, o cinema competia com o *vaudeville*, o *music hall* e o teatro popular e, para competir com o entretenimento ao vivo, os promotores do cinema foram forçados a procurar temas que só o cinema pudesse descrever. Por essa razão, a natureza foi rapidamente levada para a tela como um participante ativo dos dramas cinematográficos. Mesmo as estrelas de cinema não eram os atores mais famosos do palco, mas em vez disso os animais, as crianças e outros "sujeitos mais naturais". Na comédia pastelão, para usar outro exemplo, tomadas múltiplas eram usadas para produzir espetáculos de movimento e mágica impossíveis no teatro ao vivo. Todos esses assuntos eram próprios e naturais do cinema, disse Balázs, mas ainda não significavam uma nova arte. O cinema era ainda basicamente teatro filmado, competindo com o teatro apenas no domínio do tema. Balázs colocou claramente as seguintes perguntas:

> Quando e como a cinematografia se tornou uma arte específica independente usando métodos muito diferentes do teatro e usando uma forma linguística totalmente diferente? Qual a diferença entre teatro filmado e arte cinematográfica? Sendo ambos igualmente filmes projetados numa tela, por que digo que um é apenas uma reprodução técnica e o outro uma arte criativa independente? (*Theory of the Film*, p.30).

Para respondê-las, Balázs fez uma pequena análise comparativa dos dois veículos. Definiu a situação teatral como a que sempre mantém sua ação numa continuidade espacial separada do espectador por uma distância estável. Além disso, o espectador olha essa ação e esse espaço de um ângulo imutável. Embora o teatro filmado frequentemente variasse a distância e o ângulo entre as cenas de um drama, todo evento (ou cena completa) desenvolvia-se sem mudança. Consequentemente, a situação do filme era essencialmente a mesma do teatro, até que essas condições começaram a ser questionadas. Foi D.W. Griffith, segundo Balázs, quem criou uma nova forma linguística do cinema ao fragmentar as cenas, mudando a distância e o ângulo da câmara de fragmento para fragmento, e especialmente ao armar seu filme, não como uma ligação de cenas, mas como uma montagem de fragmentos.

Para Balázs, a forma linguística do cinema era um produto natural da oscilação entre tema e forma técnica. Fatores econômicos fizeram o cinema procurar novos assuntos, mas esses temas (caçadas, crianças, a natureza e suas maravilhas), por seu turno, exigiram a utilização de novas técnicas, como o primeiro plano e a montagem. Uma forma linguística emergiu rapidamente dessas técnicas, e essa linguagem começou a ditar os tipos de temas e histórias adequados ao cinema. Como tantos teóricos depois dele, Balázs acreditava que o cinema adquirira plena maturidade nos anos 1920: naquela década, temas apropriados eram apresentados na forma cinematográfica apropriada, todos ajudando no desenvolvimento de uma cultura popular rejuvenescida, uma cultura não mais dependente de palavras, mas sensível às emanações de um mundo visivelmente expressivo.

A MATÉRIA-PRIMA DA ARTE CINEMATOGRÁFICA

Como Arnheim, Balázs reconhecia que o cinema tem numerosas funções, mas apenas a *arte* do cinema alimentando, como o faz, esse potencial revolucionário de rejuvenescimento cultural, parecia merecer-lhe a atenção.

A consciência de Balázs quanto à origem do uso estético do cinema tornou-lhe possível elaborar bem rapidamente sua teoria da forma linguística do cinema e fazer previsões e sugestões para o futuro. O processo cinemático, para ele como para todos os teóricos formativos, envolve a criação da arte cinematográfica fora das coisas do mundo. A matéria-prima do cinema não é exatamente a realidade, mas o "assunto fílmico" que se apresenta para ser experimentado no mundo e que se oferece para ser transformado em cinema.

Essa noção de "tema fílmico" é tanto curiosa quanto única. Como marxista, Balázs acreditava firmemente na realidade e independência do mundo externo dos sentidos. A arte jamais captura a realidade em si mesma porque a arte sempre traz para este mundo seus próprios padrões e significados humanos. A realidade, porém, é multifacetada e aberta a muitos usos. Cada arte trata a realidade de seu próprio modo e escolhe como temas apenas os aspectos da realidade que podem ser imediatamente transformados por seus meios especiais. Um romancista, um pintor e um diretor de cinema podem estar presentes ao mesmo evento histórico, mas cada um transformará esse evento a seu próprio modo, determinado em grande parte pelo seu veículo. Nenhum desses veículos pode afirmar que captura a realidade do evento, apesar de todos fazerem uso dela.

A concepção de Balázs de matéria-prima artística é claramente revelada por suas observações sobre adaptação. O cineasta que perscruta outro trabalho artístico em busca de seu tema nada faz de errado desde que tente reformulá-lo através da forma linguística do cinema. (Nesse ponto Balázs não poderia estar mais distante da posição de André Bazin, que instava os diretores a esquecerem sua preciosa forma linguística e se colocarem a serviço das obras de arte que querem levar para o cinema.) Balázs admite que a adaptação de obras de arte de acordo com seu método não se provou fecunda. Lembremos as muitas versões de *Moby Dick*. São desapontadoras, não porque a adaptação em si seja impossível, mas porque uma obra de arte é um trabalho cujo tema se adequa idealmente ao seu veículo. Qualquer transformação desse trabalho produzirá inevitavelmente um resultado menos satisfatório. Balázs nunca aceitaria a solução de Bazin para esse problema, pois ela significa uma supressão do "cinemático propriamente dito" e torna o cinema apenas um artesão das outras artes. Em vez disso, Balázs aconselha a adaptação de trabalhos medíocres, que têm mais probabilidade de serem transformados cinematicamente. Ele cita inúmeros romances e peças fracas que se tornaram filmes magníficos porque o adaptador viu neles um tema verdadeiramente cinemático – filmes como *The Birth of a Nation* (*O nascimento de uma nação*), *Touch of Evil* (*A marca da maldade*), *Psycho* (*Psicose*), *The Searchers* (*Rastros de ódio*) e *The Treasure of Sierra Madre* (*O tesouro de Sierra Madre*).

É tão grande o respeito de Balázs pela seleção apropriada de temas cinemáticos que ele confere ao próprio roteiro cinematográfico o *status* de trabalho de arte independente. Assim como consideramos as peças de Shakespeare plenamente realizadas, mesmo quando não são produzidas, do mesmo modo Balázs achava que o roteiro cinematográfico concluído poderia, eventualmente, ser lido como uma completa transformação da realidade. Nisso ele certamente contradiz a maioria dos outros teóricos. Ao mesmo tempo em que isso, sem dúvida, é um importante aspecto de sua teoria global, ilustra a crença única de Balázs de que a matéria-prima do cinema não é algo que permaneça em repouso para ser usado por qualquer um. A matéria-prima cinemática existe apenas para aqueles que têm o talento e a energia para procurá-la em sua experiência.

O POTENCIAL CRIATIVO DA TÉCNICA CINEMATOGRÁFICA

Comparada à de outros teóricos que estudamos, a noção de matéria-prima do cinema de Balázs é praticamente não desenvolvida. Dizer que os cineastas deveriam sempre procurar temas cinemáticos apropriados para obter seu material simplesmente passa a pergunta para um nível maior de generalidade: o que de fato é material cinemático propriamente dito?

Foi o senso de continuidade do processo cinematográfico de Balázs que fez com que ele tratasse dessa questão de modo tão obscuro. Para ele, o tema cinemático naturalmente produzia técnicas cinemáticas, e por sua vez era produzido por elas. Temas apropriados são aqueles que podem, de modo mais pleno e mais manifesto, ser transformados pelas várias técnicas do cinema. Os formalistas russos teriam-no apoiado totalmente. Como eles, Balázs não se sentia confortável no campo do processo criativo.

A maioria das ideias de Balázs sobre técnica cinematográfica corresponde bastante às de Arnheim, pois ambos achavam que toda visão é formativa. Ambos veem a tela como uma moldura pictórica dentro da qual o diretor organiza seus temas através de padrões significantes e significativos. E apesar de Balázs ter sido, diferentemente de Arnheim, um ardente defensor das novas invenções cinemáticas, ele insistia em que estas fossem usadas em seu potencial formativo, em vez de realista. Muitos de seus ataques contra o representacionalismo total, no qual o som foi imediatamente colocado, são lidos como se tivessem sido escritos por Arnheim. Mas Balázs estava aberto à tecnologia, tal como Eisenstein. Ele sabia que os grandes cineastas poderiam fazer um uso extraordinário do recurso que Hollywood apenas jogava ao lado de suas imagens. Suas profecias sobre o som até antecederam às de Eisenstein:

> Apenas quando o filme sonoro transformar o barulho em um de seus elementos, separar vozes isoladas, íntimas, e fazê-las falar conosco separadamente em primeiro plano vocal, acústico; quando esses detalhes sonoros isolados forem colocados de novo em ordem objetiva pela montagem sonora, então o filme sonoro se tornará uma nova arte (*Theory of the Film*, p.198, 199).

A concepção de técnica cinematográfica de Balázs baseou-se totalmente na crença de que os filmes não são fotografias da realidade, mas a humanização da natureza, a partir do momento em que as próprias paisagens que escolhemos como pano de fundo para nossos dramas são produtos dos nossos padrões culturais. Essa noção, recentemente adotada pelas publicações sobre cinema da extrema esquerda francesa, encontra sua fonte no formalismo russo. Como toda concepção é, num sentido sério, cultural em vez de natural, o artista não presta grande desserviço à realidade quando a distorce e deforma. Através de sua distorção ele pode, de fato, ampliar fisicamente os padrões visuais dentro das mentes dos espectadores, até que eles sejam capazes de ver a realidade renovada.

> Apenas métodos inesperados e não usuais produzidos por cenários surpreendentes podem fazer com que coisas velhas, familiares e nunca vistas atinjam nosso olho com novas impressões (*Theory of the Film*, p.93).

Mas, ao aplicar a teoria da distorção visual, Balázs logo se tornou conservador. De novo e reiteradamente, insistiu em que a distorção deve sempre ser usada em relação a um contexto ou *background* naturalista.

> A distorção... deve sempre ser distorção de alguma coisa. Se essa coisa não mais está presente na fotografia, então o significado e a significação da distorção também se foram (*Theory of the Film*, p.102).

Balázs pedia ângulos estranhos apenas até o ponto em que o espectador ainda pode orientar-se na fotografia e diferenciar o familiar do estranho. Por exemplo, ele estava pronto a aceitar planos subjetivos, inclusive sequências inteiras de sonho, contanto que tal distorção narrativa e visual fosse colocada contra um enredo ordenado que anunciasse ou comentasse. Sua posição pode, de certo modo, ser relacionada à de Mukarovsky, acima mencionada, para quem superfluidez de primeiros planos reduz em vez de ampliar a percepção estética.

Pode-se começar a conjecturar sobre a concepção das práticas de montagem de Balázs; mas seria difícil prever a extensão do apoio que ele daria a todo esforço de moldar o tema através do corte manipulativo:

> Os planos são reunidos pelo montador numa ordem predeterminada de modo a produzir, pela própria sequência de enquadramentos, um efeito intencional determinado, semelhante ao modo como o montador reúne as partes de uma máquina para transformar essas partes desunidas numa máquina produtora de força, realizadora de trabalho (*Theory of the Film*, p.118).

Eisenstein nunca se pronunciou tão abertamente a favor de uma teoria mecanicista da montagem. Balázs prosseguiu enumerando os tipos de montagem possíveis no cinema e não negligenciou o ideal do "discurso interior" que Eisenstein se empenhava em obter.

> A boa montagem ... coloca em movimento sucessões de ideias e lhes dá uma direção definida. ... Em tais filmes, podemos ver uma espécie de filme interior de associações correndo dentro da consciência humana (*Theory of the Film*, p.124).

Mas quando apareceram os extremos da montagem metafórica e intelectual, Balázs recuou, e o fez atacando explicitamente o que considerava excessivo em Eisenstein. Concentrando-se em *Oktiabr* (*Outubro*), criticou a "escrita pictórica visual hieroglífica, na qual as fotografias significam alguma coisa, mas não têm um conteúdo próprio". Eisenstein, disse ele, havia "caído vítima da ideia equivocada de que o mundo do pensamento puramente conceitual poderia ser conquistado pela arte cinematográfica" (p.128). Aqui a natureza da técnica cinematográfica proíbe o uso de um determinado tipo de tema, pois Balázs aceitava prontamente essas figuras do discurso no cinema que derivam naturalmente das próprias imagens. Ele analisou o trabalho de Eisenstein na última seção de *O encouraçado Potemkin*, onde uma analogia evidente é feita entre os homens no navio e os motores que movem esse navio. Ambos os termos da figura (os homens e o motor), nesse caso, nascem diretamente do tema e do enredo. A mente apreende a comparação, percebendo a relação presente no mundo que está sendo filmado. Mas isso é algo diferente da obstinada combinação de termos não motivados dramaticamente, como a queda do czar e a derrubada da estátua, numa famosa cena de *Outubro*. Apesar de a mente poder rapidamente associar a estátua ao poder do czar, Balázs criticou esse uso equivocado de um veículo que considerava essencialmente visual e dramático (em vez de conceitual).

A cautela de Balázs, porém, só chegou até aí. Ele decerto não propunha um cinema mistificadamente realista. Estava de pleno acordo tanto com Eisenstein quanto com os formalistas russos quanto à necessidade de o artista ser suficientemente inteligente para exibir suas técnicas de modo a que a plateia não seja

FIG.5 A Estátua desmoronando em *Outubro*, 1928. *Blackhawk Films.*

tentada a olhar através do trabalho para uma suposta realidade subjacente. Fusões, *fades* e outras pontuações da narrativa indicam graficamente que as imagens são construções humanas destinadas não a apoiar a realidade, mas a criticá-la ou a lhe responder. No entanto, mesmo aqui faltou a Balázs uma abordagem rigorosamente formalista. Ele insistia em que as convenções cinemáticas, como as fusões que abrem e fecham sequências, mantêm uma relação naturalista com processos mentais. *Fades* e fusões são, em outras palavras, "como" os processos mentais através dos quais nos movemos de imagem para imagem em nossos próprios mundos interiores. Tais técnicas são convenções, certamente, mas bastante realistas e preferíveis, de seu ponto de vista, a outras convenções, como a cortina, "aquelas cortinas de sombras ... correndo através do filme, ... uma admissão de impotência ... contrária ao espírito da arte cinematográfica" (p.153).

E assim Balázs, apesar de reconhecer a natureza convencional e formativa das técnicas cinematográficas, não obstante apelou consistentemente aos diretores para que usassem suas técnicas de modo diligente e sempre em relação à nossa visão cotidiana, construindo uma significação fílmica a partir do mundo normal da visão e do som. Frequentemente usou a padronizada retórica marxista para atacar a indulgência de filmes abertamente distorcidos que ofuscam o primado da percepção normal e criam estranhos universos visuais e temporais. Tais filmes, disse, são um "fenômeno degenerativo da arte burguesa"; "retiram a expressão facial do rosto e a fisionomia do objeto, criando 'expressões' abstratas, flutuantes que não expressam mais nada" (p.108). Menos comprometido com a forma pura do que os formalistas russos, Balázs queria reter o *status* do objeto e elevá-lo à significação através da técnica cinematográfica. Seu interesse voltava continuamente a esses objetos originais que, para Shklovsky e outros formalistas, deixavam de ter importância no momento em que o artista os tocava.

FORMA OU CONTORNO CINEMÁTICO

Theory of the Film divide-se em duas partes. A primeira, basicamente um apelo à compreensão do cinema como nova forma de linguagem, concentrou-se muito na técnica cinematográfica. A parte dois começa com um exame dos vários gêneros de cinema. É nessa parte que Balázs examina os princípios *formais* que transformam a linguagem cinematográfica em exemplos reais de cinema. A importância dada por Balázs à forma cinemática não pode ser superestimada.

> Uma pedra na colina e a pedra de uma das esculturas de Michelangelo são ambas pedras. Como pedras, seu material é mais ou menos o mesmo. Não é a substância, mas a forma que constitui a diferença entre elas. ... É um velho cânone da arte que o espírito e a lei de um material se manifestam mais perfeitamente nas formas construídas de um trabalho de arte e não na matéria-prima (*Theory of the Film*, p.161).

Balázs propôs estudar as formas de cinema examinando o que considerava gêneros marginais. Esperava que, analisando seus extremos, fosse capaz de perceber as leis e regras da forma cinemática. Para Balázs, as regiões externas do cinema haviam sido colonizadas, por um lado, pelo filme de vanguarda ou abstrato e, por outro, pelo documentário puro. Entre eles existem os gêneros mais convencionais de filme ficcional, cinejornal, filme educacional e documentário pessoal. São, porém, os gêneros indiretos que testam nossas crenças e foi para eles que Balázs dirigiu sua atenção.

Em ambas as extremidades do espectro cinematográfico, Balázs encontrou formas que evitam intencionalmente o enredo. "Por um lado, a intenção era mostrar objetos sem forma e, por outro, mostrar forma sem objetos. Essa tendência levou, por um lado, ao culto do filme documental e, por outro, a brincar com formas sem objeto" (p.174).

O próprio tom de Balázs é indicativo de seu formalismo conservador. O documentário puro, ao tentar evitar uma história em particular, perde inteiramente sua voz e é tolo. É como a pedra não trabalhada na montanha, rude e virtualmente destituída de significado. O filme puramente abstrato, na outra extremidade do *continuum*, ultrapassou a história em sua procura da "fração absoluta", perdendo em consequência o contato com a realidade que deveria interpretar.

Balázs inicia sua argumentação salientando com a maior das simpatias a base lógica do "documentário puro", que pretende, disse, "penetrar tão profundamente no âmago da vida, reproduzir tão vividamente a matéria-prima da realidade, de modo a encontrar elementos dramáticos suficientemente expressivos sem ter necessidade de um 'enredo' construtivo" (p.156), sem mencionar roteiros preliminares e cenários. Mas tudo na filosofia de Balázs argumenta contra tal abordagem ingênua. Para ele, como para Eisenstein, a realidade não era algo que se pudesse capturar ingenuamente. Os cineastas devem encontrar a verdade na incompreensibilidade e no rumor da realidade; e devem deixar livre essa verdade a fim de que ela possa falar. Esse processo requer tanto talento quanto energia; quase sempre exige um enredo e o firme controle da técnica cinematográfica.

> A fim de que, fora da névoa empírica da realidade, a verdade – isto é, a lei e o significado da realidade – possa emergir através da interpretação de um criador que vê e experimenta, tal criador deve colocar em ação todos os meios de expressão disponíveis à arte do cinema (*Theory of the Film*, p.162).

Mesmo tendo por base que a fotografia pode capturar a realidade (e vimos que Balázs tinha sérias reservas quanto a essa afirmação), a pura realidade era para ele insuficiente. Como Eisenstein e todos os teóricos formativos, tinha uma tendência a colocar a montagem bem acima da fotografia. "As fotografias sozinhas são mera realidade. Apenas a montagem as transforma em verdades e falsidades" (p.162). Aqui Balázs tomou posição contra realistas como Kracauer e Bazin. Para ambos, a realidade nunca podia ser chamada de "mera", e a fotografia, diriam, é seu artesanato.

Mas é claro que os ataques de Balázs foram lançados não tanto contra os teóricos cinematográficos realistas, mas contra as tendências extremistas de feitura do filme. Os cinejornais *Cinema-olho* (*Kino-Eye*), de Dziga Vertov, por exemplo, irritavam-no basicamente por causa de sua reivindicação superior. Balázs considerava tal cinema completamente subjetivo, pois o espectador fica à mercê dos desejos do cinegrafista. Este cinegrafista, por sua vez, tenta não mostrar as verdades da realidade, nem mesmo pretende uma visão objetiva dela, mas em vez disso a continuidade da visão que ele próprio proporciona. É apenas essa continuidade pessoal que une as várias imagens em tal cinema. Quão subjetivo pode ser um filme, coloca Balázs! E quão tirânico.

Apesar de seu argumento poder parecer bem duro, Balázs temperou seu tom com equanimidade e compreensão características. Dessa vez sua compreensão foi pessoal, pois ele próprio havia feito pelo menos um documentário "sem heróis" (*As aventuras de uma nota de dez marcos*). Ele reconheceu o valor do desejo de nada ter a ver com o cinema médio que "amarra os eventos característicos da vida na tênue corrente de um único destino humano" (p.159). O documentarista quer evitar parecer artificial para que seu tema não se pareça com a "mera invenção de algum roteirista".

Com algum pesar, Balázs arrasou esse desejo ingênuo, defendendo não apenas filmes com roteiro, mas filmes baseados em dramas humanos específicos. Sem dramas particulares, a experiência humana não pode ser organizada, pois nunca existe na massa. Mesmo os filmes que se esforçam por gerar consciência e ação social deveriam exprimir suas filosofias dentro de pequenos dramas humanos, mostrando a preocupação social emergindo de um indivíduo, em vez de uma multidão sem rosto. Provavelmente foi a primazia que Balázs sempre concedeu ao primeiro plano facial que o levou a essa conclusão. Mas nunca devemos esquecer que ele escreveu durante a era do realismo socialista soviético, um movimento que promovia dramas sociais pessoais simples e condenava especificamente os épicos de massa "formalistas" do Eisenstein inicial.

Se Balázs se preocupou com a tendência do documentário puro de retirar o cinema de seu caminho narrativo apropriado, ele sentiu-se insultado pelos objetivos do vanguardismo. Pois aqui a capacidade técnica do cinema dita de modo absoluto o que deve ser filmado, o que pode ser visto. O resultado são filmes de mera aparência, cujo princípio de continuidade reside em alguma lei abstrata. Tais filmes tentam "criar não a alma do mundo, mas o mundo da alma" (p.179).

O vocabulário de Balázs foi recentemente incorporado por vanguardistas como Stan Brakhage para apoiar sua estética. Filmes abstratos, para o seu desprazer e para a admiração de Brakhage, são "como visões obtidas com olhos fechados" (p.179).

Certamente os próprios preconceitos de Balázs enfraqueceram sua teoria. Pois tanto os filmes abstratos quanto os de ficção conseguiram transformar temas em formas significativas, mas Balázs privilegia a forma narrativa à custa da forma plástica. Talvez a falta de uma concepção claramente elaborada sobre o tema (matéria-prima) tenha sido um empecilho, pois não se trata de simples teimosia aceitar as técnicas de vanguarda apenas quando servem, e são submetidas, a enredos logicamente construídos e humanamente interessantes? Não estava Balázs fazendo deduções análogas às dos críticos de arte do início do século XX, que pretendiam cortar pela raiz a pintura não representacional?

Balázs não estaria sujeito a ataques como esses se tivesse mapeado detalhadamente a importância do representacional e, mais especificamente, do "humano" no tema do cinema. Enquanto os formalistas russos aceitaram as consequências de sua teoria, admitindo que o tema da arte não importa a partir do momento em que é capturado pela técnica, Balázs recuou. Ele era formalista ao ponto de acreditar que a arte resulta apenas em arte; era humanista quando defendia o tema humanamente interessante; e começou a tender para o ponto de vista realista quando criticou as técnicas de vanguarda e as formas dos filmes modernistas que negligenciam ou subestimam o mundo humano que, para ele, só o drama pode revelar. Com essas reflexões e críticas, passamos para o objetivo da arte cinematográfica.

FUNÇÕES CINEMÁTICAS

Apesar de me haver referido ao livro de Balázs como um texto introdutório, não devemos confundir seu objetivo. Balázs sem dúvida gostava de ensinar aos não iniciados a linguagem e as formas do cinema, mas seu objetivo primário e perene foi o desenvolvimento da própria arte. Balázs, como Arnheim, tinha uma profunda preocupação com o cinema mudo. Na época a forma da linguagem parecia confrontar os temas apropriados como uma realidade, produzindo surpreendentes dramas de indivíduos em conflito com a natureza ou a cultura. Apesar de Balázs nunca ter sido tão paroquial a ponto de afirmar que apenas esse tipo de filme dramático deveria ser feito, tais filmes constituem claramente o cerne da arte, em seu ponto de vista. Isso porque realizam inequivocamente a função de todas as grandes artes, ao nos levar a uma consciência do significado e da percepção humanos e ao expandir esse significado e essa percepção.

Para Balázs, toda forma artística existe como uma lanterna apontada para sua própria direção particular. O cinema lançou luz numa direção completamente nova, iluminando o que antes estava escondido pela ignorância ou, mais frequentemente, pela inconsciência ou desinteresse. A crença de Balázs em tal "direcionamento" das formas artísticas levou-o a olhar preponderantemente para a forma apropriada do cinema, para sua direção apropriada. A fonte do poder de gerar a luz de uma forma artística tem afinidade com sua técnica ou potencial criativo particular, e o mecanismo que visa a luz pode ser considerado sua forma.

A primeira responsabilidade do cinema é crescer e mudar até que alcance sua própria força e seja capaz de funcionar tão bem hoje como outras formas artísticas funcionaram no passado. Precisa, para isso, encontrar sua própria direção a fim de poder iluminar a escuridão espiritual de nossa cultura, tal como esta foi iluminada pelas outras artes. Balázs não acreditava na progressão das artes; o cinema nunca seria capaz de fazer mais do que aquilo que as outras artes sempre haviam feito. No máximo, será como os afrescos da Idade Média ou o drama da Inglaterra elisabetana.

Isso não significa que o cinema deva emular as outras artes. Deve emular apenas o seu êxito na iluminação da vida e da percepção. Mas para fazer isso o cinema deve usar meios radicalmente diferentes dos desenvolvidos por qualquer outra arte. Em um de seus capítulos mais notáveis, Balázs repreendeu a decadente cultura do Velho Mundo por tentar fazer com que o cinema agisse ao modo da arte clássica (com discrição, distância e fria forma objetiva). A Europa, pelo menos uma vez, tinha de aprender com a América que a verdadeira forma do cinema é a da identificação do espectador, pela qual a distância entre a fantasia e o visível desaparece. No cinema, como em nenhuma outra arte, o espectador encontra, não um organismo artístico autossuficiente, mas o próprio mundo no processo de ser formado pelo homem.

> Hollywood inventou uma arte que negligencia o princípio da composição autocontida e não apenas suprime a distância entre o espectador e o trabalho, mas deliberadamente cria a ilusão no espectador de que ele está no meio da ação reproduzida no espaço ficcional do filme (*Theory of the Film*, p.50).

Aqui Balázs salientou um poder privilegiado do cinema, mas o fez à custa da coerência. A identificação e decepção do espectador são vistas sob uma luz positiva, enquanto trabalham contra os conceitos de desfamiliarização e da arte como técnica formal, que Balázs lutou para estabelecer.[16] Como se pode experimentar a "engenhosidade" de um trabalho se este é capturado pelo sistema ilusório desse trabalho? Colocado de outro modo, quem jamais se perdeu na ilusão de *Tristram Shandy*, o romance que Shklovsky chamou "o mais típico de todos os romances"?

Essa é, sem dúvida, a única incoerência encontrada nos níveis mais gerais de sua teoria. Mais perturbadores são seus namoros diretos com o próprio realismo que sua teoria denuncia. Em todos os níveis, ele indicou a capacidade especial do cinema de nos levar a uma harmonia com a natureza. Por exemplo, é o primeiro plano, disse, que dá ao cinema seu poder de revelar os movimentos secretos e as leis da natureza.

> O primeiro plano pode mostrar-nos uma qualidade de um gesto da mão que nunca antes notamos. ... O primeiro plano mostra nossa sombra na parede com a qual vivemos toda a nossa vida e a que mal conhecemos (*Theory of the Film*, p.55).

Sem sombra de dúvida, Balázs é o poeta do primeiro plano. Seu poder, para ele, era infinitamente comovente, infinitamente revelador. Mas este verdadeiro lirismo diante do primeiro plano levou-o inevitavelmente para longe dos formalistas e em direção às posições realistas de Siegfried Kracauer e André Bazin.

Mesmo quando abandonou o tema da posição da câmara e discutiu a dramaturgia, Balázs enfatizou a afinidade do cinema com a "natureza" e seu poder de "revelação". Esses são termos infinitamente recorrentes em Kracauer. Para Balázs, o cinema torna a natureza igual ao homem porque tanto cerca os seus dramas quanto desempenha um papel ativo neles. Apesar de o cineasta poder manipular as paisagens, permanecem os filmes nos quais parece que "o campo está de repente levantando seu véu e mostrando sua face" (p.97). Nada há de comparável a isso em Arnheim ou Eisenstein.

A inclinação de Balázs para o real e o natural, mas sua recusa teórica destes, é o que ratifica seu inquestionável amor pelo que chamou de *microdramático*. Se o principal poder do cinema é o primeiro plano, então sua forma adequada deve certamente ser o pequeno drama psicológico, que ocorre com base nos detalhes e que nos afeta por meio de gestos íntimos dos rostos das pessoas e coisas. Balázs, como Bazin depois dele, comparou o filme a um microscópio capaz de revelar o mundo secreto tanto da natureza quanto da psique. Esses primeiros planos não podem ser chamados de uma linguagem de gestos (um teórico completamente formativo, porém, os chamaria exatamente assim), mas uma fonte "irradiante" de significado. Balázs atacou especificamente as tentativas de tratar o significado gestual em termos digitais ou linguísticos. Os modernos pensadores formativos aqui teriam descartado Balázs como mítico e não científico.

Há, finalmente, momentos em que Balázs contradiz seu primeiro princípio de que o significado e a verdade residem no homem, não na natureza. Ele disse, por exemplo: "A câmara deve enfatizar significados ocultos presentes no objeto" (p.114). Parece que a tarefa do cineasta não é criar significado usando o arsenal técnico cinematográfico num material incoerente, mas explorar e revelar o significado inerente aos próprios objetos.

FIG.6 *Um dia no campo*, 1937. O domínio da "expressão natural", própria do primeiro plano, rivaliza com a teoria de Balázs da "expressão através da forma". *Blackhawk Films.*

Sem dúvida, Balázs foi plenamente capaz de superar essa aparente contradição, mas a curiosa e profunda tensão em seu pensamento entre as abordagens formativa e fotográfica é evidente. Seu livro foi organizado de modo a discutir uma estética formativa, e seus argumentos estão não apenas entre os primeiros, mas também entre os melhores textos formativos sobre cinema. Assim, suas preferências e predileções (pelo primeiro plano, pela microfisionomia, por pequenos filmes psicológicos, pela identificação da plateia) parecem originar-se de um impulso realista que ele tentou, com todas as forças, reprimir. Quando pressionado, admitiu que sua inclinação pelo pequeno e o natural era um afastar-se da "verdade total", que a realidade algumas vezes o interessou mais que a verdade. A oposição que tentou arduamente manter entre a realidade e a verdade foi o que finalmente o levou para perto de Eisenstein no campo formativo, apesar de seu conservadorismo, apesar da atração pelo "natural", mais evidente nele do que em qualquer outro teórico formativo. Apesar de tais tensões produzirem algumas dificuldades teóricas óbvias, elas salvam Balázs daquele reducionismo empobrecedor que caracteriza tantos teóricos formativos importantes e de valor.

PARTE II

Teoria Realista do Cinema

Apesar de não haver dúvida de que a tendência teórica dominante nas primeiras décadas do cinema foi a formativa, houve uma corrente subterrânea, na realidade uma contracorrente, que constituiu o início da tradição fotográfica ou realista. No capítulo dedicado ao realismo em seu *Esthétique du cinéma* (Paris, 1966), Henri Agel acompanhou essa corrente até as primeiras proclamações de Louis Feuillade em 1913, nas quais ele fazia propaganda de seus filmes afirmando que mostravam a vida como ela é. Qualquer pessoa que tenha visto uns poucos episódios de um dos seriados de Feuillade se surpreende com a fabulosa trama melodramática da história. Esses contos de fadas modernos ocorrem num mundo real e, comparados aos outros estilos cinematográficos do período, mereceram a propaganda de Feuillade.

Na época do cinema sonoro, a única teoria realista digna de nota parte dos homens realmente engajados na realização de filmes. Declarações como a de Feuillade têm origem nos documentaristas britânicos Paul Rotha e John Grierson, na medida em que procuravam prestigiar seus filmes não destinados ao entretenimento. Na França, surgiram Marcel L' Herbier e especialmente Jean Vigo, cujas famosas observações introdutórias ao seu primeiro filme, *A propos de Nice* (*A propósito de Nice*), são um paradigma da teoria realista inicial. Dziga Vertov, na Rússia, proclamou com altas vozes o realismo absoluto de seu *Cinema-olho* com o objetivo de competir com seus compatriotas formalistas Pudovkin e Eisenstein.

Essas observações (e muitas outras fontes poderiam ser enumeradas) contêm a profunda crença de que o cinema ficcional dominante existe como uma droga, criado por magia (a mágica dos métodos formativos de montagem, seus processos de laboratório e, acima de tudo, seus roteiros fabulosos), destinados a ninar um público pagante. Podemos ver desde o início que a teoria realista do cinema realista está intimamente ligada ao senso da função social da arte. Enquanto a propaganda de Feuillade foi estritamente um anúncio, tentando atrair grandes multidões e muito dinheiro com o espetáculo realista, as declarações de Vertov, Rotha e Vigo tinham um senso de aspiração política. O cinema realista não deveria competir com os filmes de entretenimento, mas proporcionar uma alternativa absoluta, um cinema com uma consciência verdadeira tanto para com nossa percepção cotidiana da vida como para com nossa situação social.

Na teoria do documentário, os laços entre uma estética da percepção e uma ética preocupada com o social existem até hoje. Nós os encontramos nos importantes ensaios de Cesare Zavattini e outros neorrealistas; desde 1959, encontramo-los nas declarações de nossos diretores do *cinéma-vérité*, como Ricky Leacock, D.A. Pennebaker, Arthur Barron, Fred Wiseman e os irmãos Maysle. Inúmeras vezes lemos ou os ouvimos dizer que o cinema existe para nos fazer ver o mundo tal como ele é, para nos permitir descobrir sua textura visual e para fazer com que entendamos o lugar nele ocupado pelo homem.

Apesar de as afirmações desses documentaristas sem dúvida pertencerem ao legado da teoria realista do cinema, nenhum as desenvolveu ou elaborou o suficiente para torná-las uma teoria no sentido das teorias que analisamos até agora. Até o *Documentary Film* de Grierson está fora de nossa investigação, pois é uma combinação de enredo cinematográfico e exortação social, idealizada com uma inclinação realista. Falta a seus argumentos a lógica incisiva ou a tradição significativa que apoia, em grau maior ou menor, todas as teorias examinadas neste livro.

Acredito que a filosofia social de muitos documentários dominou tanto a sua concepção do veículo que seus ensaios têm um interesse mínimo para o estudante da teoria do cinema. Lê-se mais sobre a realidade social que o cinema é capaz de expor e de ajudar a alterar do que sobre os *meios* através dos quais o cinema se adequa a essa tarefa. Muito estranhamente, as teorias do cinema mais rigorosas e interessantes que podem ser chamadas de "social-revolucionárias" vieram do campo formativo. Eisenstein é o exemplo mais notável, seguido hoje pelos teóricos do cinema politicamente radicais associados ao *Cahiers du Cinéma* e à *Cinéthique*.

A teoria realista do cinema foi mais plenamente elaborada por dois homens para os quais o cinema existe acima da ação política prática. Embora de modo algum possam ser considerados politicamente neutros, Kracauer e Bazin viam o cinema num vasto contexto em que incluíam em grande medida a política, mas que não era dominado por ela. Seu compromisso era, em primeiro lugar, com a realidade. Sua vocação era harmonizar a humanidade com a realidade via cinema. Para ambos, isso significava um ajuste radical da sociedade, mas para ambos tal ajustamento tinha de seguir em vez de preceder uma relação apropriada com a natureza; e essa relação, se vier a acontecer, vai ela própria ser consequente a uma renovada percepção humana, o produto de um cinema vivificador e harmonioso.

capítulo 5

Siegfried Kracauer

Entre os teóricos do campo realista, Siegfried Kracauer é um dos mais recentes, tendo seu *Theory of Film* aparecido em 1960. É útil examinar seu trabalho antes de analisar os primeiros ensaios de André Bazin, pois *Theory of Film* foi organizado de modo claro, sistemático e totalmente transparente. Coloca diante de nós um enorme bloco homogêneo de teoria realista: direto, conscientemente acadêmico, abrangente. Desafia-nos constantemente a refutá-lo. Está cheio de autoesclarecimentos e catálogos judiciosamente enumerados. Mais que qualquer outra teoria realista, pretende ser um argumento exaustivo, cuidadosamente planejado e padronizado.

Apesar de pouco conhecido na Europa, o livro de Kracauer teve enorme impacto na Inglaterra e nos Estados Unidos, em parte porque seu aparecimento coincidiu com o advento da disseminação do estudo de cinema nos dois países. Mais importante que isso, porém, é a sólida estrutura do livro e sua ampla erudição. *Theory of Film* parece autoritário em seu próprio formato, especialmente quando comparado a seus rivais. É um livro grande, repleto de referências a uma vasta gama de filmes, teóricos do cinema e especialistas de todos os campos, e escrito com incomparável autoconfiança e grandiosa seriedade germânica.

Kracauer foi um dos principais repórteres do mais importante jornal democrático da Alemanha, o *Frankfurter Zeitung*, onde escrevia prolixos e detalhados artigos sobre muitos assuntos, tanto políticos quanto culturais. Nos Estados Unidos, durante a Segunda Guerra Mundial, publicou seu monumental estudo sobre o cinema expressionista alemão, *De Caligari a Hitler*. Mesmo críticos severos desse livro não podem ignorá-lo, pois é ao mesmo tempo teoricamente audacioso e extensivamente bem pesquisado. Os outros livros de Kracauer (um sobre o compositor Offenbach e outro sobre o próprio tema da história) são igualmente pesados, igualmente sérios em seu objetivo.

O crítico Peter Harcourt certa vez caracterizou Kracauer de um modo que, sem dúvida imaginário, ainda parece incrivelmente adequado.[1] Kracauer, afirmou ele, é o tipo de homem que decidiu, depois de 40 anos vendo filmes, que precisava colocar para fora e escrever suas ideias sobre esse veículo; assim, foi direto para uma biblioteca e se trancou lá. Lendo muito, pensando infindavelmente e trabalhando sempre sozinho, sempre afastado do barulho das conversas sobre cinema e da produção cinematográfica, lenta e penosamente deu nascimento à sua teoria. Seu livro é cheio dos ganhos e perdas decorrentes desse tipo de desprendimento sincero.

ASSUNTO E MEIOS

É ilusoriamente fácil resumir as crenças de Kracauer, pois ele martelava continuamente seus conceitos essenciais na mente do leitor. No prefácio de seu livro, distinguiu seu trabalho de todas as teorias anteriores, afirmando que a sua era uma *estética material* baseada na prioridade do *conteúdo*, enquanto todos os outros teóricos haviam se interessado basicamente pela *forma* artística. Seu objetivo foi examinar vários tipos de filme para determinar as linhas mais ricas do desenvolvimento cinemático. Planejou fazer isso esboçando, na primeira metade de seu livro, uma análise e uma descrição completas do veículo. Em outras palavras, começou conscientemente com uma exploração da substância e do modo do cinema. Depois, na seção III, "composição", voltou-se para o centro de seu estudo, uma crítica abrangente de cada forma de filme com base nos critérios já desenvolvidos. Finalmente, em um epílogo, colocou a teoria acabada no contexto mais amplo da atividade humana e desenvolveu seu objetivo e suas possibilidades.

O veículo cinema, na teoria de Kracauer, é uma mistura de assunto e tratamento do assunto, da matéria-prima e da técnica cinemáticas. Essa mistura é única no universo estético, pois em vez de criar um novo "mundo de arte" o veículo tende a voltar a seu material. Em vez de projetar um mundo abstrato ou imaginário, desce ao mundo material. As artes tradicionais existem para transformar a vida com seu modo especial, mas o cinema existe de modo mais profundo e mais essencial quando apresenta a vida como ela é. As outras artes *exaurem* seu assunto no processo criativo; o cinema tende, ao contrário, a *expor* seu assunto.

Para tomarmos um exemplo simples, um artista usa um prédio em sua pintura cubista, consumindo a parte do prédio que o interessa e nos fazendo esquecer do prédio a partir do momento em que o redescobrimos como forma de trabalho artístico. O cineasta, por outro lado, mostra-nos o mesmo prédio e submete nosso interesse ao próprio prédio. Não importa com que abrangência ele explore os aspectos visíveis do prédio, sempre queremos saber mais. O cineasta joga-nos de volta ao modelo, enquanto o artista nos faz transcender o modelo e esquecê-lo em face da pintura.

A estética material de Kracauer mistura dois domínios: o domínio da realidade e o domínio das capacidades técnicas do cinema. Apesar de a fotografia ter sido desenvolvida (e ainda estar sendo) para registrar a realidade visível, ela registra alguns aspectos dessa realidade mais rapidamente do que outros. E, por outro lado, a realidade física é feita de muitos aspectos, alguns dos quais se adequam melhor à câmara do que outros. Do ponto de vista de Kracauer, é função do cineasta ler tanto a realidade quanto seu veículo de modo justo, a fim de que possa ter certerza de que emprega as técnicas apropriadas ao assunto apropriado. Kracauer considera o cinema um instrumento científico criado para explorar alguns níveis ou tipos particulares de realidade. Seu livro pretende elaborar os usos mais apropriados desse instrumento e os benefícios que deles derivam.

A mistura de assunto e modo lembra Béla Balázs. Ambos procuram o assunto cinemático propriamente dito e ambos acham que as técnicas cinematográficas existem apenas para operar sobre esse assunto. Vimos que Balázs foi incapaz de definir o que era o assunto apropriado; Kracauer, enfrentando o mesmo problema, volta-se para a fotografia parada, nela esperando encontrar a resposta. Para Kracauer, o cinema é herdeiro da fotografia parada e de seu inquestionável vínculo com a realidade visível. O assunto do cinema deve, em consequência, ser o mundo para cujo serviço se inventou a foto parada: o "infindável", "espontâneo", mundo visível de "ocorrências acidentais" e repercussões infinitamente cronometradas.

A matéria-prima do cinema é sempre o mundo visível, natural, delimitado por sua adequabilidade ao fotógrafo. Assim, os aspectos técnicos do veículo (fotografia) determinam, em certa medida, o assunto desse veículo. Como pode Kracauer chamar tal sistema de uma visão "dirigida ao conteúdo"? Ele está bem consciente do problema levantado e, inteligentemente, divide o modo do cinema em dois grupos: as propriedades básicas e as propriedades técnicas.

As propriedades básicas do cinema são inteiramente fotográficas, sua capacidade de registrar (embora mais frequentemente em preto e branco e em duas dimensões) o mundo visível e seu movimento. Apesar de estar consciente de que toda fotografia está cheia de "transformações inevitáveis" da realidade (no sentido de Arnheim), acha que estas podem ser negligenciadas porque as "fotografias ainda preservam o caráter de reproduções compulsórias".[2] A base fotográfica do cinema, então, é técnica, mas Kracauer opta por não levar em conta as limitações técnicas. O mundo existe *como fotografado* ou como fotografável, e esse mundo é a matéria-prima disponível ao cineasta. Ao se recusar a questionar as propriedades básicas (isto é, fotográficas) da cinematografia, ele rejeita irremediavelmente a teoria formativa, que demarca um mundo de diferença (e um mundo de arte em potencial) entre a realidade visível e as fotografias em movimento que a capturam de seu modo peculiar. Para eles, a fotografia é técnica; para Kracauer, é quase uma determinada parte da natureza.

Kracauer associa o meio básico da fotografia à matéria-prima do cinema. Rotula todos os outros aspectos do veículo cinema de propriedades "técnicas" suplementares. Esses luxos do veículo incluem a montagem, o primeiro plano, a distorção da lente, os efeitos ópticos e assim por diante. Kracauer torna claro que as propriedades técnicas estão apenas indiretamente relacionadas ao conteúdo. Isso dá prioridade às propriedades básicas, e ele exorta os cineastas a usarem as propriedades técnicas apenas para apoiar a função básica do veículo: o registro e a revelação do mundo visível a nosso redor.

Em suma, o assunto do cinema é o mundo fotografável, a realidade que parece dar-se naturalmente ao fotógrafo. Além de tornar possível o registro fotográfico do mundo e de seu movimento, o modo cinemático pode posteriormente transformar o mundo através de sua técnica suplementar. Algumas transformações apoiam o esforço fotográfico e nos permitem entradas visuais únicas no mundo; mas muitas transformações técnicas nos fazem esquecer o assunto em favor do modo, fazem-nos prestar atenção no filme e não no mundo. Nesse caso, o cinema está lutando para ser como as artes tradicionais ao ir além de sua matéria-prima. Arnheim concordou com esse argumento entusiasticamente; Kracauer teve de criticá-lo. Apesar de ter certeza de que os homens podem usar suas criações do modo que escolheram, Kracauer não podia deixar de criticar alguns usos. O cinema não realista é como um instrumento científico usado como brinquedo. Pode ser interessante, excitante e engraçado, mas sempre será uma diversão.

Kracauer considerava que toda arte era uma batalha entre forma e conteúdo. Considerava o cinema a primeira "arte" em que o conteúdo tem uma vantagem inicial nessa batalha. É por essa razão que considerava justificável desenvolver uma estética "material" em vez de formal. Se o conteúdo é proeminente no cinema, então uma análise dos conteúdos cinemáticos deveria ser capaz de estabelecer a essência do veículo. Isso ele se propôs fazer no corpo do livro (seção III), que dedicou aos vários gêneros de filme. Mas Kracauer se sentiu compelido a discutir primeiro a validade de seu princípio, a argumentar que o observador consciente pode intuitivamente dizer que formas de cinema são importantes e que formas nada são além de aventuras, economicamente vantajosas, dos produtores, vãs distrações de um público despreocupado ou pretensiosos jogos de supostos artistas.

Como podemos diferenciar o cinema que usa suas propriedades para registrar e revelar, o melhor que pode, algumas áreas da realidade, daquele que registra a realidade apenas para explorá-la na busca de objetivos triviais? Exceto pelo desenho animado e algumas formas extremas de trabalho experimental, que Kracauer se sentiu livre para ignorar dentro dos perímetros de sua investigação, todo filme registra a realidade via técnicas cinemáticas. Como foi que Kracauer ousou distinguir o cinema central do periférico?

É aqui que a maioria dos críticos hostis a ele se centralizara e é aqui que Kracauer recorreu à fotografia como apoio. A cinematografia propriamente dita, disse, baseia-se em uma extensão dos métodos ideais e naturais da fotografia. Todos os outros tipos ou usos de cinematografia (especialmente aqueles análogos ao teatro ou à pintura ou à música) são periféricos. Isso ocorreu porque a fotografia é o primeiro e básico ingrediente do cinema, amarrando-o para sempre ao mundo natural.

Kracauer foi obrigado a admitir que nem toda fotografia parada serve ao seu tema. Sempre houve um debate entre o fotógrafo formativo e o realista, análogo ao debate que temos desenvolvido no que se refere ao cinema. Ao considerar a fotografia como a forma básica por trás do cinema que dita seu assunto, Kracauer na realidade apelou para sua própria concepção de fotografia, a concepção realista. Na verdade, disse que, como a fotografia pode servir à realidade visível, precisa fazer isso; e como precisa fazê-lo, então seu herdeiro e filho, o cinema, deve fazê-lo também.

A debilidade desse argumento é evidente, e depois é ressaltada ante a concepção de "realidade visível" de Kracauer. Como um pensador do século XX, ele sentiu-se desconfortável ao fazer afirmações substanciais sobre essa matéria-prima do cinema. A ciência moderna colocou em questão o mundo físico, e cabe em parte ao cinema revelar-nos os aspectos visíveis de nosso cosmo. O homem, disse Kracauer, não sabe mais o que é a realidade. As velhas crenças do materialismo do século XIX desapareceram diante das descobertas e advertências de Einstein e Heisenberg. A lente de alta velocidade e infravermelha pode registrar um mundo que parece irreal, que é imprevisível ao senso comum, mas que não obstante é verificável.

Essa abertura da natureza parecia impedir Kracauer de afirmar qualquer coisa absolutamente precisa sobre a matéria-prima cinemática e as técnicas que, ele próprio admitia, não se justificam exceto a serviço da natureza. Mas Kracauer foi capaz de se concentrar nas "tendências", vagamente admitidas mas inegáveis, associadas ao cinema. Achava que a natureza, de um lado, e o homem, de outro, convergiam no processo fotográfico, chegando a uma relação nova e íntima. Foi aqui que ele elaborou e desenvolveu seus famosos e volumosos catálogos. Enumerou antes de tudo os aspectos da natureza que têm afinidade com a fotografia e o cinema: o infinito, o espontâneo, o muito grande, o muito pequeno e assim por diante. Esses aspectos da natureza não estão disponíveis para o homem em qualquer outra forma. A natureza parecia esperar, como estava, pelo nascimento da fotografia antes de expressá-los.

Dando as costas à natureza e indo em direção ao caminho pelo qual determinadas aspirações humanas convergem na fotografia, Kracauer refletiu sobre as várias virtudes do que começou a chamar de *abordagem cinemática*. Isso, é claro, nada mais é que a abordagem realista, a tendência do homem de seguir a natureza, não importa para onde ela o leve, de esperar pelo fluxo de vida em vez das construções fixas de sua própria imaginação. É a tecnologia especial do cinema que dá substância a essas tendências humanas. Kracauer achou justo, então, examinar a história do veículo para mostrar quando e como a abordagem cinemática foi mais bem utilizada e quando se desviou para outros objetivos mais triviais. Pôde examinar os deveres do cineasta do modo como lhe são ditados, primeiro pelas tendências do assunto, a própria natureza, e depois pelas tendências dos instrumentos que ele planeja usar sobre esse assunto.

O cineasta, assim, tem dois objetos em mente: a realidade e o registro cinemático da realidade. Tem dois objetivos: o registro da realidade através das propriedades básicas de seu instrumento e a revelação dessa realidade através do uso judicioso de todas as propriedades disponíveis ao veículo, incluindo as mais extravagantes. Kracauer vê duas possíveis motivações disponíveis a todo cineasta, a do realismo e a do formalismo. A última destrói a abordagem cinemática apenas quando opera desautorizada por conta própria. Quando usada apropriadamente, pode ajudar a realizar o segundo dos dois deveres do cineasta: deixar a realidade aparecer e então penetrar nela.

Kracauer tentou eliminar a dureza desses deveres onipresentes sugerindo que o "ou/ou" se tornasse um "tanto/quanto". Assim, o cineasta deve ser *tanto* realista *quanto* formativo; pode *tanto* registrar *quanto* revelar; deve *tanto* deixar a realidade aparecer *quanto* penetrar nela com suas técnicas. Mas em todos os casos é o primeiro termo que deve predominar.

Visto desse modo, o realismo de Kracauer, na prática, não é realmente tão radical ou absoluto. Ele reconhecia que os cineastas devem, e precisam, mostrar suas próprias visões da realidade. Defendia um realismo humano, um realismo não de fato, mas de intenção. A mesma cena pode ser elogiada num filme com objetivos realistas e condenada num filme de "arte" formativo. Por exemplo, Kracauer elogiou as formas abstratas de um filme científico que mostrava as partículas microscópicas de uma única gota de água, mas teve de rejeitar o uso da mesma imagem abstrata fotografada para seu próprio prazer ou para servir, num drama psicológico, como um plano "subjetivo" ou uma sequência de sonho.

Kracauer estava preparado para levar sua posição a sua conclusão lógica. O cineasta não é impedido de coisa alguma, contanto que suas intenções sejam puras.

> Ele deve representar suas impressões deste ou daquele segmento da existência física do modo documental, transferir imagens de alucinação ou imagens mentais para a tela, abandonar-se à demonstração de padrões rítmicos, narrar uma história de interesse humano etc. Todos esses esforços criativos estão de acordo com a abordagem cinemática, contanto que favoreçam, de um modo ou de outro, a relação substantiva do veículo com nosso mundo visível. ... Tudo depende do "equilíbrio" correto entre a tendência realista e a tendência formativa; e as duas tendências estão bem equilibradas se a última não tenta subjugar a primeira, mas acaba seguindo sua liderança (*Theory of Film*, p.38, 39).

Kracauer enfrentou as consequências disso com verdadeira coragem, colocando-se contra todas as teorias do cinema anteriores. Questionou a primazia do "cinema como arte". Enquanto Balázs, Arnheim e Munsterberg procuravam caminhos para provar que o cinema poderia ser uma arte, Kracauer concluiu que, indo pelo caminho da arte tradicional, o cinema perde seu caráter singular. A arte é uma expressão do significado humano; é unificada e criada para uma satisfação próxima; consegue isso transcendendo imaginativamente seu material. O cinema fracassa em sua responsabilidade primária quando segue esses ideais. Ao contrário, o cinema deveria ser uma expressão não do significado do homem, mas do significado do mundo, de modo que o homem pudesse vê-lo; deveria ser indeterminado, não unificado; e aberto, não fechado na estrutura; não existe para transcender seu material, mas para honrá-lo e servi-lo. O cineasta certamente deve ser habilidoso, deve ter toda a sensibilidade de um artista, mas deve no final voltar tanto sua imaginação quanto suas técnicas para o mundo fluido e interminável, em vez de explorar seu veículo para seu próprio prazer ou em busca de um conteúdo subjetivo.

Aqui Kracauer termina sua primeira seção, sua análise do assunto e do modo do cinema. Na seção II, "Áreas e Elementos", tenta deduzir algumas consequências da abordagem cinemática, mas suas observações são incompletas e arbitrárias. São, e devem permanecer, apenas ideias selecionadas, do ponto de vista de uma teoria realista do cinema, pois Kracauer já tinha mostrado que "todos os modos" são apropriados se usados a serviço do conteúdo, e que o próprio conteúdo do cinema, no final, não é especificável. A seção II é interessante, mas logicamente desnecessária; e devemos passar através ou acima dela antes de nos defrontarmos com a crucial seção III, "Composição". É nesse domínio da composição, ou forma cinematográfica, que podemos observar o cineasta seguindo ou traindo os ideais cinemáticos já resumidos, e é nesse domínio, do mesmo modo, que podemos ver os tipos de realidades que existem prontos para serem revelados através do cinema.

FORMAS DE COMPOSIÇÃO

O cineasta tem dois modos básicos de utilizar seu material de modo formativo. No primeiro, no nível da imagem, pode ser fiel ao objeto ou subjulgá-lo com sua fotografia "artística". No segundo, no nível da construção, coloca suas imagens num contexto e torna claras suas intenções em relação a elas. Os vários gêneros de filme fazem a história do uso e dos objetivos dessa formação de segundo nível. Kracauer chama esse processo de "composição".

A classificação de tipos de filme de Kracauer, assim como seu interesse por essa espécie de estudo, mais uma vez lembra imediatamente Béla Balázs. Isso é mais verdadeiro porque seus julgamentos com relação aos tipos apropriados de filmes são estranhamente semelhantes. Como Balázs, Kracauer demoliu sua tese ao considerar os filmes históricos como sendo o gênero central em relação ao qual todos os outros tipos de filmes devem necessariamente reagir e ser medidos. Também propôs examinar primeiro os filmes sem enredo, que dividiu em *filme de fato* e *filme experimental*. De direções opostas, esses gêneros constantemente atrapalharam o filme ficcional, que para ambos é "literatura" e "entretenimento de massa", em vez de um uso "puro" do cinema.

Kracauer considerou essas reivindicações, começando com o filme experimental, que sempre foi mais estridente em suas afirmações. Apresentou muitas declarações e manifestos de artistas de vanguarda e os agrupou toscamente em três categorias. O diretor experimental, afirmou, opera sob três "intenções" relacionadas do ponto de vista de seu material:

1. Ele desejava organizar não importa que material escolhera para trabalhar de acordo com os ritmos, que eram um produto de seus impulsos interiores, e não uma imitação dos padrões encontrados na natureza.
2. Ele desejava inventar formas em vez de registrá-las ou descobri-las.
3. Ele desejava mostrar, através de suas imagens, conteúdos que eram uma projeção de suas visões em vez de uma implicação dessas próprias imagens (*Theory of Film*, p.181).

Os vanguardistas concordariam com a formulação de Kracauer quanto àquilo que estavam fazendo e para quê; mas discordariam quanto ao valor desse trabalho. Eles o chamavam de "cinemático por excelência", enquanto Kracauer, com base na definição que elaborou na primeira metade de seu livro, tinha de achar tal trabalho completamente anticinemático. Uma volumosa citação resume sua impaciência para com toda essa tendência:

> Parece, assim, que os cineastas experimentais, não importa se favorecendo a abstração rítmica ou as projeções surrealistas da realidade interna, abordam o cinema com concepções que o alienam da natureza pura, da principal fonte de seu poder peculiar. Suas aspirações formativas gravitam em direção a aquisições do espírito da moderna pintura ou literatura – uma preferência pela criatividade independente que suaviza sua preocupação com as explorações da câmara, sua curiosidade com relação à realidade como um todo. Ao libertar o cinema da tirania do enredo, sujeitam-no à da arte tradicional. Na realidade, expandem a arte para o cinema. "Ajude o desenvolvimento do cinema como uma boa forma artística...", diz um panfleto de 1957 da Creative Film Foundation de Nova York. Mas a liberdade do artista é a prisão do cineasta (*Theory of Film*, p.192).

Sua aversão a todo o conceito de arte em cinema vai perturbar muitos leitores, mas é uma consequência lógica da posição de Kracauer. Nem suas observações realmente diferem em grande medida das de Balázs, um autorreconhecido campeão da arte cinemática. Balázs reclamava que os vanguardistas reduziam de tal modo o impacto da realidade que seus filmes eram formas vazias em vez de transformações plenas da realidade. É verdade que Balázs pede uma manipulação artística da realidade que Kracauer dificilmente iria aceitar, mas insiste em que essa manipulação ainda exiba a realidade na qual se baseia. Ambos amenizaram suas condenações a esse tipo de cinema salientando, como era seu dever, a profunda influência histórica dos vanguardistas. "Deve-se lembrar bem", concluiu Kracauer, "que as experiências vanguardistas de linguagem cinemática, montagem rítmica e representação dos processos quase inconscientes beneficiaram grandemente o cinema em geral. Nem deveria ser esquecido que, como Buñuel, muitos artistas de vanguarda assumiram uma mentalidade realista e voltaram-se para a realidade exterior" (p.192).

Entre o filme experimental e o filme de fatos, Kracauer descobriu um interessante gênero que media os dois: os filmes sobre arte, arquitetura e escultura. De modo característico, Kracauer elogiou esses filmes, que registravam fielmente objetos de arte na criação de um mundo novo mas relacionado, ao mesmo tempo em que condenou os que usavam as imagens de escultores e pintores a serviço de filmes novos, transformados imaginativamente. Sua aversão a esse novo tipo de vanguardismo cinematográfico intensificou-se porque ele saqueia a arte legítima. Esses filmes nunca dão à plateia o sentido dos trabalhos artísticos sobre os quais trabalham. Por exemplo, raramente mostram as molduras dos quadros, preferindo criar um tipo de colagem ou desenho animado, ainda que pintados pelos maiores artistas do mundo. Kracauer repudiava essa tendência primeiro como uma espécie de filme experimental e segundo como uma inadequada bajulação da boa arte. Era muito mais simpático aos filmes que se contentam em mostrar o desenvolvimento do trabalho de um artista ou, melhor, como no caso de *Le mistère de Picasso* (*O mistério de Picasso*), de Clouzot, em informar sobre a própria gênese de um quadro. Esses, Kracauer de bom grado colocava "mais próximos do centro" do ideal cinemático. Sua crença em que, ao lidar com objetos de arte, os cineastas deveriam tratá-los como objetos físicos que existem por sua própria conta no espaço sólido, e não como objetos mentais ou espirituais, está surpreendentemente próxima das concepções de Bazin sobre essa questão.

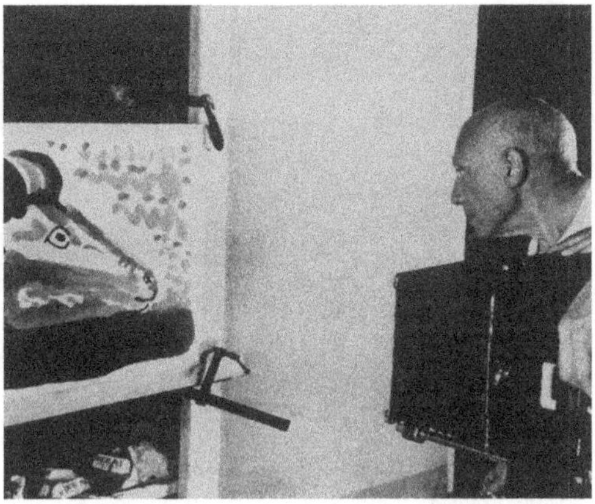

FIG.7 *Le mystère de Picasso*, de Clouzot, insere o espaço do quadro num espaço maior. *Museum of Modern Art/Arquivo de Fotografias de Filmes.*

Apesar de interessante, o problema do filme sobre arte é, na melhor das hipóteses, um problema local e altamente especializado. Leva-nos, porém, ao verdadeiro documentário, do qual esperamos que Kracauer seja um grande defensor. Aqui, um gênero sem enredo tem como objetivo a documentação e a exploração do mundo; e se poderia presumir que Kracauer considera que o cinema encontra seu verdadeiro lar. No entanto, em um dos mais surpreendentes paradoxos do livro, Kracauer recusou-se a dar a esse extremo do cinema qualquer prestígio especial. Na realidade, falou muito pouco sobre cinejornais e filmes educativos, os gêneros que se encontravam no verdadeiro limiar da tendência realista.

Os filmes dessa área que discutiu são documentários convencionais, sem dúvida porque aqui o impulso humano de moldar diretamente a realidade enfrenta a realidade registrada. Apesar de a função fotográfica básica do cinema ser uma pedra de toque da teoria de Kracauer, ele parece muito menos interessado no uso puro dessa função do que na luta entre a imaginação de um artista cinematográfico e uma realidade que ele deve, de algum modo, respeitar e revelar. Os cinejornais dificilmente exibem essa tensão. Usam as características básicas

FIG.8 *Berlim*, 1927: O culto nesse documentário reside no impulso à abstração. *Museum of Modern Art/Arquivo de Fotografias de Filmes.*

do veículo, mas não colocam problemas posteriores e, disse ele implicitamente, não podem ir além de si mesmos.

No domínio do documentário convencional, Kracauer foi apenas um pouco mais tolerante. Criticou filmes que se mascaravam de documentários mas que, sub-repticiamente, exploravam o mundo visível a serviço de uma criação imaginativa abstrata (*Berlin, die Symphonie einer Gross Stadt* [*Berlim, a sinfonia de uma metrópole*], de Ruttman) ou de uma mensagem didática, doutrinária (todos os filmes de propaganda, incluindo os grandes documentários do Governo dos Estados Unidos sobre a depressão, como *The Plow that Broke the Plains*).

Certamente Kracauer tinha enorme respeito pelos documentários cinemáticos propriamente ditos, aqueles que procuram e apresentam incontáveis temas ou incontáveis aspectos de um tema sem as restrições de um enredo. Mesmo esses, porém, não se encaixaram no ideal de Kracauer. Como o cinejornal, são usos apropriados do veículo, mas não ótimos; "sofrem de uma limitação de campo. Confinados, por definição, à descrição de nosso meio ambiente, perdem aqueles aspectos da realidade potencialmente visíveis que apenas o envolvimento pessoal é capaz de capturar" (p.212).

Fica claro que o realismo de Kracauer foi tão cauteloso e conservador como o formalismo de Balázs. Ambos afastaram-se dos extremos em direção àquilo que seus princípios teóricos pareciam apontar. Balázs fugiu do formalismo absoluto do cinema experimental, e Kracauer, do realismo radical do cinejornal e do *cinema-vérité*.

Kracauer, como Balázs, queria desesperadamente capturar a centralidade do drama humano no cinema por causa da profundidade que os enredos, por sua natureza, introduzem. Sem histórias o cinema está condenado a uma visão superficial da vida. Kracauer afirmou categoricamente:

> No caso do filme de fatos, apenas uma parte do mundo é aberta. Os cinejornais, assim como os documentários, mostram não tanto o indivíduo e seus conflitos interiores, mas o mundo no qual ele vive. ... A eliminação do enredo, assim, não apenas beneficia o documentário, mas também o coloca em desvantagem (*Theory of Film*, p.194).

É o enredo que dá ao cinema sua chance de desenvolvimento mais pleno. Para ambos, Kracauer e Balázs, o filme de enredo é a base estética, assim como econômica, do cinema, pois coloca em ação um tipo de assunto e um tipo de envolvimento da plateia que podem ser responsáveis pelas experiências mais complexas. Os melhores documentários, insinuou Kracauer, sempre caminham em direção ao fabuloso poder da participação do espectador.

Toda a tese de Kracauer parece ameaçada. Deve o documentário, o gênero mais intimamente ligado à exploração da realidade, ser subordinado aos caprichos dos enredos tramados pelos roteiristas? Em sua pregação, ele apelou uma vez mais para o conceito de equilíbrio. Exatamente como na primeira seção de seu livro, quando tratou da imagem cinematográfica e defendeu um equilíbrio entre o impulso realista, que quer registrar o objeto completamente, e o impulso formativo, que tenta revelar-lhe o significado, do mesmo modo nessa seção ele considerou a forma cinematográfica propriamente dita como o equilíbrio entre o documentário, que tenta seguir o impetuoso fluxo da natureza, e o filme de enredo, que se esforça para dar à natureza uma forma humana. Os capítulos de Kracauer sobre o filme de enredo propõem-se mostrar como esse equilíbrio pode ser obtido.

Ele nos diz que o filme de enredo pode ser dividido mais vantajosamente em três subcategorias: o filme teatral, a adaptação e a história inventada ou episódio. Kracauer ordenou-os de acordo com a aceitabilidade.

O filme teatral, com origens no movimento Film d'Art do cinema mudo, vai contra todos os princípios cinemáticos. É uma forma fechada que cerca os atores e suas falas estilizadas com cenários artificiais e cuidadosamente escolhidos. Nada explora e registra apenas a interpretação de um jogo essencialmente cerebral. Kracauer incluiu entre esses filmes, o grosso dos produtos de Hollywood, geralmente dependentes de roteiros "firmes" e cenários artificiais, apesar de atraentes. Tais fatores impossibilitam que a natureza se introduza no enredo. Em vez de ajudar a explorar a realidade, o enredo torna-se um substituto da realidade. Naturalmente, o filme teatral tem seu poder e seus prazeres, mas estes não são os do verdadeiro cinema. Consistem em levar para as massas os clássicos da arte teatral, ou em satisfazer as multidões com narrativas inteligentes mas "descartáveis".

As observações de Kracauer sobre a adaptação são previsíveis. Depois de algumas comparações teóricas iniciais mostrando que, de todas as formas literárias, o romance é a mais próxima do cinema, apesar de diferente, introduz seus conceitos familiares de cinemático e não cinemático. As adaptações só fazem sentido quando o conteúdo do romance se baseia firmemente na realidade objetiva, não na experiência mental ou espiritual. Kracauer achava que os romances realistas e naturalistas, como *The Grapes of Wrath* (*As vinhas da ira*), de John Steinbeck, e *L'Assomoir*, de Émile Zola, constituem material adequado e foram de fato traduzidos adequadamente, isto é, "realisticamente", para a tela. Por outro lado, um romance cujos movimentos básicos ocorrem dentro de um personagem, como *O vermelho e o negro*, de Stendhal, está condenado desde o início. O diretor só pode retratar o mundo ao redor de Julien Sorel, não suas complexas reações emocionais com relação a ele. Isso é ainda mais evidente, diz Kracauer, na heroica tentativa de Bresson de levar para a tela o *Journal d'un curé du campagne* (*Diário de um pároco de aldeia*), de Georges Bernanos. Apesar de a câmara mostrar apropriadamente a paróquia campestre do pároco e explorar de modo meticuloso as tribulações de sua alma refletidas em seu rosto, Bresson foi obrigado a recorrer a uma voz em *off* para desenvolver seu drama essencialmente espiritual. Para Kracauer, o cinema é antes de tudo e sempre um veículo visual, e tais técnicas sonoras introspectivas são uma admissão do fracasso da imaginação visual ou da impropriedade do tema. *Diário de um pároco de aldeia* é, como veremos, um exemplo crucial, pois se trata de um filme elogiado por André Bazin e seus discípulos, que em muitas outras instâncias concordam com Kracauer.

Kracauer finalmente descobriu seu gênero cinemático ideal no que chamou de "enredo encontrado".

> Quando você olha por tempo suficientemente longo para a superfície de um rio ou lago, vai detectar na água determinados padrões que podem ter sido produzidos por uma brisa ou um redemoinho. Os enredos encontrados são da natureza de tais padrões. Descobertos em vez de inventados, são inseparáveis dos filmes com intenções documentais. Desse modo, são mais capazes de satisfazer a demanda pelo enredo que "reemerge da tumba do filme sem enredo" (*Theory of Film*, p.245, 246).

O cineasta que cria um enredo encontrado nunca será acusado de permitir que o enredo se afaste da terra ao modo da trama teatral. Por definição, os enredos encontrados dependem do caótico e imprevisível giro da vida que os movimenta. São abertos, não interpretados e indeterminados. Os filmes de Robert Flaherty (especialmente *Nanook of the North* [*Nanook, o esquimó*] e *Man of Aran* [*O homem de Arã*]) e os primeiros exemplos do neorrealismo italiano (por exemplo, *Paisà* e *La Terra Trema* [*A terra treme*]) são os melhores desse tipo, pois suas histórias nascem do local e da cultura filmados. Nunca nesses filmes um indivíduo inicia uma trama, pois a trama deve vir da própria realidade. O indivíduo existe nesses filmes para revelar as dimensões humanas de uma situação ampla e objetiva, para fazer com que nós, como espectadores, a vejamos profunda e apaixonadamente, e não por seu conteúdo de informação, como poderíamos ver um documentário sobre o mesmo problema. *Ladri di biciclètta* (*Ladrões de bicicleta*) de Vittorio de Sica torna-nos conscientes de um enorme e disseminado problema social na Itália depois da guerra, mas ao mesmo tempo nos revela o problema em todo o seu *pathos* ao focalizar um homem e sua desgraça.

Com a "história encontrada", Kracauer chegou ao final de sua exploração das questões formais. Terminou com um sumário dedutivo de sua posição teórica apropriadamente intitulado "Questões de Conteúdo". "Deve-se considerar como certo", disse, "que o cinema atrai alguns tipos de conteúdo ao mesmo tempo em que não responde a outros" (p.262).

FIG.9 *Diário de um pároco de aldeia*, 1950. *Museum of Modern Art/Arquivo de Fotografias de Filmes.*

O conteúdo não cinemático é mais bem exemplificado pelo "raciocínio conceitual" e pelo que ele chama "o trágico". Por motivos óbvios, filmes que tratam de material conceitual são organizados por sistemas lógicos fechados, ilustrados por imagens. É útil lembrar a proposta de Eisenstein de adaptar *O capital*, de Karl Marx, para o cinema; para Eisenstein, o fluxo de partículas justapostas poderia alcançar um nível de abstração comparável ao pensamento racional, embora não idêntico a ele. Kracauer, que dá pouca atenção à montagem, centralizando-se no material do filme em seu estado não adulterado, nunca aceitaria isso. No hipotético filme de Eisenstein, as imagens perderiam sua qualidade física singular na medida em que ajudassem a criar os complexos padrões necessários para retratar o sistema hermeticamente lógico de *O capital*.

"O trágico" é um tabu mais interessante para o cinema. Kracauer enumerou os principais atributos desse gênero, considerando todos essencialmente anticinemáticos. Analisou sucessivamente a "preocupação exclusiva da tragédia com as questões humanas", sua pressuposição de um "consumo finito, ordenado", sua "eliminação do fortuito" e acidental, e finalmente seu comparativo "distanciamento das imagens". Há sempre algo final e determinado com relação ao trágico, epitomado pelos finais que tais histórias necessariamente têm. Num aparte muito engraçado, Kracauer explicou que os finais felizes são de fato mais compatíveis com o cinema do que os trágicos, pois têm um sentido de continuação e não de fim.

O conceitual e o trágico ilustram o lado negativo de sua posição. Kracauer achava que, entre as formas de história e os temas natural e positivamente cinemáticos, o "tema do detetive" é exemplar. Aqui, um recurso de trama literária convencional (o detetive à procura da verdade) leva tanto o cineasta quanto o espectador de volta para a matéria-prima da vida na busca de segredos significativos. É um recurso literário que, por sua própria natureza, salienta a importância do mundo acima da imaginação. Força-nos a usar nossa imaginação à procura do significado do mundo ao nosso redor, não a brincar com ela.

A teoria da composição formal do cinema de Kracauer é a melhor seção do livro, pois segue logicamente suas especulações iniciais sobre as necessidades básicas do cinema, ao mesmo tempo em que proporciona às especulações vazias a evidência histórica concreta de que precisam. Esse exame histórico de tipos de filmes não prova sua tese inicial de que apenas a abordagem realista é cinemática. Em vez disso, mostra-nos as consequências de tal tese e nos permite julgar por nós mesmos. Será que os filmes de Flaherty realmente parecem mais cinemáticos, mais fiéis às propriedades e potencialidades do cinema, do que os filmes expressionistas alemães, os filmes de gênero de Hollywood ou as últimas peças de vanguarda de Nova York? Para Kracauer, não se trata de mera questão de gosto, mas de uma prova do princípio estético.

O OBJETIVO DO CINEMA

Implícita em todo o livro de Kracauer está a teologia do cinema. No epílogo ele finalmente dirige seu foco diretamente para essa concepção do objetivo do cinema na vida do homem. Inquestionavelmente, essa é a seção mais excitante de seu livro, proporcionando um último florescimento intelectual depois do tom bem acadêmico com que a teoria propriamente dita foi exposta. Numa sinopse de dez páginas sobre a situação do homem moderno, Kracauer atribui a difusão e o vazio encontrados na vida contemporânea ao desaparecimento e à fragmentação das ideologias. A cultura não mais é apoiada pela crença, religiosa ou de qualquer outro tipo.

Apesar de a sua ser apenas uma entre as incontáveis vozes que deploraram a moderna terra devastada, Kracauer, de modo mais singular, juntou isso ao que afirmava ser o fracasso da ciência. No século XIX, a atitude científica dissecou o que restava da base cristã de nossa civilização. Ainda existem cristãos, certamente, mas agora eles perambulam ao lado de remanescentes de outras ideologias perdidas numa cultura pluralista e secular. A ciência fez extravagantes promessas de substituir o cristianismo por um sistema moderno e irrefutável no qual todos poderiam acreditar e do qual todos poderiam beneficiar-se. A reivindicação da ciência baseava-se em seu suposto vínculo com as verdades da natureza. A vida fragmentada e "não natural" que levamos neste século é evidência suficiente do decepcionante fracasso de tal reivindicação e de tais promessas. Mas por que a ciência foi incapaz de preencher o vazio ideológico que criou?

Kracauer insistia em que o fracasso da ciência foi o resultado de seu incessante mergulho na abstração. Em vez de nos ajudar a aprender a conhecer, amar e viver em harmonia com as coisas e seres do mundo, a ciência consistentemente dissecou essas coisas e esses seres à procura das leis superiores que os controlam. Sacrificou o conhecimento íntimo da terra para nos permitir "entender" mais fenômenos a partir de mais perspectivas. Porque sempre considera as coisas de um ponto de vista abstrato, a ciência capacitou-nos a lidar facilmente com os fenômenos (nossos instrumentos tecnológicos são uma óbvia medida disso), mas perdemos o senso de "coisa" das coisas. Os fenômenos com que nos confrontamos não são avaliados em si mesmos, mas apenas na medida em que participam de amplos padrões em nossas mentes ou nas "mentes" de nossos computadores. Sem qualquer crença unificadora, estamos vivendo num mundo fragmentado de padrões intersecionados, tocando escassamente no universo físico que esses padrões supostamente deveriam explicar.

Como podemos reverter essa enervante tendência? Kracauer advertiu-nos contra uma retirada para as ultrapassadas ideologias e religiões pré-científicas como solução. Devemos, afirmou, ir em frente com a ciência, trabalhando, através de sua abstração, em direção ao próprio mundo. Só quando deixarmos o mundo dos objetos falar conosco diretamente é que poderemos escapar do solipsismo de nossos padrões. Apenas então teremos a chance de criar algo como uma nova ideologia, capaz de nos juntar como uma cultura, unindo-nos intimamente à terra. Isso seria utopia, uma cultura espiritual solidamente baseada no tema, respondendo naturalmente ao tema.

Para obter supremacia e unir-nos a todos, a nova ideologia terá de ser qualitativamente diferente de todas as visões de mundo que existiram no passado. Não deve, com elas, ser um sistema trabalhado na imaginação e então aplicado, com maior ou menor sucesso, à terra e à nossa experiência. Para ter um efeito duradouro sobre a cultura, tal ideologia teria de nascer da própria terra, não do homem. Isso só pode ocorrer se nos ressintonizarmos com a terra e nos tornarmos suscetíveis às suas verdades.

A tarefa da ressintonização é essencialmente anticientífica, pois reverte a direção do interesse humano para longe da abstração. Até agora essa tarefa tem sido atribuída à arte, que supostamente eleva nossa experiência de vida. Vimos os formalistas russos darem voz a esse projeto. Mas Kracauer achava que a arte fracassou e, de modo inconsciente, atuou diretamente no "abstracionismo" da cultura. A arte sempre começa nos padrões imaginativos que agradam ao homem e então trabalha esses padrões num veículo físico. Começa, disse Kracauer, do alto, de um elevado nível de generalidade, e faz seu caminho descendo à experiência. Não importa quão realistas possam ser suas intenções, o artista tradicional subjuga a realidade ao criar seu trabalho autônomo. Ele necessariamente faz a realidade adaptar-se à sua visão dela. E apesar de o espectador poder acreditar que está finalmente próximo da experiência pura, está de fato reexperimentando de um modo novo os mesmos padrões que moldam sua vida e sua ação cotidianas, mantendo-o para sempre surdo às mensagens da terra.

Cabe ao fotógrafo e, acima de tudo, ao cineasta, salvar-nos dessa pequenez mortal. Longe de capturar a realidade para criar seus trabalhos, eles a exibem mais plenamente do que a arte tradicional. Em vez de forçar a realidade a adotar um padrão humano, seguem os próprios padrões da natureza. O cinema é um processo (e um processo tecnológico) que trabalha a partir da base. Começa na terra e molda nossos padrões imaginativos para a terra. Pode redescobrir para nós o mundo que eliminamos em troca do conhecimento científico geral.

A concepção de Kracauer sobre o objetivo do cinema, assim como seus conselhos sobre a correta "abordagem cinemática", está intimamente relacionada com sua teoria dos usos e métodos da história. Num tratado sobre historiografia publicado postumamente, Kracauer relacionou especificamente a tarefa do historiador à do fotógrafo. Atacou de início todas as histórias ideológicas, sejam marxistas ou cristãs. Depois condenou as tentativas do século XX de elaborar grandes esquemas evolucionistas, tais como as de Oswald Spengler e Arnold Toynbee. Kracauer tem elogios apenas para o historiador modesto, para o especialista que presta atenção meticulosa nos detalhes e fatos objetivos que são a substância da vida e de sua história. A tarefa do historiador é tornar os fatos do passado compreensíveis no presente. Se até 1800 os historiadores serviram a grandes esquemas metafísicos, foi apenas porque a ciência ainda tinha de nos afastar para sempre de tais esquemas. Mas a própria ciência vive muito acima dos fatos em um mundo de leis abstratas e não pode servir como modelo perfeito para o historiador. Não, o historiador deve pairar perto dos fatos da vida e ter mobilidade suficiente para descer à pesquisa íntima ou navegar alto o suficiente para vê-los em seu contexto. Certamente o historiador usa sua imaginação, mas o faz para servir os fatos em vez de servir suas próprias crenças e abstrações vazias.

Kracauer prossegue comparando os livros de história amplos, gerais, sinópticos, com os filmes "teatrais", rejeitando ambos em favor de histórias concretas menores, análogas ao "enredo encontrado". Estas tendem a nascer do caos e do *continuum* da vida apenas para voltar a eles no final. Para Kracauer, tanto o filme quanto a história deveriam servir a fins filosóficos, apesar de eles mesmos não serem filosóficos. São, disse, antessalas dos grandes palácios dos sistemas unificados de cultura. Devemos necessariamente atravessá-los, apesar de eles serem menores e menos excitantes do que os próprios palácios, se queremos entrar na grandeza.

Kracauer foi um teórico liberal e democrático tradicional. Criticava ideologias, mas confiava em que o homem, confrontado com a experiência real, moldará sua vida em termos do real. Era também um racionalista cuja crítica da ciência é nada mais que a crítica que um teórico mais poético ou místico pode avançar. Queria que usássemos a ciência para adquirir a compreensão apropriada das coisas. A ciência fez-nos preocupados com coisas, mas apenas de modo abstrato. Cabe aos processos "de mediação" da história, a fotografia e o cinema, que são em parte arte e em parte ciência, fazer-nos viver em um mundo de objetos e coisas, fazer com que nos apropriemos desta terra "que é nosso hábitat"[3] e único paraíso. Esses processos de mediação colocam o homem em relação apropriada com a vida. Eles não se submetem nem à tirania dos fatos (pois sempre organizam e compõem), nem à tirania da imaginação (pois rejeitam organizações e composições que reivindicam supremacia sobre os fatos). Esses processos, assim, são verdadeiramente humanos, pois nos deixam viver como homens dentro de um mundo real.

Kracauer fechou *Theory of Film* com a esperança de que os homens possam encontrar a paz e a amizade comunal através de suas experiências mútuas e seu conhecimento da terra. Se guerras e agressões humanas no passado resultaram de um choque de ideologias, devemos esperar que uma ideologia comum, baseada não em esquemas, mas nos fatos da experiência terrestre, possa trazer-nos a paz e a harmonia. O cinema, quando usado apropriadamente, já está nos ajudando a avançar em direção a esse sonho.

RÉPLICAS

Theory of Film, de Kracauer, não pode deixar de provocar discussões. Qualquer teoria que proceda cuidadosamente classificando filmes com base em seu valor "cinemático" vai necessariamente irritar aqueles que são atraídos por filmes que não se sujeitam à definição dada. Além disso, o próprio Kracauer admitiu que nada jamais será capaz de obliterar completamente as diferenças entre realistas e formalistas, que existem desde o nascimento da fotografia, pois tais discussões são, em grande medida, o resultado de pontos de partida opostos. Sua teoria, apesar de encontrar um lugar para o impulso formativo, vai solidamente, inexoravelmente, até fanaticamente, para o lado realista.

Kracauer provavelmente estava consciente de que, não importa quantos exemplos desse sobre a questão, permaneceria para sempre incapaz de provar suas afirmações iniciais: (1) que o cinema é mais um produto da fotografia do que dos processos de montagem ou outros processos formativos; (2) que a fotografia é em primeiro lugar e antes de tudo um processo ligado aos objetos que registra, em vez de um processo que transforma esses objetos; e (3) que o cinema deve, em consequência, servir aos objetos e eventos que seus equipamentos permitem capturar; isto é, que deveria ser formalmente (seu termo é "composicionalmente") realista porque é imagisticamente realista.

As duas primeiras afirmações são exatamente isto: afirmações. Kracauer não pode prová-las, mas apenas apontá-las, refletir sobre elas, provar sua racionalidade. Isso ele faz com entusiasmo. A terceira afirmação, porém, é uma conclusão tirada das duas primeiras. Quando os críticos discordam, não o fazem simplesmente devido a uma convicção oposta, igualmente improvável, mas devido ao ciúme da lógica de Kracauer. Isso é importante a partir do momento em que os críticos das duas primeiras afirmações de Kracauer são teóricos formativos que simplesmente substituem essas afirmações por suas próprias afirmações formalistas, enquanto os críticos da terceira afirmação vêm de todos os campos. É essa terceira afirmação, portanto, que merece um exame mais cuidadoso.

A crença de Kracauer de que os filmes deveriam espelhar "composicionalmente" a realidade está na tradição das teorias artísticas da "imitação". Não é coincidência o fato de ele frequentemente apelar para a autoridade de Erich Auerbach, companheiro alemão expatriado, que foi o principal especialista deste século nessa tradição. *Mimesis: The Representation of Reality in Western Literature*, de Auerbach, livro que teve grande influência, apresenta uma conclusão bem de acordo com o epílogo de Kracauer. Auerbach defendeu um realismo literário sério que, evitando a ideologia e imitando a pluralidade e variedade da experiência do homem, pode liderar o caminho em direção a uma fraternidade duradoura.

Auerbach estudava os autores que compõem um mundo ficcional de uma forma que parece aberta ao mundo real da experiência, do qual parecem constituir uma imitação. Tais autores, descobriu, começam com um registro da fala humana e um resumo dos eventos humanos. A partir daí, constroem um mundo com uma linguagem na qual esses tipos de eventos e essas variedades de discurso são transformados num todo que lhes dá poder artístico e ressonância, apesar de ainda manterem um foco na realidade. A literatura realista valiosa permite ao leitor reconhecer o seu mundo e o mundo de seu vizinho; ao reconhecê-lo, pode criticá-lo na busca de um mundo melhor.

Mesmo esse breve resumo indica vários pontos de concordância entre Auerbach e Kracauer. Mais óbvio é seu apaixonado senso da importância do realismo para a cultura do passado e para a que deve emergir se quisermos sobreviver como seres humanos. Em segundo lugar estão suas descrições mútuas do método artístico. Cada um via sua arte como uma espécie de processo "de mediação" que começa na realidade e que, ao transformá-la, nunca perde seu "foco na realidade". A transformação artística, para ambos, serve para esclarecer e ampliar padrões encontrados na experiência, e não para criar novas experiências ditadas pelos padrões interiores do artista.

Os artistas de todos os veículos podem criar trabalhos realistas se colocam sua matéria-prima (não importa qual seja) numa composição estruturalmente semelhante à do mundo empírico. Existem, é claro, outros incontáveis caminhos de moldagem da matéria-prima, e Auerbach, por exemplo, nunca indicou que toda a literatura precisava ser imitativa. Afirmou cuidadosamente que uma grande corrente (para ele, a maior) da literatura ocidental, na realidade, tem sido escrita dentro dessa tradição. Conseguiu, em *Mimesis*, mostrar essa corrente operando, sua importância e sua glória, mas de modo algum tentou colocá-la em competição com outras formas de literatura, como a poesia lírica ou o ensaio didático.

Kracauer, por outro lado, usou a grande história do realismo no cinema para tentar eliminar outras correntes cinematográficas. É isso que, compreensivelmente, alarma seus críticos. Decerto ele mostrou como o cinema pode ser usado realisticamente, tal como a literatura. E mostrou as glórias dos filmes realistas na história do cinema e sua esperança neles para o futuro. Mas não provou que *todos* os filmes devem ser realistas para serem cinemáticos.

A tarefa destinada por Kracauer ao cineasta parece não diferir muito da do realista literário de Auerbach. O cineasta aqui aparece igual, não superior, ao escritor. Que acontece com o realismo *especial* do cinema? O cineasta molda filmes, não palavras, mas o faz como qualquer outro artista. Apesar das crenças de Kracauer, o realismo do artista cinematográfico é semelhante, não diferente, ao realismo do escritor, do pintor, do libretista.

Kracauer justificou-se repetindo que o cinema difere das artes tradicionais porque sua verdadeira matéria-prima é realista. Mesmo se assim for, porém, existirá uma ligação clara entre as formas de uma arte e seu material? Não estava Kracauer incorrendo na mesma abstração que tanto detestava? Seu "sistema" não é de fato um enorme filtro por que passam todos os filmes feitos de acordo com uma conveniente hierarquia de categorias? Não teria desistido da atenção cuidadosa à textura dos filmes, que deveria ser a principal preocupação do crítico, assim como a atenção cuidadosa à textura das coisas é o primeiro dever e o objetivo final do cineasta?

Essas questões tornam-se mais pungentes à luz dos ensaios dos críticos da revista *Cahiers du cinéma* dos anos 1950. André Bazin e, em menor medida, seus discípulos François Truffaut, Alexandre Astruc e Eric Rohmer tentaram todos combinar uma universalidade de gosto fenomênico com princípios básicos que de modo algum são diferentes dos de Kracauer. Eles nada viram de errado na crença no realismo essencial da imagem cinematográfica, e ao mesmo tempo aprovavam inúmeros usos dessa imagem. O realismo da *matéria-prima* do cinema não é, para eles, uma restrição aos tipos de *forma* cinemática que esse material pode assumir.

A diferença de crítica prática entre o trabalho desses realistas franceses e Kracauer é enorme por causa de seus sentimentos opostos com relação à forma cinemática. Tomemos, por exemplo, a questão da adaptação. Num notável artigo em *Cahiers du Cinéma*,[4] Truffaut atacou vigorosamente o trabalho de Jean Aurenche e Pierre Bost, que retrabalharam cinematicamente obras de arte literárias como *La symphonie pastorale* (*A sinfonia pastoral*), *Le diable au corps* (*Adúltera*) e *O vermelho e o negro*, e planejaram adaptar o *Diário de um pároco de aldeia*, de Bernanos. Este último projeto foi entregue a Robert Bresson. Truffaut comparou os métodos de Aurenche e Bost com os de Bresson, exatamente como fez Kracauer, e chegou a conclusões opostas. Para ele, Aurenche e Bost padronizaram a literatura francesa ao adaptar tudo de acordo com métodos de estúdio perfeitos. Os precisos estilos de interpretação psicológica correspondem ao estilo cinematográfico francês dos anos 1940 e 1950, mas certamente não correspondem em igual medida a Gide, Radiguet, Stendhal e especialmente Bernanos. A "cara de estúdio" de todos os cenários, mesmo sua exata reconstrução histórica, não faz realmente justiça às atmosferas criadas por esses autores, apesar de mostrar a habilidade cenográfica dos arquitetos do cinema. Finalmente, as cenas e os diálogos alterados de Aurenche e Bost certamente dão uma ideia desses romances, mas os transformam em algo que não são: filmes franceses.

Para Truffaut, e para Bazin, a quem Truffaut deve a maioria de suas ideias nesse campo, a adaptação escravizadora, visualmente ruim, de Bresson é fiel ao romance e, em consequência, mais cinemática. A narração em *off*, que tanto irritou Kracauer, é considerada por Truffaut e Bazin uma resposta perfeita aos problemas colocados por tal texto. No final de seu ensaio em *Cahiers du cinéma*, Truffaut retomou esse aspecto reproduzindo várias cenas do roteiro rejeitado de

Aurenche e Bost. É verdade que essas cenas são altamente visuais; é verdade que explicam as motivações dos personagens; é verdade que permitem uma comicidade expressiva. Mas são exatamente essas qualidades que teriam reduzido a obra de Bernanos ao nível das produções cinematográficas francesas convencionais. Bresson, ao manter a ambiguidade visual e psicológica do original, ao reduzir os gestos de interpretação a um mínimo e ao acrescentar uma narração reflexiva tirada do diário do pároco, deu-nos um filme diferente dos outros filmes franceses, mas muito próximo da realidade à qual queria ser fiel, a realidade do próprio romance de Bernanos. O filme de Bresson nunca agradará a massa das plateias cinematográficas que Aurenche e Bost sempre atingem, mas isso ocorre apenas porque tal plateia nunca responderia (talvez pudesse) às sutilezas de Georges Bernanos.

A vasta bibliografia de Kracauer não inclui qualquer referência a Bazin ou seus seguidores. Se estivesse familiarizado com o ensaio de Truffaut e com as teorias de Bazin, sem dúvida Kracauer teria argumentado que o cinema é basicamente um "veículo visual" e que Aurenche e Bost têm excelente imaginação visual. Mas os realistas dos *Cahiers* não estavam convencidos de que o cinema "realista" é equivalente ao cinema "altamente visual", pois a realidade não é igual ao visível. Na década anterior ao aparecimento da teoria de Kracauer, e de algum modo ignorado por ele, eles procuraram as formas da realidade que o cinema poderia iluminar. Numa base realista, não muito diferente da de Kracauer, perguntavam não "o que é cinemático?", mas "o que é cinema?".

capítulo 6

André Bazin

Os ensaios de André Bazin são inquestionavelmente os mais importantes da teoria realista do cinema, exatamente como os de Eisenstein são os mais importantes das teorias formativas. Como Eisenstein, Bazin nunca construiu um sistema claramente dedutivo, mas suas ideias realmente têm uma lógica e uma consistência sólidas, e sua própria diversidade e complexidade lhe dão uma riqueza e um impacto cultural que só encontram rival em Eisenstein.

Vimos que os teóricos que defendiam uma tradição cinemática formativa praticamente não tiveram oposição até o final da Segunda Guerra Mundial. Isso porque a teoria afirmativa do cinema era coerente com as tradicionais teorias da arte, e a maioria dos primeiros estetas do cinema (Munsterberg, Malraux, Arnheim, Balázs e Eisenstein) havia se envolvido com outras artes. Enquanto Marcel L' Herbier, Dziga Vertov e a Escola Grierson de diretores de documentários britânicos foram influentes defensores das propriedades "fotográficas" do cinema, André Bazin foi o primeiro crítico a efetivamente desafiar a tradição formativa. Foi sem dúvida a voz mais importante e inteligente a defender uma teoria e uma tradição cinematográfica baseada na crença no poder das imagens mecanicamente registradas, e não no poder aprendido do controle artístico sobre tais imagens.

De 1945 a 1950, a voz de Bazin tornou-se cada vez mais evidente na crítica de cinema continental. Sua exposição teórica do cinema realista coincidiu exatamente com a ascendência do neorrealismo italiano. As teorias de Bazin ganharam popularidade com esses filmes e ao mesmo tempo guiaram-nos em direção à sua plateia apropriada. Em 1951 ele, com Jacques Doniol-Valcroze, lançou *Cahiers du Cinéma*, a mais influente publicação crítica da curta história do cinema.

Cahiers du Cinéma deu a Bazin a base de que precisava para criar uma corrente crítica do cinema. A ele vieram jovens críticos procurando um cinema novo e revivificado. Homens como François Truffaut, Jean-Luc Godard, Pierre Kast, Eric Rohmer e Claude Chabrol ouviam Bazin e escreviam sob sua tutela. Mais tarde, é claro, criaram a influente Nouvelle Vague na França. Quando Chabrol e Truffaut estavam preparando os filmes pioneiros desse movimento, no final de 1958, Bazin morreu. Tinha 40 anos de idade.

Como é amplamente conhecido, o próprio Bazin nunca deixou um livro sistemático de teoria, apesar de seu tradutor inglês, Hugh Gray, afirmar que isso de modo algum indica uma falta de sistema em seu pensamento. Ilustra, em vez disso, um importante aspecto de sua personalidade, a sociabilidade de seu conhecimento. Diferentemente de Kracauer, que passou anos sozinho numa biblioteca gerando seu *Theory of Film*, Bazin parece sempre ter estado com pessoas que estavam fazendo filmes ou discutindo-os. Seus ensaios apareceram frequentemente como parte de um diálogo implícito com um cineasta ou com outro crítico. Tem-se afirmado que o melhor de sua crítica foi perdido porque ocorreu na forma de apresentações orais e debates em locais como o IDHEC (Institut des Hautes Études Cinématographiques), a escola francesa de cinema. De qualquer modo, Bazin se preocupava pouco com o futuro de suas ideias. Parecia satisfeito com o fato de seus pensamentos ajudarem em situações particulares.

Bazin começou a coletar em 1957 o mais importante de seus ensaios, sob o título *Qu'est-ce que le cinéma?* Essa coletânea alcançou postumamente quatro volumes, incluindo cerca de 60 ensaios. Quase metade desses ensaios apareceu em inglês sob o título *What Is Cinema?* e *What Is Cinema?*, II.[1]

De 1954 até sua morte, Bazin esforçou-se para terminar um livro sobre o diretor Jean Renoir. Suas notas e fragmentos para esse livro foram publicados recentemente na França e traduzidos para o inglês. Apesar de seu trabalho ser fragmentado, permanece um formidável tratado crítico contendo algumas das mais importantes ideias de Bazin. O resto do trabalho de Bazin – um pequeno livro sobre Welles, uma coletânea sobre Chaplin e milhares de artigos – não foi traduzido.

Apesar de seu método fragmentado poder tê-lo impedido de organizar um sistema plenamente elaborado como o de Kracauer, seus ensaios têm tanto uma densidade de pensamento como uma dependência construtiva de seus exemplos, elementos ausentes em Kracauer. O procedimento normal de Bazin era assistir ao filme com muita atenção, apreciando seus valores especiais e notando suas dificuldades ou contradições. Então imaginaria "o tipo" de filme que era ou estava tentando ser, colocando-o num gênero ou fabricando um novo gênero para ele. Formulava as leis desse gênero, recorrendo constantemente a exemplos tirados desse filme ou de outros como ele. Finalmente, essas "leis" eram vistas no contexto do conjunto da teoria do cinema. Assim, Bazin começa com os fatos mais particulares disponíveis, o filme diante de seus olhos, e, através de um processo de reflexão lógica e imaginativa, chega à teoria geral.

Inquestionavelmente, a instância mais surpreendente desse procedimento é o ensaio "The Virtues and Limitations of Montage" (*What Is Cinema?*, p.41-53). Bazin começa, não com perguntas sobre a linguagem cinematográfica, mas com uma discussão sobre a possibilidade de um cinema verdadeiramente "conto de fadas". Essa discussão foi precedida por sua observação de dois filmes infantis, apenas um dos quais parecia desenvolver-se de forma apropriada. A partir de tal início aparentemente humilde e particular, Bazin de algum modo nos leva a um dos mais profundos e importantes tratamentos da linguagem cinematográfica já escritos.

Esse método torna excitante a leitura de Bazin, mas faz o resumo de suas ideias extremamente difícil, pois nenhum resumo pode capturar esse estilo de teorização e redação que talvez seja a coisa mais valiosa que possamos aprender de Bazin. Como fizemos com Eisenstein, precisamos reunir os pontos de vista coerentes mas muito dispersos de Bazin, tentando não eliminar sua abordagem especial em nossa busca de ordem. Na realidade, essa situação é pior com Bazin, pois a maioria de suas teses e afirmações mais reveladoras está vitalmente ligada aos filmes que provocaram tais pensamentos e que lhe proporcionam ricos exemplos. Frequentemente, como no caso de "The Virtues and Limitations of Montage", os artigos de Bazin sobreviveram aos filmes insignificantes que originaram o ensaio.

Para reunir, organizar e comparar suas ideias dispersas e articuladas, teremos de nos contentar com a investigação de sua teoria sob as quatro categorias controladoras, assunto, modo, forma e objetivo, sabendo ao mesmo tempo que muito da "qualidade" de sua teorização escapará desta abordagem. Não é coincidência o fato de os teóricos mais férteis, Bazin e Eisenstein, resistirem marcadamente à descrição fácil.

A MATÉRIA-PRIMA

Como vimos, *Theory of Film* de Kracauer parece um modelo de pesquisa e conhecimento, mas sua vasta bibliografia ignora completamente os ensaios de André Bazin. Em nenhum lugar isso é mais evidente que na tentativa de Kracauer de mostrar que a fotografia e o cinema existem para explorar e expor uma matéria-prima da realidade pura. A exposição de Kracauer sobre essa questão básica é cheia de problemas e, na melhor das hipóteses, simplista. Bazin, cerca de 15 anos antes, examinara as mesmas questões com quase a mesma atitude. Seus resultados, apesar de problemáticos, são mais densos e mais instigantes que os de Kracauer.

Desde o primeiro, e em quase todos os ensaios, Bazin proclamou a dependência do cinema em relação à realidade. "O cinema atinge sua plenitude", disse, "sendo a arte do real."[2] De modo diferente de Kracauer, Bazin constantemente esforçou-se para esclarecer o que entendia por realidade. Falamos sobre muitos tipos de realidade, mas o cinema depende primeiro de uma realidade visual e espacial, o mundo real físico. Assim, o realismo central do cinema "não é certamente o realismo do assunto ou o realismo da expressão, mas o realismo do espaço, sem o qual os filmes não se transformam em cinema" (*What Is Cinema?*, p.112). Bazin aqui ultrapassa a estética material de Kracauer, a estética do conteúdo e da técnica realistas, para chegar a uma estética do espaço. O cinema é antes de tudo a arte do real porque registra a espacialidade dos objetos e o espaço por eles ocupado.

Essa tese básica do realismo cinemático não é muito frutífera na prática, pois não pode dizer-nos por que o cinema *parece* realista. É um realismo físico que não leva em conta o espectador. A segunda tese de Bazin visa diretamente nossa experiência do cinema e pode ser chamada de uma tese psicológica do realismo. Ele começou com uma análise do realismo psicológico da fotografia, que diferenciava completamente da pintura:

> Pela primeira vez, entre os objetos originários e sua reprodução intervém apenas a instrumentalidade de um agente não vivo. Pela primeira vez, a imagem do mundo é formada automaticamente sem a intervenção criativa do homem. ... Todas as artes baseiam-se na presença do homem, apenas a fotografia tira vantagem de sua ausência. A fotografia afeta-nos como um fenômeno da natureza, como uma flor ou um floco de neve cujas origens vegetais ou terrestres são parte inseparável de sua beleza (*What Is Cinema?*, p.13).

Em várias passagens como essa a afirmação de Bazin sobre o realismo do cinema se baseia, não em uma noção física da realidade, mas em uma noção psicológica. Vemos o cinema como vemos a realidade, não por causa do modo como se parece (pode parecer irreal), mas porque foi registrada mecanicamente. O retrato desumano do mundo intriga-nos e torna o cinema e a fotografia, não o veículo do homem, mas o veículo da natureza.

Num sentido psicológico, o realismo tem a ver, não com a acuidade da reprodução, mas com a crença do espectador na origem da reprodução. Na pintura essa origem envolve o talento e a mente de um artista ao confrontar um objeto. Na fotografia, envolve um processo físico indiferente confrontando um objeto físico. O fato de a fotografia ter a mesma natureza do objeto (puramente física e sujeita apenas às leis físicas) torna-a ontologicamente diferente dos tipos tradicionais de reprodução:

> A natureza objetiva da fotografia confere-lhe uma qualidade de credibilidade ausente de todos os outros tipos de retratação. ... Somos obrigados a aceitar como real a existência do objeto reproduzido, na realidade representado, colocado diante de nós, quer dizer, no tempo e no espaço. A fotografia goza de determinada vantagem em virtude dessa transferência da realidade da coisa para sua reprodução (*What Is Cinema?*, p.13).

Com o cinema, então, somos confrontados com dois tipos de sensações realistas. Primeiro, o cinema registra o espaço dos objetos e entre os objetos. Segundo, o faz automaticamente, isto é, de modo não humano. Para Bazin, toda fotografia começa a nos afetar como um ímpeto psicológico primitivo derivado do fato de ela ser ligada à imagem que representa através de uma transferência fotoquímica das propriedades visuais. Se percebermos que a foto foi modificada depois do fato ou que os objetos representados foram adulterados antes do fato, uma parte do ímpeto psicológico será perdida.

Ora, Bazin não era ingênuo. Sabia que essa transferência fotoquímica que transformava o cinema em trabalho da natureza em vez de trabalho do homem requer uma tecnologia enorme, complexa: requer celuloide, emulsão, câmara adequada, revelação exata e projetor, sem mencionar foco e controle de luz. Essa tecnologia é invenção e trabalho dos homens. Bazin argumentava, porém, que o homem criou essas invenções e trabalha com elas a fim de que a natureza penetre no celuloide, onde pode ser preservada e estudada. A história tecnológica do cinema pode ser contada como a história do homem procurando caminhos para deixar a natureza trabalhar sua mágica de modo cada vez mais pleno. Se Arnheim estava correto e o cinema retira seu poder de sua irrealidade, então teremos de concordar em que tais desenvolvimentos realistas como som, cor, fotografia tridimensional e cinerama são supérfluos. Mas essas invenções foram exigidas, afirmava Bazin, pelo espírito subjacente ao que é o cinema, pelo desejo da perfeita representação da realidade.

Embora a tecnologia possa estar levando o cinema a aproximações cada vez mais próximas da realidade visível, e embora a mente humana possa estar pronta para dar ao fotógrafo uma espécie de fé cega em seu realismo, a imagem cinematográfica, é óbvio, não é exatamente igual à realidade da qual se origina. Numa série de surpreendentes e instigantes metáforas, Bazin tentou mostrar a diferença entre a fotografia e seu objeto, diferença que, afirma ele, a mente está disposta a eliminar. Ele chamou a fotografia de "um modelo de luz" (*What Is Cinema?*, p.96). A fotografia tira uma "impressão" do objeto, como o "molde de uma máscara mortuária".[3] Não é o objeto real, mas, em vez disso, seu "desenho" real e verificável, sua "impressão digital". Somos atingidos psicologicamente por tais desenhos porque eles foram, na realidade, deixados pelo objeto que nos fazem lembrar. Assim, Robinson Crusoé fica aterrorizado com as pegadas de Sexta-Feira, não porque elas se pareçam com Sexta-Feira, mas porque foram realmente feitas por ele. Em seu estilo mais lírico e evocativo, Bazin disse que amamos as fotografias cruas tiradas pelo montanhista Herzog no topo do Everest porque "a câmara estava lá como o véu de Verônica colocado no rosto do sofrimento humano" (*What Is Cinema?*, p.163). Podem existir acuradas e belas fotografias de Cristo, mas nenhuma terá aquele etéreo senso de sua presença que o véu de Verônica afirma. De modo semelhante, Hollywood produziu em seus estúdios filmes excitantes e visualmente surpreendentes sobre escaladas de montanhas, mas nenhum tem a emoção autêntica das desajeitadas fotografias de Herzog tiradas nos momentos de crise real, pois esses momentos e essas crises foram preservados.

Para resumir, Bazin, como Kracauer, achava que a realidade bruta está no cerne do apelo do cinema; mas, diferentemente de Kracauer, tentou de forma desesperada mostrar de que modo funciona. Concluiu que a matéria-prima do cinema não é a própria realidade, mas o desenho deixado pela realidade no celuloide. Esses desenhos têm duas propriedades absolutamente importantes. Primeiro, são geneticamente ligados à realidade que espelham, como um molde está ligado a seu modelo. Segundo, já são compreensíveis. Não têm de ser decifrados como as impressões digitais, ou um eletrocardiograma, ou mesmo os raios X. Esses outros desenhos da realidade são num segundo removidos de seu objeto. Mas as fotografias são tão acessíveis quanto a nossa visão cotidiana. Não apenas o mundo faz um desenho de si mesmo no cinema, quase nos duplica a sua realidade visual. O cinema então coloca-se ao lado do mundo, parecendo exatamente o mundo. Apesar de ser incorreto falar de "realidade" aparecendo na tela, Bazin providenciou um termo mais exato, emprestado da geometria. O cinema, disse, é uma *assíntota da realidade*, movimentando-se cada vez mais próximo dela, para sempre dependente dela.

Apesar de essa definição da matéria-prima do cinema ser mais precisa e mais rica do que a simples equação de Kracauer entre cinema e realidade, é, porém, mesmo no sistema de Bazin, um princípio e não uma dedução. O diretor Eric Rohmer, amigo íntimo de Bazin, chamou esse princípio de "axioma da objetividade", afirmando que está no centro do pensamento de Bazin.[4] Axiomas não são provados; podem apenas ser colocados como autoevidentes. Uma vez aceitos, o teórico (seja matemático ou esteta) está livre para usá-los no sentido de criar um sistema, mas seu sistema nunca "provará" a verdade do axioma. No caso de Kracauer, vimos que, não importa quanto tenha escrito sobre cinema a partir da perspectiva realista, suas premissas básicas sobre o realismo sempre permaneceram em questão. Bazin, percebendo essa dificuldade, continuamente tentou demonstrar a adequação de seu axioma. Ele o fez, como acabamos de ver, antes de tudo diminuindo o alcance de seu axioma o mais que pôde. Os conceitos de desenho e assíntota são mais sutis do que a realidade indiferenciada de Kracauer. Bazin apelou para nossa crença nesse axioma através de seu infindável estoque de metáforas e analogias. Ao se aceitar sua premissa de que a máscara da morte carrega seu modelo num sentido especial, é-se forçado a acreditar na objetividade básica do cinema.

Veremos que essa matéria-prima pode, nas mãos do artista, ser moldada de incontáveis formas diferentes. "A arte é o que os artistas fazem", e a escultura é o que os artistas fazem com materiais sólidos. Do mesmo modo, a arte cinematográfica é o que os diretores fazem com esses desenhos da realidade.

Bazin teve uma falha que só merece ser salientada na conclusão desta seção. Como muitos críticos de arte dão valor máximo às abstrações em óleo ou mármore que nos devolvem o material de que nasceram, do mesmo modo Bazin achava que o cinema, em seu nível mais alto, sempre nos levará de volta a suas origens brutas, ao molde cru da realidade e, através de sua gênese técnica, à própria realidade.

MEIOS E FORMA CINEMÁTICOS

Bazin *versus* a teoria tradicional

Vimos que Kracauer, depois de determinar que a matéria-prima que os cineastas devem moldar é a própria realidade, pediu a esses cineastas para se limitarem basicamente ao modo realista de produção em filmes que têm uma forma realista. Essa posição restritiva aborreceu muitos críticos, que acham que aos cineastas deveria permitir-se fazer qualquer coisa com sua matéria-prima, mesmo que esse material seja a própria realidade.

Críticos hostis frequentemente tentam ligar Bazin a Kracauer por causa de seu elogio, durante toda a vida, dos filmes realistas. A crença de Bazin na natureza realista da imagem fotográfica levou-o certamente a uma predileção pelos filmes realistas, mas apenas nos seguintes aspectos: ele achava que a maioria dos filmes se adapta ao seu material em vez de trabalhar contra ele, e que todo cineasta, não importa quais as suas intenções, deve levar em conta a natureza realista de seu material, mesmo que queira deformar ou distorcer esse material. A matéria-prima, então, exerce uma influência constrangedora mas não final sobre o veículo. Bazin tinha horror da estética prescritiva que dita o que é cinemático e o que não é. Sempre existencialista, acreditava que "a existência do cinema precede sua essência" (*What is Cinema?*, p.71), que os teóricos devem descrever e explicar o que foi feito no cinema, em vez de deduzir o que deveria ser feito utilizando algum sistema abstrato.

Muitas observações de Bazin sobre a objetividade da matéria-prima do cinema, assim, colocam-se ao lado de sua consideração sobre o trabalho do cineasta. Em seu jargão abstrato, a ontologia do cinema fica ao lado da linguagem e função do cinema. Exerce uma atração ou impulso sobre essa linguagem, mas de modo algum determina como o cinema deve ser usado.

A maioria dos ensaios de Bazin investiga o estilo e a forma dos trabalhos reais do cinema. Ele foi basicamente um crítico de gênero, extraindo suas teorias sobre o modo cinemático (linguagem) de suas reflexões sobre o objetivo e o modelo (forma) dos filmes. Bazin percebia uma articulação causal necessária entre a forma de um filme e o seu modo. Na prática, isso transformou-se numa relação entre gênero e estilo. Por exemplo, as sinfonias das cidades dos anos 1920 (como *Berlim* ou *Rien que les heures*) caracterizaram-se não apenas pelo assunto, mas também pela montagem rítmica de formas combinadas, pelas câmaras escondidas e inquisitivas, e pelo uso frequente de instrumentos naturais como escadas rolantes e carrinhos. Nesse exemplo, mesmo o nome do gênero assinalava o estilo que o criara. Bazin tinha um talento inigualável para discernir o gênero de um filme (sua forma e o impacto psicológico da forma) e, em consequência, para descobrir as leis estilísticas que governam essa forma e geram suas recompensas psicológicas.

A matéria-prima do cinema, assim, é feita "para significar" através de vários modos cinemáticos e adquire sua "significação" apropriada quando encontra suas formas. Cabe ao teórico estudar os vários processos (modos) através dos quais um diretor pode tornar a realidade (a matéria-prima) significativa e, mais particularmente, torná-la significativa de um determinado modo humanamente valioso (forma). A maioria dos principais ensaios de Bazin pode ser mais bem analisada à luz de sua terminologia: como um cineasta faz seu material significar e que tipo de significado formou? Essas eram as questões cruciais para Bazin, e ele raramente as separava.

O significado é o resultado do estilo; a significação, o resultado da forma. Ambos, estilo e forma no cinema, podem ser determinados prestando-se atenção aos tipos e à quantidade de abstração que o cineasta usa ou cria ao tratar sua matéria-prima. O realismo usado pelo cinema opõe-se à abstração (isto é, simbolização e convenção). Bazin via no realismo um tipo de estilo que reduzia o significado a um mínimo. Em outras palavras, ele via a rejeição do estilo como uma opção estilística em potencial.

Embora todos os filmes exibam a realidade empírica elevada a algum grau de abstração, a relação entre os dois determina o interesse e o objetivo básicos de qualquer filme. Por exemplo, se um diretor está tentando contar uma história complexa no cinema, tem a tendência de usar retratos da realidade empírica para criar as relações abstratas que formam a história. Em tal caso, "subordina o conjunto da realidade ao 'sentido' da ação; transforma essa realidade, sem o nosso conhecimento, em uma série de 'signos abstratos'."[5]

É exatamente esse processo da transformação da realidade empírica em abstração que, aos olhos dos estetas cinematográficos tradicionais constitui a arte do cinema. Munsterberg, Eisenstein, Arnheim e Malraux, todos condenaram o apelo cru do cinema à realidade. Todos reivindicaram que o cinema se torna uma arte quando o homem começa a moldar inteligentemente esse material mudo, a transformá-lo. Eisenstein e Arnheim foram mais longe nessa direção, o último vendo no cinema mudo um sistema simbólico tão convencional quanto a linguagem verbal, embora mais evocativo do que ela.

Existem dois caminhos principais através dos quais o cinema pode falar uma linguagem convencional. Primeiro, o cineasta tem a capacidade de manipular diversos aspectos formais da imagem para dar à imagem da realidade a forma que deseja. Segundo, o cineasta pode dar às suas imagens qualquer contexto que deseje através do processo formativo de edição conhecido como "montagem". No primeiro caso, manipula a escala de iluminação, os cinzas, a composição dentro do enquadramento, a redução das dimensões da terceira dimensão, o isolamento do sentido da visão de outros sentidos e assim por diante. No segundo caso, "constrói" o significado discursivo ou narrativo das imagens já "estilizadas", controlando seu ritmo e o contexto em que aparecem. Tanto Malraux quanto Eisenstein atribuem à montagem a plena capacidade artística do cinema, pois ela confere às imagens um desenho puramente mental, do mesmo modo que o ritmo confere aos sons um desenho que distinguimos como música.

Até Bazin, virtualmente todo teórico tinha dificuldade em indicar a semelhança tanto entre a imagem cinematográfica e as artes plásticas quanto entre a continuidade cinematográfica e a música. Bazin foi o primeiro a ver que, por causa de suas origens naturais, o modelo sem adornos da realidade tem sua própria validade estética, se por isso entendemos uma descrição do existente de modo a focalizar a atenção sobre ele como se ele tivesse valor intrínseco. Ao escrever sobre um filme médico, Bazin perguntou:

> Que cinema da imaginação seria capaz de conceber e registrar a fabulosa descida ao inferno do broncoscópio, onde todas as leis de "dramatização" da cor estão naturalmente contidas no sinistro reflexo sanguíneo de um câncer que é visivelmente mortal?... A câmara sozinha (isto é, a reprodução mecânica pura) possui o sésamo desse universo no qual a suprema beleza se identifica, em conjunto e ao mesmo tempo, com a natureza e o acaso: isso quer dizer que se identifica com tudo que uma determinada estética tradicional considera o contrário da arte.[6]

Nesse caso "nada há de esteticamente regressivo com relação à simples reprodução cinematográfica, pelo contrário, há progresso na expressão, uma triunfante evolução da linguagem do cinema, uma ampliação de sua estilística" (*What Is Cinema?*, p.26). O diretor do filme médico só pensa em mostrar o que vê do modo mais simples e mais destituído de enfeites possível. A composição expressiva pode ter mérito artístico, pode ser uma pedra de toque da linguagem cinemática, mas Bazin concluiria que, nesse filme, tais técnicas manipulativas teriam trabalhado contra a forma do filme, cujo objetivo era tornar visível um drama criado pela natureza, não pelos cineastas.

Esse exemplo do documentário puro é um caso típico que pode apoiar um grupo de diferentes tipos de filme cujos temas ou objetivos podem ser obtidos apenas mediante uma concepção da arte cinemática não subordinada à "transformação simbólica". Os filmes com pretensões "realistas" e que usam estilos "simbólicos" são fraudulentos; escolheram modos convencionais que não se ajustam a seus objetivos realistas. A pretensão realista no cinema pode ser definida como a disposição de procurar e apresentar a significação que se encontra em objetos por meio dos objetos a que dizem respeito em vez de usar esses objetos para passar uma ideia que não lhes é implícita. Sobre o trabalho de De Sica, disse Bazin: "Os eventos não são necessariamente signos de alguma coisa, uma verdade sobre a qual devemos ser convencidos, todos têm seu próprio peso, sua singularidade completa, aquela ambiguidade que caracteriza qualquer fato" (*What Is Cinema?*, II, p.52).

Para Bazin, a situação estava clara: ou o cineasta utiliza a realidade empírica para obter seus objetivos pessoais, ou explora a realidade empírica por sua própria conta. No primeiro caso, o cineasta está transformando a realidade empírica em uma série de signos que mostram ou criam uma verdade estética ou retórica, talvez tola e nobre, talvez prosaica e sem base. No último caso, porém, o cineasta coloca-nos mais próximos dos acontecimentos filmados, procurando a significação de uma cena em algum lugar nos desenhos sem enfeites que ela deixou no celuloide.

Bazin, assim, difere dos teóricos do cinema tradicionais em duas importantes questões. Primeiro, ele estabeleceu um objetivo para o cinema que não está fora do domínio de nossa concepção usual da arte: o cinema como um "sésamo" para o universo desconhecido; o cinema como um novo sentido, confiável como nossos sentidos naturais, dando-nos um conhecimento da realidade empírica de outro modo indisponível. As outras principais diferenças que distinguem Bazin dos demais teóricos do cinema é sua crença no fato de a linguagem cinematográfica ser mais que uma lista ou dicionário de potenciais para abstração, no fato de essa linguagem incluir todas as possibilidades da imagem sem adornos e da cena não montada.

Investigar suas observações com relação às limitações da capacidade de abstração do cinema é examinar o grosso de seus ensaios e ao mesmo tempo vê-lo claramente definido contra um retrocesso à estética cinematográfica tradicional. Bazin caracterizava a compreensão convencional da linguagem do cinema como

> ... colocando de modo muito generalizado, tudo o que a representação do cinema acrescenta ao objeto representado. Essa é uma herança complexa, mas pode ser reduzida essencialmente a duas categorias: a relativa à plasticidade da imagem e a relativa aos recursos de montagem, que, afinal, é simplesmente a ordenação das imagens no tempo (*What Is Cinema?*, p.24).

Assim, Bazin viu o problema de modo muito simples: ao tentar fazer um filme significativo, o cineasta deve confrontar a realidade crua de seu material com sua própria capacidade de abstração. O estilo e a forma do filme são o resultado dessa confrontação. Podemos observar essa crucial confrontação em dois lugares: na plasticidade (isto é, qualidade) da imagem e na montagem (isto é, ordenamento) das imagens.

Bazin achava que a teoria do cinema até sua época fora capaz de levar em conta apenas os tipos mais óbvios de estilo e forma. As técnicas e formas mais abstratas eram consistentemente elogiadas como as mais cinemáticas e as mais artísticas. Era objetivo de Bazin mostrar que o significado cinemático é um *continuum*, indo dos filmes realistas não enfeitados até os mais abstratos. Realizou sua tarefa de dois modos. Primeiro, criticou e desacreditou continuamente o ponto de vista de que apenas técnicas e filmes abstratos são realmente cinemáticos. Segundo, explicou e elogiou numerosos tipos de filmes e técnicas que haviam sido negligenciados pela teoria formativa do cinema. Podemos ver essa dupla abordagem funcionando tanto em suas observações dispersas sobre a plasticidade da imagem quanto em suas contínuas referências à montagem.

A plasticidade da imagem

Bazin escreveu relativamente pouco sobre a estética da imagem. Mas defendeu consistentemente desenvolvimentos técnicos que aproximariam a percepção do cinema da percepção natural. Elogiou as lentes de 17 milímetros de Gregg Toland, que em *Citizen Kane* (*Cidadão Kane*) proporcionaram um ângulo de visão semelhante ao da visão humana e que, com a ajuda de requintes de iluminação e negativos, focalizaram objetos a uma distância de sete a trezentos pés. De modo semelhante, viu no cinerama um campo visual de 146 graus de periferia a periferia, e que, através desse fato técnico, reduzia o poder da estilização artística. O espectador não mais está colado numa pequena caixa, um escravo das formas mutantes através das quais o diretor pode tentar obter sua reação. Não mais está hipnotizado por um caleidoscópio que o diretor controla. Está finalmente libertado pelo realismo do próprio tamanho da tela. Como disse Bazin, o espectador "é não apenas capaz de movimentar os olhos; é obrigado a virar a cabeça".[7]

Devemos lembrar que o enquadramento geométrico definido fora uma pedra de toque da crença de Arnheim no cinema como arte. Mas a história do cinema desafiou essa técnica, como desafiara anteriormente o filme preto e branco e o cinema mudo. Por seu lado, Bazin de bom grado antecipou uma era em que mesmo a tela bidimensional seria ocupada com liberdade total, colocando por terra a principal diferença entre percepção cinematográfica e percepção real.

Apesar de elogiar as técnicas naturalistas, Bazin também criticou, como ultrapassadas e imaturas, convenções irrealistas puras como a superposição. Como em *Körkarlen (A carreta fantasma)*, de Victor Sjöstrom (1920), a superposição "significava" que o sobrenatural estava presente em muitos dos filmes primitivos. Mas, com o amadurecimento da história e da tecnologia cinematográficas, foram encontrados caminhos para acentuar esse fato sem prejudicar o realismo da imagem.

Assim, em geral a tecnologia tem trabalhado, não para criar novos tipos de convenções, mas para aperfeiçoar o realismo total da imagem. O impulso tecnológico do homem frequentemente tem sido um obstáculo para os teóricos do cinema tradicionais como Arnheim. É claro que imagens tecnicamente fiéis à realidade podem ser usadas dos modos mais abstratos. Precisamos apenas olhar em direção ao trabalho dos cineastas de montagem soviéticos para provar isso. Assim, a exposição de Bazin sobre o realismo técnico é, na melhor das hipóteses, um aparte e leva a um tópico mais substancial, o cenário.

FIG.10 *A carreta fantasma, 1929. Museum of Modern Art/Arquivo de Fotografias de Filmes.*

A concepção de Bazin sobre os valores plásticos do cinema é mais bem vista em relação ao seu ponto de vista sobre o cenário do teatro. Bazin acreditava que a estilização e a convenção são a essência do teatro, distinguindo-o desde o início do cinema. Ele isolava o cinema do teatro de diversas maneiras. Antes de tudo, o cinema nasceu de uma necessidade psicológica diferente, a necessidade de representação. Segundo, o próprio local de sua exibição tem definitivamente pouco em comum com o do teatro. Apesar de tanto as plateias do filme e da peça exclamarem: "Hoje vamos ao *theater**", estão em um caso indo a um lugar de ritual (teatro) e no outro a "uma janela sobre seus sonhos" (cinema).

Bazin ofereceu-nos muitas passagens longas mostrando como a arquitetura de um teatro, junto com sua decoração, faz nossas mentes e nossos olhos focalizarem o drama interpretado dentro dele. Figurino, linguagem, luzes do proscênio etc., tudo nos coloca num universo abstrato e absoluto. Em contraste, no cinema a tela aparece como uma janela. Como muitos teóricos desde então, Bazin distinguia o enquadramento de uma pintura do de um filme. Chamava os limites externos da tela de "uma máscara que mostra apenas uma parte da realidade". Quando um personagem sai do raio de visão, "continua a existir em sua própria capacidade em algum lugar do cenário que está escondido de nós. Não há bastidores na tela" (*What Is Cinema?*, p. 105) como há no teatro, onde um ator espera até que precisem dele no palco.

As consistentes reflexões de Bazin sobre as diferenças entre o teatro e o cinema aparecem em uma de suas mais elaboradas e mais belas analogias. A força do teatro é centrípeta, com tudo funcionando para levar o espectador, como uma traça, para dentro de sua espiral de luz. A força do cinema é, ao contrário, centrífuga, jogando o interesse num mundo limitado, escuro, que a câmara constantemente se esforça para iluminar.

> "O teatro", diz Baudelaire, "é um candelabro de cristal." Instalados a oferecer como comparação um símbolo diferente desse objeto artificial semelhante ao cristal, brilhante, intricado e circular, que refrata a luz que gira em redor do seu centro e nos torna prisioneiros de sua auréola, podíamos dizer, sobre o cinema, que é um pequeno foco de luz do lanterninha movimentando-se como um cometa incerto através da noite da nossa alucinação, do difuso espaço sem forma ou fronteiras que cerca a tela (*What Is Cinema?*, p.107).

Certamente seria um erro do cinema tentar emular a cenografia do teatro, o figurino do teatro e a interpretação teatral. No entanto esse foi exatamente o projeto dos expressionistas alemães, cujo trabalho é tão frequentemente citado como exemplar por teóricos como Arnheim. Bazin, em primeiro lugar, reduziu a universalidade da estética formativa. Afirmava que os valores plásticos do cinema devem levar em conta seu realismo essencial. Em seguida dedicou-se mais positivamente a estabelecer a importância e a beleza de vários gêneros que recusam a manipulação plástica e permanecem fiéis ao cenário realista. Os filmes de Jean Renoir e o gênero das adaptações teatrais são os exemplos mais poderosos.

Bazin escreveu muitos artigos sobre adaptações de todos os tipos (filmes baseados em ficção, teatro, arquitetura, pintura, música). Suas observações so-

---

* Neste caso, *theater* é intraduzível. Significa não apenas teatro, mas também a sala de cinema. (N.T.)

bre a adaptação teatral podem servir para mostrar sua atitude geral. Coerentemente, Bazin defendeu a filmagem da irrealidade da peça em vez de sua transformação em irrealidade cinemática através do cenário estilizado. Num notável exemplo, elogiou *Henry V* (*Henrique V*) de Olivier, que começa mostrando-nos o teatro, o palco e as características de uma produção shakespeariana, em contraste com a Londres em redor. As palavras de Shakespeare, então, reverberam em seu espaço estilizado centrípeto natural, em vez de se perderem numa falsa tentativa de transformar a realidade num cenário para elas. Esse filme, de fato, move-se através de vários níveis de cenário, com o poema de Shakespeare proporcionando sua continuidade e sua unidade. Aplicando ao problema a analogia baudelairiana de Bazin, podemos ver as razões da firme desaprovação de Bazin à transformação total de peças em "arte do cinema". Sua solução era virar o "foco de luz" do cinema para o "candelabro de cristal" do teatro, filmar a realidade abstrata da peça e aprender a filmá-la fielmente.

FIG.11 *Henrique V*, 1944: As palavras de Shakespeare em seu espaço centrípeto. *Museum of Modern Art/Arquivo de Fotografias de Filmes.*

Ao mesmo tempo em que o filme de uma peça deve parecer estilizado, essa estilização será vista como vinda do original, e não como sendo dada ao original por uma "interpretação ou revisão cinemática". Se o objetivo desse gênero ou forma de filme é reter essa realidade muito especial da obra de arte original, então o cinema não deve empregar nenhum de seus próprios truques plásticos formativos; deve deixar o original brilhar o mais puramente possível.

Aqueles de nós que nunca viram o Taj Mahal ou o *Davi* de Michelangelo são agradecidos ao fotógrafo que usa suas lentes mais objetivas para trazer essas obras de arte para nós através de fotografias. Por que elogiar o fotógrafo "criativo" que exibe suas técnicas fotográficas e seu talento oferecendo-nos fotografias "que aspiram a ser artísticas" e cujos filtros, lentes distorcidas, iluminação obscura ou perspectiva não natural transformam esses originais em meros retratos. É tudo uma questão de gênero. Bazin nunca condenou totalmente o gênero da cinematografia experimental criativa. Mas se o objetivo de um gênero é a réplica de trabalhos de arte tirados de outros veículos, então tal deformação plástica é tola e equivocada. A forma exige modos realistas para que nos maravilhemos com a estilização do original.

Completamente diferente da adaptação é o caso de Jean Renoir, cujo trabalho proporcionou a Bazin seus mais iluminadores *insights* sobre a estilização no cinema. Bazin queria desesperadamente estabelecer a mestria de Renoir apesar de ser difícil para as plateias decifrarem o impacto de seu estilo. Com relação a outros diretores, pode-se simplesmente negligenciar os objetos representados por imagens características e se ocupar do estilo; por exemplo, Eisenstein em geral usava a composição diagonal e colocava seu tema ligeiramente à esquerda do centro da tela. Entre muitos livros e artigos dedicados a esse tipo de estudo, *The Haunted Screen*, de Lotte Eisner, uma maravilhosa explicação sobre os grafismos dos filmes expressionistas alemães, é inquestionavelmente o melhor.[8]

FIG. 12 *Um dia no campo*, 1937, de Jean Renoir, *Blackhawk Films*.

Tais exames estilísticos praticamente nada revelam, contudo, quando aplicados a um diretor como Jean Renoir. Ficamos desapontados porque esperamos ver em seu trabalho um legado dos valores pictóricos de seu pai, Auguste, mas Renoir trabalha com outros valores em mente. Para tomar um exemplo, Bazin lembra que todas as várias cenas de barco de Renoir evitam o uso da retroprojeção. Quase todos os outros diretores da época usariam técnicas de estúdio em tais cenas, tanto para serem capazes de registrar o diálogo com mais fidelidade, quanto para lhes permitir criar a imagem pictórica precisa que desejavam. Mas

> essa técnica seria impensável para Renoir, pois necessariamente dissocia os atores de seu ambiente e implica que sua interpretação e seu diálogo são mais importantes que o reflexo da água em seus rostos, o vento em seus cabelos, ou o movimento de um ramo distante. ... Milhares de exemplos poderiam ilustrar essa maravilhosa sensibilidade para com o físico, com a realidade física, tátil, de um objeto e seu meio ambiente; os filmes de Renoir são feitos a partir da superfície dos objetos fotografados.[9]

Quando se olha com o olho cuidadoso de Renoir, não é necessário transformar aparências em relações significativas, pois o mundo começa a irradiar seu próprio significado. Eis por que Renoir, mesmo antes de Welles, usou uma lente capaz de manter em foco o seu tema tanto quanto era tecnicamente possível.

Em que sentido essa neutralidade é "estilo"? Bazin comparava esse estilo cinematográfico negativo ao estilo literário de Gide, Hemingway, Camus e outros romancistas modernos. Falou do estilo como "o princípio dinâmico interno da narrativa, de certo modo como a relação da energia com a matéria ... que polariza os fragmentos dos fatos sem mudar-lhes a química interna" (*What Is Cinema?*, II. p.31). Essa imagem, caracteristicamente tirada das ciências físicas pelas quais Bazin tinha grande respeito, sem dúvida tem suas limitações. No entanto serve para reforçar a insistência de Bazin numa arte cinemática que deveria explorar a um grau máximo, mas sem truques, as impressões feitas apenas pelo

FIG. 13 Em *Um dia no campo* (1937), a abertura de uma janela introduz tanto a alegria quanto o desejo. As lentes de Renoir permitem que isso ocorra naturalmente, sem perturbar o espaço ou o tempo da cena. *Blackhawk Films.*

empiricamente real. Disso segue uma conclusão central da teoria de Bazin, de que a visão de um artista deveria ser determinada pela seleção que ele faz da realidade, não por sua transformação dessa realidade.

Essa estética do "estilo neutro", que encontra seu epítome em Renoir, exige da plateia, não a compreensão do significado daquilo que o cineasta está criando, mas o reconhecimento dos níveis de significado na própria natureza. Lembra ainda o exemplo do filme médico onde a natureza obedece a todas as leis da dramatização da cor e o cineasta as registra o mais fielmente possível.

Parece, então, que Bazin demoliu o uso simbólico e abstrato do cinema apenas para ser capaz de reconstruí-lo de um modo novo. Embora rejeite símbolos arbitrários, Bazin permite "correspondências" (termo que tirou de Baudelaire) e metáforas sensuais se elas nascem da própria realidade. Afirma que os diretores neorrealistas, por exemplo, apesar de parecerem abandonar o estilo, na realidade "reforçaram as convenções do estilo não mais *na* realidade, mas *através* da realidade."[10] Tais declarações ajudam Bazin a evitar o *cul de sac* em que vaga o outro grande teórico do cinema realista, Siegfried Kracauer.

Kracauer assume que o cinema deve registrar as ocorrências cotidianas da vida por causa de sua afinidade com a realidade empírica. Bazin, por outro lado, tem um ponto de vista muito mais complexo sobre a realidade, concebendo-a como multinivelada. Para ele, a realidade empírica contem correspondência e inter-relacionamentos que a câmara pode achar. Além disso, o homem criou um mundo político e artístico acima da "realidade natural", e isso também está à disposição da câmara. Assim, embora Bazin criticasse as composições abstratas e pictóricas em filmes, apoiava totalmente os documentários sobre pinturas e pintores. De modo semelhante, apesar de sua teoria, como a de Kracauer, não ter lugar para o expressionismo alemão, Bazin defendeu um filme tcheco sobre um campo de concentração que tinha a aparência exata do expressionismo alemão porque seu terrível cenário, esse "mundo de Kafka ou, mais curiosamente, de Sade", tinha uma fidelidade interna que o transformava claramente não no desejo de um artista, mas em um resultado da lógica de uma máquina política.[11] O expressionismo, nesse caso, existe não no cinema, mas na história. O cinema apenas o registra.

Para resumir, com relação à "plasticidade da imagem", a verdadeira expressão cinemática não é produto de um uso respeitado das idiossincrasias do veículo mas, em vez disso, um valor obtido quando se usa o veículo de modo realista, embora seletivo. O estilo não precisa alterar a realidade, mas deve escolher apresentar determinados aspectos dela. Essa noção leva diretamente à segunda categoria de abstração.

Os recursos de montagem

Sem dúvida, as observações de Bazin sobre montagem são as mais conhecidas de suas teorias. Quando discutimos a plasticidade da imagem, nossa unidade básica foi o "objeto". Como qualquer objeto determinado da realidade empírica poderia ser representado? Considerar a questão da montagem é assumir que a unidade básica do registro cinematográfico é o "evento". Como qualquer evento determinado poderia ser mostrado? Um evento implica uma relação entre termos num período definido de tempo. Decisões de montagem são apenas decisões relativas ao *status* do evento filmado e sua significação.

A teoria clássica do cinema conferiu à montagem a capacidade de interpretar eventos do mesmo modo que a estilização pode interpretar objetos. Malraux, Pudovkin e Eisenstein dizem todos explicitamente que sem a montagem o cinema não é uma arte. No início de sua carreira, Bazin tornou clara sua posição de que esse "célebre julgamento estético de Malraux ... foi momentaneamente frutífero, mas suas virtudes se exauriram. Chegou a hora de redescobrirmos o valor da representação pura do cinema".[12]

Bazin concebe duas diferentes ordens de montagem. A primeira é aquela associada basicamente ao cinema mudo, onde as imagens seriam reunidas de acordo com algum princípio abstrato de argumento, drama ou forma. Pudovkin proporciona os melhores exemplos disso. Ele próprio aponta a excitação de criar uma explosão através da montagem editando juntos vários segmentos de filme registrados separadamente. Nenhuma explosão jamais ocorreu, mas Pudovkin criou uma com pedaços da realidade. Um caso mais famoso e abstrato é sua afirmação de ter criado "alegria" montando juntos planos de um rosto sorridente de bebê, um riacho borbulhante e um prisioneiro cuja libertação é iminente. Qualquer telespectador, hoje, pode descobrir rapidamente qual é o herdeiro de tal montagem "atmosférica". Um fluxo de imagens diferentes nos dá a sensação de ser "Jovem de Espírito" e nos faz querer tomar uma Pepsi. Pudovkin afirmou explicitamente que seu objetivo na montagem era levar o espectador passo a passo a aceitar sua compreensão dramática de um evento. Numa cena simples em *Potomoc Chingiskhan* (*Tempestade sobre a Ásia*, 1928), o herói mongol ferido cambaleia ao atravessar uma sala em direção a um aquário e cai, jogando o aquário sobre si mesmo. Geralmente tal cena iria requerer duas ou três mudanças de ponto de vista. Poderia até ser feita uma tomada ininterrupta. Pudovkin, porém, quebrou essa cena em 90 fragmentos para energizar o evento com o tipo de intensidade dramática (e, pode-se dizer, ideológica) que preconcebera. O evento, assim, serve a uma lógica anterior. Na realidade, nos exemplos aqui citados, nenhum dos eventos ocorreu na natureza: não houve qualquer explosão, nem alegria, nem queda de um mongol. Em cada caso, os fragmentos deram-nos a "sensação" de tais eventos, mais poderosamente, acreditava Pudovkin, do que os puros eventos poderiam dar.

Um segundo tipo de montagem tem prevalecido muito mais desde a chegada do som. É uma montagem psicológica por meio da qual um evento é quebrado nos fragmentos que duplicam as mudanças de atenção que naturalmente experimentaríamos se estivéssemos fisicamente presentes ao evento. Por exemplo, uma conversa é mostrada em montagem de plano/contraplano porque, como espectadores reais de tal conversa, nossa atenção mudaria de orador para orador. A montagem psicológica apenas prevê o ritmo natural de nossa atenção e de nossos olhos.

Bazin opôs a esses tipos de montagem a chamada técnica da "profundidade de campo", que permite a uma ação desenvolver-se durante longo período de tempo e em vários planos espaciais. Como o foco permanece nítido desde as lentes da câmara até o infinito, o diretor tem a opção de construir inter-relações dramáticas dentro do enquadramento (isso é chamado de *mise-en-scène*), em vez de entre os enquadramentos. Bazin prefere tal filmagem de profundidade de campo às construções de montagem por três razões: é inerentemente mais realista, alguns eventos demandam esse tratamento mais realista, e confronta nosso modo psicológico normal de processar eventos, chocando-nos dessa forma com uma realidade que frequentemente não conseguimos reconhecer.

Os termos *profundidade de campo* e *montagem* são termos estilísticos referentes às descrições potenciais de eventos. Bazin, sempre interessado na relação da imagem cinematográfica com a realidade com que trabalha, perguntou se um estilo pode ser considerado essencialmente mais fiel ao evento real do que todos os outros estilos. O que é a realidade perceptiva, perguntou, e qual o estilo cinemático (ou modo criativo) que a reproduz sem levar em conta os objetivos expressivos (ou formas criadas) que ela pode servir?

A realidade perceptiva é, para Bazin, a realidade espacial: isto é, fenômenos visíveis e os espaços que os separam. Um estilo realista de montagem, em seu nível mais básico, é um estilo que mostraria um evento desenvolvendo-se em um espaço integral. Especificamente, o estilo cinematográfico realista é aquele que preserva a autonomia dos objetos dentro do que Bazin chamava de *homogeneidade do espaço* indiferenciado. Em geral, o realismo espacial é destruído pela montagem e preservado pelo chamado *plano em profundidade*, onde o foco universal paga tributo ao espaço entre os objetos. O plano geral e a profundidade de campo enfatizam o fato básico do cinema, sua relação, seu veículo fotoquímico, com a realidade perceptiva e especificamente com o espaço. A montagem, por outro lado, substitui isso por um tempo abstrato e um espaço diferenciado, procurando criar uma continuidade mental à custa da continuidade perceptiva. Ante a noção de Bazin da realidade, a montagem é essencialmente um estilo menos realista.

Qual a vantagem de tal realismo? Eisenstein afirmava que o plano geral mostrava falta de inteligência artística, falta de economia e incerteza de significado. Bazin concordaria com esse último aspecto, pois para ele unidade de significado é uma propriedade da mente e não da natureza. A natureza tem muitos sentidos, e se pode dizer que fala conosco "ambiguamente". Para Bazin, tal ambiguidade é um valor e o cinema deveria preservá-lo, tornando-nos conscientes de suas possibilidades. Ele atacou o método de Eisenstein de expurgar uma realidade fecunda até restar apenas sua própria "unidade de significado".

Bazin argumentou que a própria realidade é significativa, mesmo que ambígua, e merece ser deixada sozinha na maioria dos casos. A primeira emoção estética ao se assistir a um filme é o poder puro da imagem traçado pelos objetos reais. Jean Renoir exemplificou melhor a vantagem dessa estética:

> [Renoir] sozinho ... obrigou-se a procurar além dos recursos proporcionados pela montagem e desse modo descobriu o segredo de uma forma cinematográfica que permitia dizer tudo sem cortar o mundo em pequenos fragmentos, que revelava os significados ocultos das pessoas e das coisas sem perturbar sua unidade natural (*What Is Cinema?*, p.38).

Quando Boudu cai do barco no final de *Boudu sauvé des eaux*, um único plano o mantém à vista, exemplificando a atitude e a técnica de Renoir. A câmara deve fazer uma panorâmica para capturar a mudança de situação, mas vemos um barco, na realidade, virado e Boudu, na realidade, nadando para longe. Há nesse plano uma plenitude de metáforas (batismo, Letes, revolução etc.), mas a intenção básica, afirmava Bazin, é ainda a física – um homem nadando num lindo rio, ou melhor, Michel Simon nadando no Marne. Como é diferente esse exemplo do mongol de Pudovkin, cuja queda simbólica ocorre apenas na mente do espectador e apenas como Pudovkin determina. Onde Pudovkin cortava continuamente de plano para plano a fim de dar a visão correta da ação, Renoir reenquadrava, fazendo o melhor que podia para *seguir* o que interessava, não para *criar*. Juntas, essas técnicas do plano geral, do reenquadramento e da filmagem em profundidade sancionam não apenas uma unidade de lugar e de ação, mas também uma ambiguidade potencialmente rica de significado.

Tal como ocorreu com sua pesquisa sobre a matéria-prima do cinema, Bazin complementou o lado técnico ou "científico" do realismo com uma reflexão sobre o realismo psicológico dos estilos de montagem. Perguntou até que ponto o realismo técnico do espaço integral corresponde às realidades da percepção. Se o realismo não consiste na fidelidade aos objetos, mas na fidelidade à percepção humana normal dos objetos, então o realismo técnico da fotografia de foco

FIG.14 *Boudu sauvé des eaux*, 1932. Museum of Modern Art/Arquivo de Fotografias de Filmes.

em profundidade pode não ser um realismo verdadeiro ou completo, afinal de contas. Considerada em relação à psicologia do espectador, uma certa quantidade de montagem pode muito bem ser realista. Obviamente, as técnicas de montagem clássicas de Hollywood destinam-se a apresentar eventos do modo exato como a mente naturalmente os entenderia. A montagem dos filmes de narrativa convencionais segue ou uma linha lógica (Bazin deu o exemplo de um primeiro plano da arma de um assassino ao lado do cadáver) ou as preocupações mentais do personagem principal ou da plateia (o corte para um primeiro plano do trinco da porta virando). Quando esse tipo de montagem ocorre com precisão, a audiência não percebe a manipulação em funcionamento. Os filmes de Hollywood dos anos 1930 foram notáveis a esse respeito e servem como paradigma das virtudes de sua técnica. Bazin afirmava que os memoráveis filmes desse período se desenvolvem com tal precisão lógica que o resultado efetivo sempre parece inevitável. Os cineastas norte-americanos desse período achavam que, se o espaço fosse quebrado de acordo com a lógica da narrativa, passaria despercebido como espaço integral ou real. Os montadores aprenderam a cortar uma cena em seus componentes narrativos e, em consequência, a seguir a linha da curiosidade da plateia. O filme, assim, espelha os processos perceptivos do espectador em tal grau que este raramente percebe que o tempo e o espaço estão sendo fragmentados, pois está preocupado com as relações entre os eventos, não com o valor intrínseco dos próprios eventos.

Um enredo pode ser definido como uma relação temporal entre eventos escolhidos cuidadosamente. Esses eventos são, com frequência, espacialmente descontínuos. Vê-se a mulher em casa com um amante. Corte para o marido tocando a campainha da amante. Quando a narrativa exige unidade espacial, quando, por exemplo, o marido volta e encontra a mulher e o amante juntos, o conteúdo narrativo da cena pode ser quebrado (espacialmente) em pedaços distintos com o objetivo de levar os espectadores logicamente de uma imagem narrativa para a seguinte, criando em suas mentes um enredo verossímil. Assim, uma cena com três personagens em um único quarto poderia ser quebrada em planos delicadamente integrados, cada qual proporcionando um comentário sobre a situação. Numa conversa, isso é epitomado pelo ritmo plano/contraplano. Em cenas mais ativas, podemos pensar no movimento que vai do plano longo para o plano médio e para o primeiro plano, ou o uso de recursos significativos (a mão virando o trinco da porta etc.), que interpretam o quarto em benefício da narrativa.

O realismo psicológico da montagem de Hollywood é oposto, então, ao realismo técnico do plano geral. Um acontecimento pode ser representado como um conjunto *físico* ou ser analisado de acordo com sua totalidade *psicológica*. Os espectadores raramente veem um evento com o desinteresse correspondente à única tomada que, afinal, é apenas um modelo mecânico efetivo do evento. Em vez disso, eles o veem de acordo com suas ramificações lógicas, dramáticas ou morais. A psicologização de eventos é o verdadeiro objetivo da maioria dos filmes. Eles pretendem

> dar-nos a ilusão de estarmos nos eventos reais que se desenrolam à nossa frente como na realidade cotidiana. Mas essa ilusão esconde uma parcela de fraude essencial porque a realidade existe no espaço contínuo e a tela nos apresenta, de fato, uma sucessão de fragmentos chamados "planos", cuja escolha, ordem e duração constituem exatamente o que chamamos de "decupagem" do filme. Se tentamos, por um esforço de atenção, perceber as interrupções, impostas pela câmara, no desenvolvimento contínuo do evento representado, e tentamos entender por que somos naturalmente insensíveis (a essas interrupções), entendemos muito bem que as toleramos porque nos dão a impressão exata de uma realidade homogênea contínua. A inserção de uma campainha de porta num primeiro plano é aceita pela mente como se não existisse nada além de uma concentração de nossa visão e de nosso interesse na campainha da porta, como se a câmara apenas previsse o movimento de nossos olhos (*Orson Welles*, p.51).

O que Bazin descreveu em suas passagens com relação à "decupagem", ou corte do plano, é um sistema de convenções que passa despercebido, levando-nos à aceitação de uma determinada ordem das coisas. A montagem psicológica é uma abstração, mas que imediatamente consideramos equivalente às abstrações que geralmente fazemos.

> Sob a cobertura do realismo congênito da imagem cinematográfica, um sistema completo de abstração foi fraudulentamente introduzido. Acredita-se que se tenham estabelecido limites através da interrupção dos eventos de acordo com uma espécie de anatomia natural da ação: de fato, subordinou-se a totalidade da realidade ao "senso" de ação. Transformou-se a natureza em uma série de "signos" (*Orson Welles*, p.57).

A montagem narrativa, disse ele, pressupõe que um pedaço da realidade ou de um evento em determinado momento tem apenas um sentido, um sentido inteiramente determinado pela ação. Tal estruturação narrativa é a antítese do verdadeiro realismo para Bazin. Por especificar o significado da matéria-prima, não corresponde à relação normal do homem com a realidade objetiva. Bazin afirmava que, apesar de geralmente trabalharmos com apenas um aspecto de um objeto, reconhecemos que o objeto está acima de qualquer uso único dele. Talvez seja verdade que mais frequentemente usamos a realidade como uma caixa de ferramentas como quando trabalhamos em nossas vidas pessoais. Mas a realidade está "sempre livre para modificar [nossa] ação planejada" (*Orson Wel-*

les, p.57) e estamos sempre conscientes de que essa realidade transcende nossos desígnios com relação a ela.

Bazin estava pressupondo que um elemento de livre interação entre o homem e os objetos perceptivos é um aspecto essencial da realidade. Apesar de a montagem psicológica poder organizar os objetos como temos o hábito de organizá-los, ela exclui a liberdade que está na base do nosso poder de organizar e a autonomia dos objetos que existem para serem organizados também de outro modo.

> A montagem clássica suprime totalmente esse tipo de liberdade recíproca entre nós e o objeto. Substitui a livre organização por uma ruptura forçada onde a lógica dos planos controlados pelo relato da ação anestesia completamente nossa liberdade (*Orson Welles,* p.58).

Há então uma realidade psicológica mais profunda, que deve ser preservada pelo cinema realista: a liberdade de o espectador escolher sua própria interpretação do objeto ou evento. Alguns diretores têm usado a fotografia de profundidade de campo para manter esse privilégio do espectador. Bazin achava que William Wyler em seus primeiros filmes proporcionou ao espectador uma ampla quantidade de informações e o encorajou a escolher, em grande medida, sua própria perspectiva. Defensores da montagem afirmam que Wyler é fraco e que seus filmes não têm autoridade, mas Bazin achava que "a profundidade de campo de William Wyler pretende ser tão liberal e democrática quanto a consciência do norte-americano e dos heróis de seus filmes".[13] Embora a filmagem em profundidade de campo permitisse a Wyler dar à plateia uma posição privilegiada, outros diretores usaram-na para insistir na prioridade do mundo diante do espectador.

Orson Welles é o exemplo perfeito. Ele usou esse título tão brilhantemente e com tanto sucesso em seus dois primeiros filmes que o que antes era considerado não cinemático ganhou prestígio. Mas seu uso da profundidade de campo foi completamente diferente do de Wyler. Ninguém jamais cometeu o equívoco de chamar Welles de democrático. Ele desencorajava o espectador com sua profundidade de campo, pois "ela força o espectador a usar sua liberdade de atenção e o obriga ao mesmo tempo a sentir a ambivalência da realidade" (*Orson Welles,* p.58, 59). A profundidade de campo de Welles criou um realismo triplo: realismo ontológico, dando aos objetos uma densidade e uma independência concretas; realismo dramático, recusando-se a separar o ator do cenário; e, mais importante para nós, realismo psicológico, colocando "o espectador nas verdadeiras condições de percepção nas quais nada é jamais determinado *a priori*" (*Orson Welles*, p.60).

Coerentemente, Bazin deduziu uma oposição entre o realismo narrativo e o realismo perceptivo. Se o espaço e o tempo perceptivos forem retratados com honestidade, a narrativa permanecerá oculta nas ambiguidades de recalcitrantes informações sensoriais. Se, por outro lado, o espaço e o tempo narrativos forem o objeto de um filme, o espaço e o tempo perceptivos terão de ser sistematicamente fragmentados e manipulados. Na controvérsia do realismo, Bazin optou pelo "respeito ao espaço e ao tempo perceptivos". A montagem é sempre, de algum modo, a *narração* de eventos, enquanto a filmagem em profundidade de campo permanece no nível do *registro*. Assim como Bazin consideraria a fotografia de um evento mais realista do que sua descrição em um jornal, do mesmo modo afirmaria que a fotografia em profundidade de campo é mais realista do que a montagem clássica, não importa quão invisível. A posição de Bazin aqui pode transformar-se numa ordem moral: o espectador *deveria* ser obrigado a lutar com os significados de um evento filmado porque *deveria* lutar com os significados dos eventos na realidade empírica de sua vida cotidiana. Tanto a realidade quanto o realismo insistem na luta da mente humana com os fatos que às vezes são concretos e ambíguos.

Apesar da possibilidade de Bazin ter um compromisso moral com a profundidade de campo, ela permanece apenas uma técnica que coloca a imagem cinematográfica em íntima relação com seu objeto. Como outros desenvolvimentos técnicos semelhantes (cor, som, tela larga etc.), o desenvolvimento da filmagem em profundidade de campo sem dúvida garante que cinema realista será o resultado de seu uso. Filmes claramente surrealistas ou abstratos poderiam ser concebidos e filmados com foco em profundidade. O tema de Bazin só pode ser examinado até este ponto: na história do cinema, até hoje, a montagem é construída como um modo abstrato de apresentar um evento. O foco em profundidade, por outro lado, permite ao evento desvendar-se por sua própria conta e assim sinalizar-nos que a imagem que estamos vendo está intimamente ligada ao evento filmado. Bazin estava em sua melhor forma quando examinou os problemas particulares da montagem e as questões do realismo que eles levantam em relação aos gêneros ou formas específicos.

OS USOS E ABUSOS DA MONTAGEM: OBJETIVOS CINEMÁTICOS

Bazin jamais condenou francamente a montagem. No entanto ele a reduziu a uma posição mais humilde na hierarquia das técnicas cinemáticas. Queria que o plano geral assumisse seu lugar como método padrão de se conceber o cinema, e elogiou os filmes neorrealistas especialmente por tornarem isso, uma vez mais, esteticamente viável. Esses filmes do pós-guerra compunham suas histórias no tempo real, rejeitando a rapidez e a inevitabilidade da montagem clássica. Isso não significa, porém, que negassem o valor e o potencial da montagem. Como disse Bazin, "longe de eliminar as conquistas da montagem, esse realismo renascido lhes dá um corpo de referência e um significado. Apenas um realismo ampliado da imagem pode aguentar a abstração da montagem" (*What Is Cinema?*, p.39). *Cidadão Kane* é um exemplo que Bazin tinha orgulho de citar a esse respeito. Seus planos gerais e seu ostensivo foco em profundidade dão-lhe uma sensação de solidez que compensa, e na realidade sugere, os voos imaginativos de seu jovem criador. Em outras palavras, os inteligentes truques do "menino-prodígio", epitomados pela cena do café da manhã realizada através de montagem muito interpretativa, são ao mesmo tempo abstrações e tentativas de dar um significado ou explicação sobre a vida de Kane. Estão condenadas ao fracasso, afirmava Bazin, porque a estrutura da história demanda mistério e ambiguidade, e esse mistério está presente em praticamente todas as imagens por causa da profundidade de campo:

> *Cidadão Kane* é impensável filmado de qualquer outro modo, exceto na profundidade. A incerteza em que nos vemos com relação à chave espiritual da interpretação que deveríamos colocar no filme é construída pelo próprio desenho da imagem (*What Is Cinema?*, p.36).

O foco em profundidade, assim, aumenta o estoque estilístico da linguagem cinematográfica, permitindo a um diretor escolher entre diversos métodos de retratar um evento e até recorrer a misturas estilísticas que a literatura do século XX considerou valiosas. Apesar de o foco em profundidade, na maioria dos casos, ser uma entre várias alternativas estilísticas, em algumas cenas é exigido pela natureza do tema. Bazin chegaria a afirmar que alguns eventos existem na reprodução cinematográfica apenas na medida em que sua unidade espacial é preservada *via* profundidade de campo e plano geral.

A natureza de determinados eventos demanda uma forma cinemática baseada na sequência de planos (tomadas de câmara ininterruptas). Exemplos de tais eventos são numerosos em Bazin. O mais famoso foi seu elogio ao plano geral em *Nanook, o esquimó* (1923), de Flaherty, que mostra Nanook lutando com a baleia através de um buraco no gelo. Se dividisse essa cena em fragmentos dramáticos, ele "a transformaria de algo real em algo imaginário". Com isso Bazin queria dizer que nosso interesse pela realidade do evento reside na atualidade desse evento, obtida através de seu desenho no celuloide. Manipular esse desenho tendo por objetivo o drama seria trocar nosso interesse pelo evento *como* evento pelo drama ou significado desse evento.

Bazin citou a luta com o jacaré em outro filme de Flaherty, *Louisiana Story* (1946), como uma instância na qual foi usada essa última abordagem. A cena é mostrada em montagem plano/contraplano e consegue um ritmo que só pode ser descrito como excitante. Mas esse ritmo, como o ritmo da música que acompanha a cena, é na realidade um comentário sobre o acontecimento que nunca realmente vemos. Ele nos faz ficar excitados e se esforça por nos dizer por quê, enquanto o evento permanece no nível da imaginação, construído na mente do espectador pelo cineasta, exatamente como a explosão de Pudovkin foi construída. Em determinados filmes, na realidade nos filmes de Pudovkin, essa escolha é meramente estilística. O filme é uma história imaginativa e os recursos imaginativos da montagem são certamente legítimos. Mas no caso dos filmes de Flaherty estamos trabalhando com um evento cujo principal interesse é sua realidade. *Nanook, o esquimó* surpreende-nos porque Nanook realmente viveu no

Ártico e a câmara capturou alguma coisa de sua vida. Tratar esse filme como uma ficção ou um drama imaginativo é reduzir seu poder latente. O filme não mais poderia comover-nos como o registro de um fato.

O respeito de Bazin pelo poder de filmes baseados na atualidade era profundo. Muitos de seus principais ensaios tratam da importância do foco em profundidade dos filmes neorrealistas italianos. O objetivo desse movimento era filmar o mais possível a estrutura interligada da realidade física e social. O método geral usado para atingir tal objetivo era mostrar as inúmeras causas de qualquer evento filmado. Tais filmes precisam evitar claramente as técnicas que necessitam da "unidade de significado do evento dramático". Para obter a complexidade de significado que suas teorias pressupõem, os neorrealistas estão "determinados a eliminar a montagem e a transferir para a tela a continuidade da realidade" (*What Is Cinema?*, p.34, 37).

Na realidade, qualquer cineasta cujo objetivo seja realista, no sentido de que gostaria de apagar o mais possível sua própria presença formativa em seu material, precisa utilizar o foco em profundidade. Bazin nunca deixou de proclamar que tal estilo destituído de convenção é tão artístico quanto a obra de arte de montagem mais cuidadosamente realizada. Basta ver a comédia pastelão para termos uma prova, pois ela só existe cinematicamente na medida em que se mantém sua continuidade espacial:

> Se a comédia obteve bons resultados antes de Griffith e da montagem, é porque a maioria de seus truques derivava de uma comédia do espaço, da relação do homem com as coisas e com o mundo a seu redor. Em *The Circus* (*O circo*), Chaplin está realmente na jaula do leão e ambos são colocados no enquadramento da tela (*What Is Cinema?*, p.52).

Imaginem um plano de um filme de Chaplin com montagem convencional. A comédia não mais existiria, pois o espaço seria destruído. Bazin aqui criticou o lugar-comum de que Chaplin era um diretor sem imaginação porque não conseguia mudar seus planos ou adotar os primeiros planos.

Para resumir, a montagem é um elemento do manual de possibilidades do cinema. É um recurso abstrato que funciona de modo efetivo quando baseado em uma situação especialmente real. Na maioria das situações ficcionais, oferece ao cineasta um caminho alternativo para representar uma cena. Mas porque "é o aspecto dessa realidade (filmada) que dita o corte", determinados tipos de situação precisam ser retratados do modo mais realista proporcionado pelo foco em profundidade e pelos planos gerais. Tais situações podem ser específicas ou gerais. Um caso específico e local seria a filmagem de um ato mágico. As técnicas de montagem romperiam nossa relação com o truque; acreditaríamos no filme, mas não no mágico. Só se o cineasta quisesse explicar o truque é que a montagem se tornaria o estilo apropriado. Um caso geral seria o do neorrealismo, gênero que inclui muitos filmes, todos objetivando transferir a complexidade da realidade social para o celuloide sem transformação artística.

FIG.15 *Liberty*, 1929. Laurel e Hardy suspensos em um espaço ao mesmo tempo profundo e cômico.

As técnicas de profundidade de foco são exigidas por situações e teorias que se apegam ao realismo – isto é, à confiança do espectador em que aquilo que é mostrado na tela não foi colocado lá por um homem com um propósito, mas existe acima de qualquer filme e de qualquer interpretação.

Apesar de Bazin poder ser considerado um realista por causa de suas crenças especiais com relação à matéria-prima do cinema, seu realismo também pode ser considerado originário das considerações sobre o uso do cinema: especificamente, como um filme precisa ser para ser realista, e qual a vantagem do uso realista do cinema? Bazin acreditava que a maioria dos filmes se beneficia ao respeitar sua matéria-prima, e defendia tal respeito nos dois estágios da filmagem: no estágio plástico e no processo de montagem.

Ao propor um uso realista do veículo, Bazin acreditava verdadeiramente estar defendendo algo muito mais universal que uma mera tendência ou reversão estilística. O realismo na pintura ou no drama é apenas outro conjunto de convenções destinado a agradar a alguns artistas e algumas plateias e a repelir outros, destinado a algumas épocas e não a outras. Como vimos, o realismo cinemático, para Bazin, reside na ausência de convenção, no autoafastamento do artista, na virgindade incipiente da matéria-prima. Essa diferença em relação às outras artes é possível porque as fotografias, diferentemente das linhas e cores, nos atingem antes de seu contexto, antes de sua formação por um artista.

O cineasta realista não é um homem sem arte, apesar de seu filme poder parecer destituído de arte. Ele tem o talento para as artes do autoafastamento, que são antes de tudo as virtudes humanas, e em segundo lugar para as escolhas estéticas. Tal cineasta pode usar os poderes interpretativos do cinema quando precisa deles, mas está muito consciente dos poderes básicos e primitivos da imagem pura. Ao mesmo tempo em que é necessário dom artístico para construir uma significação através dos poderes interpretativos do cinema, também é necessário dom artístico para revelar a significação através de imagem sem adornos.

Bazin achava não estar defendendo um tipo limitado de cinema, mas em vez disso expandindo nossa consciência com relação à vasta gama de potencialidades disponíveis à linguagem cinematográfica. A poética do cinema, para ele, valorizara apenas um tipo de técnica, o nascimento do novo significado abstrato a partir da deformação ou da justaposição inteligente de pedaços da matéria-prima. Tais técnicas são análogas à metáfora na linguagem. Bazin, apesar de não rejeitar totalmente a metáfora, achava que era tempo de se prestar atenção às virtudes e capacidades de outros tipos de figuras no cinema. Na poética existem também as figuras da elipse e da metonímia, nas quais uma parte de um todo significa esse todo. Na teoria de Bazin, essas figuras predominam. As imagens na tela, para ele, em geral não deveriam sinalizar outro mundo imaginativo totalmente novo, mas sinalizar o mundo ao qual naturalmente pertencem. O artista deve ser basicamente um excelente observador, selecionando da totalidade de um evento ou de um minado mundo apenas as partes que o expressam perfeitamente.

Finalmente, não é uma questão de eliminar um tipo de estilo com o objetivo de impor outro. Em vez disso, Bazin nos mostraria que o prestígio universal da montagem do formativismo é inadequado para muitas formas de filme. O uso metonímico do cinema serve a todos os gêneros que dependem, de algum modo, de realismo para terem impacto. A metáfora é a figura da mente. A elipse e a metonímia são figuras do mundo. Vimos que Bazin acreditava que o mundo tem um sentido, que ele fala conosco numa linguagem ambígua se nos preocupamos em ouvi-lo, se silenciamos nosso próprio desejo de fazer esse mundo significar o que queremos que ele signifique. Essa oposição entre *significação* através do mundo e *percepção* dentro do mundo foi dada a Bazin por Sartre. O cinema, mais que qualquer outra arte, é naturalmente capaz de sugerir e capturar o sentido de um mundo que flui ao redor e além de nós. É a arte da natureza, em primeiro lugar, pois chega a nós automaticamente através de um processo fotoquímico e, em segundo lugar, porque nos revela aspectos do mundo que antes éramos incapazes de ver, ou não desejávamos. Não apenas encontramos o sentido do mundo nos filmes científicos que nos mostram microprimeiros planos de células ou galáxias, mas o encontramos do mesmo modo nos filmes realistas de todo tipo que nos fazem olhar para uma realidade que, por hábito, ignoramos ou à qual, por egoísmo, impusemos um significado. O propósito dos gêneros realistas é fazer-nos jogar fora nossas *significações* com o objetivo de recuperarmos o *sentido* do mundo. Ao fazer isso, retomamos o caminho do próprio cineasta verdadeiramente realista que, como Flaherty, Roberto Rossellini e Renoir, sempre se interessou mais por descobrir o mundo através do cinema do que por criar um novo mundo cinemático (ou, pior, deixar sua mente falar) com imagens tiradas da realidade.

A crença quase religiosa de Bazin no poder e no sentido da natureza tornou-o o campeão das formas e do modo realistas. Mas devemos tomar cuidado para não o considerarmos apenas um realista. Sua prática de definir sua forma cinematográfica primeiro por suas intenções ou efeitos e, em segundo lugar, pelo modo cinemático necessário para se obterem esses efeitos pode ser aplicada a todos os tipos de filmes. É verdade que a maioria de seus ensaios despreza o formalismo e apoia as formas cinematográficas realistas; mas isso pode ser considerado uma correção de certo modo necessária da história do cinema. Talvez a principal preocupação de Bazin fosse o estabelecimento de um cinema amplo e flexível capaz de atingir incontáveis objetivos humanos através de diversas formas cinematográficas.

A FUNÇÃO DO CINEMA

Quais as crenças fundamentais de Bazin com relação à importância do cinema? Por que ele devotou a vida e arruinou a saúde a seu serviço? Tem-se afirmado que seu amor pelo veículo se baseava em seu profundo amor pela realidade que esse veículo media; mas também se afirmou o oposto: que o cinema sempre esteve em primeiro lugar na vida de Bazin, e que suas incessantes referências à realidade são, como as referências de um crítico de arte ao pigmento, necessárias à compreensão do veículo mas não o foco final dessa compreensão.

Há muitas razões para se suspeitar de que Bazin foi, primeiramente e sempre, o aluno e o ardente amante da terra, que, achava, poderia oferecer-nos revelações inacreditáveis. Sua paixão de toda a vida pela geologia, a zoologia e a botânica dá a impressão de que ele queria que o cinema ajudasse em nossa descoberta da natureza. De modo semelhante, sua associação com a publicação socialista cristã *Esprit* e com a organização *Travail et Culture*, dominada pelos comunistas, indica seu compromisso com a reorganização social, um compromisso cumprido pelo cinema. Nas duas áreas, o cinema aparece como um *instrumento* único e valioso de conhecimento, percepção e, finalmente, ação.

Entretanto há muitas evidências que apoiam outra opinião, a qual afirma que o amor de Bazin pelo cinema era autossuficiente, que ele o via como uma entidade intrinsecamente valiosa. Sua criação da revista *Cahiers du Cinéma* é um testemunho desse valor. Na realidade, ele nunca parou de insistir no papel fundamental que a realidade desempenha no cinema; mas sua concepção insiste em que seu interesse permanecia sendo o cinema, com as refrações da realidade que ele produz, não a própria realidade. Sua defesa de uma abordagem "sem estilo" pode ser entendida, vimos, não como um desejo de colocar de lado o cinema ante uma realidade que em geral é distorcida, mas como um modo de criar um novo tipo de cinema, um cinema que incorpora intimamente sua matéria-prima, mas permanece para sempre cinema. Afinal, ele frequentemente substanciou suas ideias referindo-se a escritores como Hemingway e Dos Passos, que renunciaram a uma esmerada qualidade literária para capturar não a própria realidade, mas uma proximidade com a realidade que permanece do mesmo modo literatura. Bazin queria que o cinema adquirisse novos estilos também, para se superar; e estava convencido de que o "realismo" era a principal alternativa em direção a tal progresso.

Acredito que Bazin mantinha essas duas concepções simultaneamente, ou melhor, dialeticamente. Seu amor pelo mundo natural, razão pela qual era frequentemente chamado de "moderno São Francisco", sem dúvida energizou sua concepção sobre o cinema. Mas essa concepção, em troca, se tornou suficiente em si mesma; Bazin apreciava o cinema, não como um *instrumento* para se olhar a natureza, mas como um notável *produto* da ciência e da natureza. Seu desejo de ver o cinema expandir-se em novas áreas era alimentado, ao mesmo tempo, por sua preocupação com o futuro do cinema e por sua preocupação com o futuro da realidade, ou pelo menos da nossa relação com a realidade.

Nessa última preocupação, sua atitude, é claro, é semelhante à proclamada por Kracauer no epílogo de *Theory of Film*. Ambos achavam que o cinema pode proporcionar uma compreensão comum, não ideológica, da terra, a partir da qual os homens podem começar a forjar novas e duradouras relações sociais. Alimentadas pela filosofia de Henri Bergson, André Malraux, Teilhard de Chardin, Gabriel Marcel, Maurice Merleau-Ponty, Emmanuel Mounier e Jean-Paul Sartre, as aspirações de Bazin para a vida do homem na terra superaram em muito as de Kracauer.

Vistos em conjunto, esses autores pagaram tributo à energia criativa do homem dirigida ao mistério ambíguo da natureza e ao futuro. De Teilhard, Bazin adotou a crença na evolução da própria terra e de todas as formas de vida na terra. De Malraux, aprendeu a ler nas artes do passado o desenvolvimento da mentalidade do homem diante da "condição humana". De Sartre e Marcel, incorporou o sentido de aventura que ambos associavam à vida "autêntica". O cinema era uma luz que "o homem viajante" (Marcel) poderia acender na escuridão que o cerca quando ele se projeta em direção ao futuro e a um destino a ser criado.

O cinema, para Bazin, sempre teve esse *status* de sexto sentido ou instrumento privilegiado dentro da visão de mundo acima delineada. Mas o cinema superou em muito esse *status* para Bazin, especialmente no final de sua vida. Tornou-se, para ele, algo a ser estudado como qualquer processo natural ou humano. Começou a lhe parecer um organismo desenvolvendo-se fora de suas próprias sementes e numa variedade de ambientes. O cinema, em outras palavras, poderia ser estudado como um "objeto" em si mesmo.

Bazin era fascinado pela hipótese de que o cinema responde às forças do crescimento e da complexidade crescente que governam outros processos, e pela crença igualmente intrigante de que o cinema tem determinados traços herdados. Ele achava que esse processo, que está conosco há apenas três gerações, só poderia ser compreendido levando-se em conta seus "dados" genéticos e a história de seu desenvolvimento dentro de forças ambientais específicas. O existencialismo de Bazin impediu-o de tentar procurar ou formular uma essência que o cinema deveria ter ou tornar-se. Em vez disso, pretendia fazer pelo cinema o que Sartre fizera pelo homem: torná-lo consciente de sua liberdade e de suas possibilidades, libertá-lo de velhas teorias que o amarram a autoconcepções ou ideologias particulares. "Que é cinema?", perguntava incessantemente Bazin, sem jamais desejar ou pretender chegar a uma conclusão definitiva. O cinema é o que tem sido e pode tornar-se; é a história de sua evolução, um processo sempre em crescimento, sempre se transformando e se revelando mais.

Essa atitude explica a orientação histórica das teorias de Bazin. Para entender o cinema, é essencial levar em conta suas origens e observar as direções de seu crescimento num ambiente em mutação. Bazin via o cinema como o produto de dois pais e de duas correntes genéticas. Nisso, não foi absolutamente original. De um lado está o realismo e de outro o institucionalismo. O realismo vem primeiro da pintura, que desde o Renascimento desejou duplicar o mundo concreto, como Bazin mostrou tão meticulosamente em seu ensaio "Ontology of the Photographic Image" (em *What Is Cinema?*). Da literatura também recebeu um ímpeto em direção ao realismo. Desde o desenvolvimento do romance, no século XVIII, a literatura tem caminhado estavelmente em direção a um ideal jornalístico que culmina nos vários movimentos do "realismo" e "documentalismo" do final do século XIX. O cinema parecia dirigir-se diretamente para essa onda de impulsos, possivelmente libertando tanto a literatura quanto a pintura, numa certa medida, que se poderia chamar de suas neuroses de imitação. Outro fator é o espírito científico, que levou à invenção do próprio aparato necessário ao cinema. De todas as figuras envolvidas no descobrimento do cinema, Bazin preferia Jules Marey, que passou a vida tentando entender o movimento dos pássaros e dos animais. O cinema era necessário para ele; sua curiosidade com relação ao mundo exigia essa invenção. Marey pode ser considerado um emblema de sua geração, uma geração que mostra de inúmeros modos uma incrível onda de interesse popular pelo modo como o mundo existe e funciona. O cinema apareceu através dessa onda para satisfazer tal curiosidade.

A cultura popular desempenhou o outro papel principal na origem do cinema. O cinema imediatamente serviu a uma indústria do entretenimento, e foi por ela promovido. Bazin frequentemente citava sua relação com o *music hall*, a novela barata e o melodramático teatro de *boulevard*. Bazin acreditava ser tão impossível ignorar a função sociológica do cinema quanto ignorar seu realismo congênito.

Muitos dos mais importantes artigos de Bazin traçam a luta entre essas tendências. Ele escreveu sobre a evolução tanto da linguagem cinemática quanto do conteúdo cinemático. Seus pontos de vista são bem-sucedidos e eu gostaria apenas de citar resumidamente suas conclusões de longo alcance.

Em 1895, ninguém seria capaz de dizer como os filmes deveriam ser ou como deveriam funcionar com relação à tarefa de comunicar e mediar realidade. A formulação gradual de uma linguagem do cinema apareceu durante os primeiros 20 anos de sua existência. Em meados de 1915, a liberdade original da arte foi amplamente restringida, enquanto seus poderes de expressão se desenvolveram milagrosamente. O cinema trocou a variedade por uma forma padronizada e, como resultado, ganhou eloquência. Escolheu algumas de suas infinitas opções, que se tornaram o "cinema" que todos reconhecemos. O fato de virtualmente todos os filmes terem de 80 a 120 minutos foi uma convenção estabelecida em torno de 1915. Essa é uma parte inseparável de nossa noção de cinema e um produto da institucionalização da arte. Há inumeráveis "fatos" como esse que, juntos, formam o cinema clássico que reinou supremo de 1915 a 1938, e que ainda tem influência hoje em dia.

Durante a era do cinema clássico, as pessoas podiam com justiça dizer que iam ao cinema porque qualquer filme específico que pudessem ver seria menos importante que o restabelecimento do ritual cultural e estético, "o cinema". Todo filme era um exemplo, bom ou mau, da linguagem padrão em funcionamento. Bazin poderia muito bem ter dito o mesmo com relação à nossa atitude para com a televisão hoje. Ligamos a televisão, a maioria de nós, não para ver um programa específico, mas para ver uma série, ou, mais frequentemente, apenas para ver TV. A homogeneidade da linguagem atual da TV garante que nos sentiremos bem com a história e as imagens. Por exemplo, a dramaturgia é cuidadosamente colocada em redor de uma moldura de comerciais obrigatórios, e é como se um único compositor aplicasse sua partitura a cada programa. Mesmo os créditos podem ser reduzidos a uns poucos estilos. O caso da "fórmula cinematográfica" dos anos 1920 e 1930 é ainda mais espantoso, considerando que, só nos Estados Unidos, de 50 a 70 milhões de pessoas iam ao cinema semanalmente. Elas assistiam a uma linguagem que triunfara sobre todas as outras possibilidades e que reforçava sua supremacia a cada novo filme.

Bazin estava convencido de que essa linguagem ditatorial, mais até do que a convenção social, determinava os tipos de temas disponíveis ao cinema clássico. Foram desenvolvidos gêneros que podiam mais facilmente responder e mostrar a maquinaria do cinema. Em seu penetrante exame do gênero de adaptações literárias ("In Defense of Mixed Cinema", em *Whats Is Cinema?*), Bazin deduziu que as principais obras da literatura mundial foram cortadas, como tantas sequoias, para alimentar os moinhos de Hollywood e de todos os outros lugares. William Shakespeare, Charles Dickens e Victor Hugo necessariamente acabavam se parecendo; pior, pareciam-se com todos os outros filmes do período. O cinema clássico, para reunir sua posição, tem uma aparência oficial que despersonaliza todo filme e trata todos os temas do mesmo modo.

Algumas aquisições fascinantes fizeram parte dessa era. A infindável repetição de estilo permitiu um sistema cada vez mais sutil de convenções cinematográficas. Uma relação natural cresceu entre o público que ia ao cinema semanalmente e os produtores que precisavam fornecer a esse público uma variante do que ele gostava e estava acostumado a ver. Ao mesmo tempo, havia a possibilidade de coesão social através do cinema, algo raramente disponível a qualquer arte. O cinema aparentemente teve a oportunidade de unir os membros de uma cultura através de um estilo tradicional e uma cadeia de mensagens tradicionais, como os poemas épicos da Grécia de Homero que todos os estudantes memorizavam e todos os cidadãos ouviam entrava ano, saía ano. Tal arte ruidosamente oficial, na realidade, fora inalcançável por nossa cultura desde o Renascimento. A realização dessa potencialidade não é tão excitante quanto a própria potencialidade. Em vez dos poemas épicos ou das catedrais góticas, as fábricas de dinheiro de Hollywood e outras capitais do cinema forneciam, no conjunto, uma ideologia de classe média. Na realidade, isso revela-nos mais sobre nossa cultura do que sobre o poder do veículo. Na Rússia, para tomarmos outra cultura, podemos citar o uso dessa arte para disseminar tanto um estilo quanto uma mensagem revolucionários. Em todos os casos, diria Bazin, o cinema clássico era oficial; isto é, chegava ao espectador vindo da misteriosa terra do cinema, enfeitado com um estilo mistificador e confiante. Era, insistiria Bazin, a apresentação de um espetáculo para uma plateia passiva hipnotizada pela mágica da técnica cinematográfica.

Para sermos mais claros, superestimei o problema. Sempre existiram filmes que resistiram ao impulso do cinema clássico em direção à cultura popular. Sempre houve pioneiros do realismo pessoal (Robert Flaherty e Erich von Stroheim eram os exemplos favoritos de Bazin), que não se conformaram nem com a aparência oficial nem com a mensagem oficial do cinema de sua época. Seus filmes diferem dos clássicos de muitas maneiras. Antes de tudo, eram feitos basicamente em locação (*Greed* [*Ouro e maldição*], *Nanook, o esquimó, O homem de Arã*), o que lhes dava uma aparência gráfica ao mesmo tempo crua e mais espontânea que os espetáculos estudados que chamamos de clássicos. Em segundo lugar, eram roteirizados mais de acordo com seu material do que com alguma lógica dramática superior. Von Stroheim filmou virtualmente cada cena do romance *McTeague*, recusando-se a "cinematizá-lo" por meio de cortes e modulações convencionais. Flaherty, ao filmar quilômetros de filmes com apenas uma vaga ideia a lhe guiar os olhos, construía suas histórias soltas a partir do fato. Em terceiro lugar, sua montagem exibia uma preocupação básica com o material filmado, fazendo toda a aventura da filmagem parecer a "investigação" de um fenômeno em vez de uma "apresentação". Tudo isso acrescenta-se a uma abordagem pessoal do material, na qual o estilo não é um fator *a priori*, mas acontece durante o filme.

Esses poucos realistas errantes dos anos 1920 e 1930 foram vingados depois de 1940 por uma mudança geral na prática da filmagem em direção aos princípios mais realistas nos quais se apoiavam. *La règle du jeu* (*A regra do jogo*) e *Cidadão Kane* são, para Bazin, filmes que marcam esse novo estágio do cinema, para sempre quebrando as algemas absolutas da aparência oficial. Mesmo que hoje a maioria dos filmes ainda se contente em satisfazer a cultura com um estilo e uma mensagem convencionais, o caminho agora está totalmente aberto para os múltiplos estilos exporem e expressarem os múltiplos aspectos da realidade. Alexandre Astruc, seguidor de Bazin, proclamou em seu famoso artigo de 1948, "La Caméra-stylo"[14], que o cineasta pode ser considerado equivalente ao romancista, deixando seu estilo ser ditado pelas exigências de seu material e por sua atitude pessoal com relação a esse material. Não existe mais nada que possamos etiquetar como "cinema", deduziu; existem apenas filmes, e cada filme deve encontrar seu próprio estilo.

Apesar da concisão deste resumo, espero ter esboçado uma visão resumida sobre o cinema, escondida entre os numerosos pequenos artigos de Bazin: a instituição aparentemente inalterada em que o cinema se transformou em seu primeiro século de vida tinha em seu próprio âmago as sementes da sua destruição;

desde o início, e com eficácia progressivamente maior, o impulso realista estava solapando seu maravilhoso mas impessoal edifício. Apesar de Bazin ter um amor genuíno e raramente reconhecido por muito do que caracterizava a tradição cinematográfica clássica, queria desesperadamente que o veículo evoluísse para formas mais variadas, expressões mais pessoais. Quando Bazin morreu, já chegara o dia em que nós, como espectadores, podíamos seguir os estilos espontâneos e estranhos de um Truffaut ou de um Rossellini, a partir do momento em que eles lutaram para explorar e expressar aspectos do mundo antes disponíveis ao cinema. Podemos experimentar, através de seus filmes, tanto a realidade que eles visam quanto suas próprias realidades interiores, mais intimamente do que jamais foi possível na idade clássica do cinema. Podemos considerar seus filmes como respostas livres e diretas ao mundo, em vez de modificações de uma resposta oficial a um determinado mundo.

Bazin via nisso um ganho tanto para a sensibilidade humana quanto para as formas de arte. Estava excitado com as perspectivas da evolução do cinema, apesar de achar impossível prever a direção dessa evolução. Novas formas e novas espécies de filmes necessariamente nos trarão ainda maiores ganhos com relação à compreensão de nós mesmos e do mundo. No final, a visão de cinema de Bazin reconcilia-se com sua paixão pelos processos naturais e pela moralidade humana. O cinema, o homem e a terra, para ele, caminham em direção a autorrevelações e autoexpressões cada vez maiores. Todos estão no processo de se tornarem eles mesmos, de eliminarem o que não mais é genuíno e de se criarem a si mesmos ao caminharem em direção ao futuro. Na filosofia de Sartre, essa autocriação é o objetivo e o estímulo da existência.

Bazin esperava que suas teorias participassem dessa evolução, levassem o cinema em direção a seu futuro eminentemente racional, mas necessariamente escondido. Sua maravilhosa felicidade reside numa universalidade de gosto que lhe permitia amar plenamente os filmes por si mesmos, ao mesmo tempo em que os via como elos em uma cadeia evolutiva. Para ele, o cinema, como o homem, supera-se quando reconhece sua infinita qualidade e se esforça para se superar. Eis por que o mais humilde documentário e o mais simples dos *westerns* eram capazes de fasciná-lo tanto. Eles se preenchem totalmente nas funções que desempenham, nas suas ruidosas limitações nos fazem olhar através deles. Amar e tentar compreender todos os estágios de um processo por si mesmos, e ao mesmo tempo procurar continuamente, além deles, um futuro indecifrável – esse o espírito do pensamento de Bazin e do período posterior a ele.

Na época da morte de Bazin, em 1958, não existia ninguém que efetivamente desafiasse sua teoria do cinema. Nos anos a partir de sua morte, sua teoria teve um destino variado. Foi carregada triunfante para a tela pelos filmes da Nouvelle Vague criados pelos colegas de Bazin na revista *Cahiers du Cinéma*. Em época mais recente, foi abertamente criticada pelos estruturalistas e semióticos que a caracterizaram com seus epítetos mais letais. Bazin, afirmam, era um "humanista" e sua teoria é "idealista".

Não importa como seja caracterizada, a teoria do cinema de Bazin continuará a ter enorme impacto por causa de sua força e variedade. Sua força resulta da coerência de seus pontos de vista e da sofisticada tradição filosófica que os apoia. A variedade, mais rara e mais especial, vem da fertilidade e da energia de um homem destinado a investigar tudo que encontrava e para quem cada encontro inevitavelmente revelava uma nova verdade. Essas características podem ser sentidas em praticamente todos os ensaios que escreveu. Não importa se as posições que esses ensaios propõem serão rejeitadas ou honradas por gerações futuras, o teórico por trás delas será reverenciado por seu notável brilhantismo e pelo uso generoso e despretensioso que fez desse brilhantismo.

PARTE III

Teoria Cinematográfica Francesa Contemporânea

A atual teoria do cinema é saudável e visível internacionalmente. Existem publicações teóricas sobre cinema não apenas na França e na Inglaterra, mas também na Itália, na Espanha, na Alemanha e na maioria dos países da Europa Ocidental. As universidades de praticamente todas as nações oferecem cursos e frequentemente programas inteiros de estudo sobre a teoria do cinema.

Mas se pode afirmar que a França tem sido o berço das atuais tendências teóricas. As razões residem em Bazin e seus bem-sucedidos esforços para incorporar a discussão sobre cinema ao diálogo cultural geral que lhe era previamente hostil. Através dos cineclubes, da Cinemateca Francesa, da Escola Nacional de Cinema, do IDHEC, da crítica séria de publicações influentes e do nascimento de uma sucessão de revistas de cinema coroadas por *Cahiers du Cinéma*, a população francesa do pós-guerra foi bombardeada por fragmentos da teoria do cinema.

Bazin, liderando esse renascimento, levou para o cinema os métodos e, frequentemente, as descobertas de disciplinas reconhecidas como a filosofia, a história da arte, a crítica literária e a psicologia. Impedido de se tornar professor por uma gagueira que durou toda a sua vida, Bazin atuava inteiramente fora do sistema universitário conservador. Muitos de seus discípulos na revista *Cahiers du Cinéma*, principalmente Jean Luc Godard, consideravam-se intelectuais privados de direitos civis por causa de sua paixão por um tema de estudo não reconhecido.

Mesmo antes de 1950, vários professores da Sorbonne tentaram adotar e legitimar o estudo do cinema. Sob a liderança de um famoso esteta, Etienne Souriau, o Instituto de Filmologia reuniu professores de várias disciplinas que compartilhavam um interesse pelo cinema. Podem-se encontrar em sua revista, *La Revue Internationale de Filmologie*, ensaios escolásticos sobre temas como a fisiologia da recepção da imagem, a psicossociologia do cinema, o contexto econômico da produção cinematográfica e a fenomenologia da experiência do espectador.

O Instituto de Filmologia deu ao cinema um grande prestígio e apressou a chegada da época em que cursos de estudo do cinema seriam oficialmente sancionados pelo sistema universitário francês. Mas é importante notar que Bazin e seus seguidores tiveram pouco a ver com essa organização. Eles achavam que seus membros estavam saqueando a terra virgem do cinema, pegando qualquer despojo que suas metodologias particulares os capacitavam a agarrar, voltando em seguida apressadamente a seus tradicionais postos respeitáveis na sociologia, na filosofia e em disciplinas semelhantes. Apesar de ser verdade que Bazin levou a psicologia ao cinema, ele nunca o fez de modo padronizado. Na realidade, com mais frequência ele purificava a psicologia pelo contato. Para ele e para a geração que se tornaria a Nouvelle Vague, o estudo do cinema não era um novo pátio para especialistas frequentarem quando estivessem cansados do barulhento mercado de seus próprios campos. O cinema, para eles, era uma visão consumidora e um modelo de vida.

Na época da morte de Bazin, em 1958, o sistema universitário, através do Instituto de Filmologia, tinha dado ao estudo sério do cinema pelo menos uma aprovação tácita, contanto que fosse feito dentro da tradição das disciplinas mais estabelecidas. Ao mesmo tempo, através de *Cahiers du Cinéma* e outras revistas, milhares de estudantes que também eram devotados ao cinema se posicionaram e se prontificaram a estudá-lo de um modo central, não como um interesse periférico em relação a campos tradicionais. Além disso, os filmes da Nouvelle Vague começaram a disseminar uma concepção teórica definida do veículo, uma concepção discutida pelas revistas de crítica de todos os tipos.

Assim, o florescimento da teoria de Bazin pode ser visto nos novos estilos de feitura de filmes e no desenvolvimento de um público instruído desejoso de apoiar esses estilos. O entusiasmo que ele gerou pela discussão séria sobre cinema inevitavelmente começou a alcançar as salas de aula, apesar de ele não ter vivido o suficiente para ver isso, e talvez não tivesse ficado satisfeito.

Em contraste, o florescimento da teoria contemporânea pode ser mais bem-visto exatamente nessas salas de aulas universitárias, em teses de doutorado e em revistas e livros altamente especializados sobre cinema. A transição da era do cineclube para a da universidade sofreu grande influência de Jean Mitry. Apesar de ter nascido muito antes de Bazin, Mitry pertence claramente a um estágio mais novo da teoria do cinema porque se tornou, essencialmente, o primeiro professor de cinema reconhecido da Universidade de Paris. Significativamente, seus livros foram publicados pela intelectualizada Éditions Universitaires.

A síntese que Mitry tentou fazer entre as ideias de Bazin e o formalismo mais tradicional, que ele instintivamente prefere, é o esforço de um especialista dedicado. Todos os outros teóricos que estudamos, pode-se dizer, preocupavam-se basicamente com o passado, o presente e o futuro do cinema. Com Mitry, sente-se que "ideias sobre cinema" substituíram o "cinema" como o foco central da investigação. Apesar de sua abordagem mais áspera nunca ter atraído discípulos entusiasmados como o pensamento de Bazin, apesar de na realidade sua teoria ainda precisar receber a ampla atenção que merece, os estudantes de cinema mais sérios das universidades francesas estudaram-nas e se sofisticaram no processo.

Christian Metz é o mais influente produto da crescente atenção dada pela universidade ao cinema. Enquanto fazia estudos avançados de linguística, Metz manteve-se em contato com o cinema via cineclubes e revistas. Pretendia, como muitos antes dele sem sucesso, escrever sua tese e sua dissertação sobre cinema. Em parte por causa do degelo do sistema universitário francês na década de 1960, em parte por causa do rápido desenvolvimento do alcance da linguística moderna e em parte maior por causa de sua pura tenacidade e capacidade pessoal, Metz compôs uma série de trabalhos importantes que culminaram com *Language and Cinema,*[1] sua tese com peso de livro que lhe deu o Doctorat d'État e o direito de realizar dissertações posteriores nesse campo.

Desde que lhe foi conferido esse grau e com a ampla tradução de seus ensaios, Metz tornou-se o centro de uma abordagem organizada, internacional e quase científica da teoria do cinema. Seria impossível tentar resumir as tendências, tanto escolásticas quanto políticas, em que se ramificou a semiótica, mas todas essas tendências devem muito de seu ímpeto original a Metz. Na verdade, hoje ele tem mais dissidentes do que discípulos, mas é inegável que seus árduos e exatos estudos do final dos anos 1960 tornaram possível a atual onda de "teoria materialista do cinema" e deram a essa teoria um modelo de procedimento.

Apesar de Jean Mitry ter efetivado uma síntese entre Bazin e a teoria formativa, e apesar de Christian Metz ter liderado uma onda de revolta para substituir o existencialismo idealista de Bazin por um estruturalismo materialista, nem todas as reações à posição de Bazin foram negativas. Durante uma década após sua morte, a revista *Cahiers du Cinéma*, sob a direção de Eric Rohmer, Jacques Rivette e François Truffaut, publicou críticas e fragmentos de teorias diretamente originados das posições de Bazin.

Em outros países, esse tipo de reação positiva a Bazin é igualmente visível. O famoso ensaio de Charles Barr sobre as virtudes do Cinemascope[2] é o ponto alto de uma corrente da crítica britânica que acabou se posicionando em redor da revista *Movie*, publicação bem autoconscientemente modelada a partir de *Cahiers du Cinéma*, mas que teve vida curta.

Nos Estados Unidos, as ideias e preferências de Bazin foram divulgadas basicamente através da controvertida crítica de Andrew Sarris. Apesar de nunca ter elaborado nada semelhante a uma teoria, Sarris exercia enorme influência sobre a teoria do cinema nos Estados Unidos por causa dos pressupostos em que sua crítica se baseia e por sua responsabilidade pela revista *Cahiers du Cinéma in English*. No ano de 1966 essa revista publicou traduções de alguns dos mais importantes ensaios de Bazin, Leenhardt, Rohmer, Truffaut e outros, preparando uma plateia para as traduções em forma de livro, de Hugh Gray, dos ensaios de Bazin em 1968 e 1971.

Recentemente, duas ambiciosas teorias refletindo fortemente a abordagem de Bazin foram desenvolvidas nos Estados Unidos, *The World Viewed*,[3] de Stanley Cavell, e *Reflections on the Screen*,[4] de George Linden. Nenhum desses livros teve muito impacto, principalmente por causa do isolamento em que cada um foi escrito. Poder-se-ia dizer que ambos são fenomenologias do cinema, pois cada um deles tenta, de seu próprio modo, investigar, não as estruturas do veículo ou de seus produtos, mas a própria experiência de se assistir a um filme. Tal teorização reflexiva e interior tem tido seguidores na França e na Alemanha nos últimos 40 anos, mas ainda é algo estranho à crítica norte-americana, e nenhum desses livros é capaz de se ligar à tradição europeia.

Se pretendemos encontrar um desafio sistemático ao estruturalismo na teoria do cinema, novamente devemos olhar para a França e para a herança da fenomenologia nesse país. Bazin não foi o único teórico do cinema influenciado por Sartre, Marcel e Merleau-Ponty. Cada um desses filósofos elaborou ensaios sobre o cinema e discutiu essa arte em cursos e em cineclubes. Durante os anos 1950, sua influência podia ser percebida nos ensaios de muitos teóricos, principalmente Edgar Morin, cujo *Cinéma ou l'homme imaginaire* (Paris, 1956), talvez seja a tentativa mais consciente de analisar o cinema através de uma descrição reflexiva de seu funcionamento psicológico.

Apesar de a fenomenologia ter sido oficialmente substituída pelo estruturalismo na vida intelectual francesa, muitos teóricos do cinema estão entre os que ainda se aferram a seus métodos, não importa quão ultrapassados. Existe mais que um pouco de fenomenologia nos ensaios de Mitry e no início de Metz. Ele está explicitamente presente nos ensaios dedicados ao cinema do famoso esteta Mikel Dufrenne e do psicólogo belga Jean-Pierre Meunier, cujo livro *Les Structures de l'expérience filmique* (Louvain, 1969), aplica ao cinema de modo explícito os métodos de Merleau-Ponty. Mas, inquestionavelmente, a mais influente teoria fenomenológica do cinema foi escrita por Henri Agel, Amédée Ayfre e Roger Munier. Seus trabalhos serão examinados separadamente no último capítulo deste livro, em parte porque cada um deles tentou conscientemente expandir as teorias de Bazin, mas principalmente porque proporcionaram uma alternativa a Metz e Mitry.

Ao focalizarmos a era pós-estruturalista, vemos que pensadores de todos os campos estão falando da emergência de um válido diálogo entre um estruturalismo científico, externo, e uma fenomenologia ou hermenêutica interna, reflexiva. No cinema, esse diálogo seria, em grande medida, um refinamento e um desenvolvimento da interação que seguimos entre as teorias formativa e realista. Nada leva a crer que o cenário contemporâneo da teoria do cinema difira radicalmente daquela do passado. E, como no passado, a existência de várias posições só pode ser um sinal de saúde e energia.

capítulo 7

Jean Mitry*

Jean Mitry introduziu toda uma nova era da teoria do cinema com seu enorme tratado, em dois volumes, *Esthétique et psychologie du cinema* (1963-1965). É ironia o fato de a teoria do cinema contemporânea ter início nesse homem, ele próprio contemporâneo e companheiro de figuras como Jean Epstein, Abel Gance e Jean Renoir. Na realidade, o primeiro livro de Mitry sobre cinema foi um estudo sobre o ator Emil Jannings, que estava na época (1928) no meio de sua carreira. Mitry viveu e trabalhou naquela idade de ouro do cinema mudo, tão amado por Arnheim, Balázs e muitos outros. De algum modo, sua mente crítica dominou um impulso quase irresistível em direção à nostalgia e a uma teoria do cinema baseada na supremacia daqueles maravilhosos filmes dos anos 1920, pois ele na realidade, escreveu uma teoria extraordinariamente moderna.

Três aspectos da vida de Mitry contribuíram para seu distanciamento crítico. Primeiro, ele começou, na verdade, a trabalhar no cinema durante a era da vanguarda francesa. Mesmo após a queda desse movimento, permaneceu próximo da produção cinematográfica, montando filmes como o premiado curta de Alexandre Astruc *Le Rideau Cramoisie* (1953), e filmando e montando seus próprios premiados *Pacific 231* (1949) e *Images pour Debussy* (1952). Todos esses projetos têm algo de experimental e o obrigaram logo de início a utilizar em seu próprio trabalho algumas ideias sofisticadas sobre montagem, música, *status* da imagem e adaptação. A proximidade da teoria do cinema de Mitry com a prática

* Quando a tradução deste livro já estava pronta, Jean Mitry, considerado um dos mais importantes pioneiros da história e da teoria do cinema, o último dos enciclopedistas, morreu aos 80 anos, no dia 19 de janeiro de 1988, no subúrbio parisiense de Garenne-Colombes. Nascido em 1907 com o nome de Jean René Pierre Goetgleluck Le Rouge Tillard des Acres de Presfontaines, Jean Mitry, eclético, generoso e sério, contribuiu decisivamente, com seus livros e pesquisas, para a evolução da literatura fílmica. Também poeta, professor e realizador, obteve renome e consagração definitiva com a monumental *Histoire du Cinéma*, que começou a publicar a partir de 1967 pela Éditions Universitaires e a J.P. Delorge; os 34 volumes de sua *Filmographie Universelle*, inicialmente editados pelo IDHEC e depois pelos Archives du Film; e o ambicioso *Esthétique et psicologie du cinéma*, em dois volumes, editado pela Éditions Universitaires. Esta última obra, capital para o entendimento dos mecanismos da forma fílmica, foi saudada por todo o mundo intelectual, já que sua abordagem, embora de caráter científico, demonstra um generoso espírito humanista. (N.T.)

da feitura de filmes nasce desse tipo de experiência de trabalho. Apenas Eisenstein, entre todos os teóricos aqui estudados, o supera em termos de tempo e energia gastos em salas de montagem.

O segundo aspecto da vida e personalidade de Mitry se adequa perfeitamente à sua tarefa é sua inclinação pela história. Mesmo durante seus anos na vanguarda francesa, ele coletou informações e notas que poderiam ser valiosas mais tarde. Seus arquivos, já de bom tamanho nos anos 1930, foram imensuravelmente aumentados quando, com Henri Langlois e Georges Franju, fundou a Cinemateca Francesa, em 1938. É claro que desde então esta se tornou o maior arquivo de filmes e informações sobre cinema no mundo. Durante a guerra, Mitry planejou escrever uma história do cinema verdadeiramente científica, uma história que documentaria a arte e que colocaria as mais importantes questões levantadas sobre o veículo. Na década de 1960, finalmente, começou a publicar sua *Histoire du cinéma*, já com três volumes e que ainda não chegou aos anos 1930. Qualquer um que folhear as 900 páginas de seus livros de teoria instantaneamente reconhecerá o historiador por trás do teórico, pois são inúmeros os exemplos precisos em cada página. Essa atitude com relação ao seu tema tornou Mitry o entomologista do cinema que Bazin sempre quis ser. Quem tem mais capacidade que Mitry para investigar o famoso "Evolução da linguagem do cinema", de Bazin, quem é mais capaz de classificar gêneros e espécies ou de dissecar e analisar completamente qualquer espécime de cinema? Bazin tinha de se apoiar em sua lembrança dos refugos dos cineclubes, enquanto Mitry teve os filmes na palma da mão, a documentação em seus arquivos. Bazin raramente viu um filme mais de uma vez e nunca tomou notas durante suas leituras. Seu brilhantismo era intuitivo, sua crítica, uma ação reflexa de uma sensibilidade perfeitamente refinada e notável. Mitry, por outro lado, nunca teve um instinto para a crítica prática, de modo que suas abordagens mostram a linhagem de um longo trabalho mental e bibliográfico.

Mitry deve ser o maior receptáculo vivo de informações sobre cinema. Ele foi imediatamente chamado para dar aulas quando se fundou o IDHEC, em 1945. Esse terceiro aspecto de sua carreira, o pedagógico, obrigou-o a adaptar tanto sua experiência criativa privada quanto seu conhecimento enciclopédico a fim de que pudesse transmitir questões-chaves e responder aos problemas e perguntas correntes. Ensinando na França, Canadá e Estados Unidos, foi um dos primeiros professores universitários de cinema.

A teoria de Mitry desenvolveu-se como uma campanha bem organizada. Ele tenta usar alguma coisa dos estilos de trabalho de todos os autores que discutimos. Seu detalhado sumário manifesta a considerável atenção dispensada à estratégia de sua teoria. Nisso lembra Munsterberg e Arnheim. Mas o principal de seu trabalho, e seu fascínio com o que são, por si mesmo, detalhes da estética física, lembram Eisenstein, Balázs e, ocasionalmente, Kracauer. Mitry tenta fazer com que todas as suas subseções desempenhem um papel em sua argumentação, mas seu sumário frequentemente parece uma tentativa desesperada, e com frequência malsucedida, de reunir essas subseções. Muitas vezes elas têm vida própria. Cada seção pode ser comparada a uma aula cuidadosamente pesquisada. O conjunto forma uma clara progressão, mas muitas das aulas parecem ter sido incluídas porque o professor tinha um arquivo de informações ou pesquisas que, de algum modo, pediam para falar.

A erudita abordagem de Mitry com relação a seus assuntos é sentida no peso das citações que ele compulsivamente usa para apoiar cada novo tema. Suas leituras de filosofia, psicologia, linguística, lógica e estética ajudam-no a compreender os problemas do cinema num nível superior ao dos teóricos que o precederam. Seu ponto de vista sinóptico dos problemas que uma teoria do cinema deve encontrar, um ponto de vista menos disponível aos teóricos que estudamos até agora, capacita-o a ordenar valiosas evidências e opiniões. De modo típico, Mitry embarca num problema resumindo as opiniões dos primeiros teóricos sobre o assunto. Depois tenta resolver suas diferenças, frequentemente apelando para a fonte extracinematográfica apropriada. Piaget ajuda-o a mediar uma disputa sobre a participação da plateia; Bertrand Russell torna-o capaz de esclarecer a controvérsia imagem *versus* palavra que provocou tanta teoria, mas tão pouco sentido. Finalmente, Mitry ilustrará do melhor modo possível a importância de um problema no conjunto da teoria do cinema, preparando uma entrada adequada no próximo problema.

Ora, é exatamente nesse método que reside um novo espírito de teorização, um espírito mais acadêmico, que desconfia de soluções fáceis ou de longo alcance, e as evita. Na concepção de Mitry, todas as teorias anteriores procuraram uma chave para a compreensão do cinema. Mitry rejeita essa abordagem, exigindo em vez disso que cada problema do cinema seja tratado por si mesmo. O teórico não deve perder-se na defesa de uma única importante abordagem. Para ele, a teoria de Eisenstein sofreu em consequência de sua obsessão pela abordagem, reconhecidamente notável, da montagem. De modo semelhante, os pontos de vista de Bazin com relação à realidade e ao plano em profundidade são brilhantes e inestimáveis, mas se imiscuem em todos os seus ensaios, limitando sua concepção do conjunto. Mitry, a partir de sua torre acadêmica, pretende evitar tal supersimplificação. E essa é uma das principais razões da importância de seu estudo. Cada aspecto, cada problema do cinema merece cuidadosa pesquisa independente, não a aplicação de uma fórmula favorita.

Esthétique et psychologie du cinéma, em consequência, não tem a paixão pelo descobrimento e pela conquista que tão frequentemente caracteriza os estilos de todos os outros teóricos que examinamos. Não tem a ilusão de rápida e nitidamente desvendar esse novo veículo. É cuidadoso e medido como um tratado sobre o corpo humano ou sobre a vida dos insetos. Por isso Christian Metz chamou o livro de divisor de águas.[5] Ele organizou todos os problemas teóricos que apareceram nos primeiros 50 anos da teoria do cinema e delineou cuidadosamente as principais posições tomadas com relação a essas questões. Em sua frieza e disposição para procurar ajuda em campos como a linguística e a lógica, o trabalho de Mitry levou a teoria do cinema para a moderna sala de aula. O cinema não é algo para ser entendido instantaneamente ou discutido ideologicamente. É um enorme campo de pesquisa que apenas o estudo paciente e controlado pode progressivamente iluminar. Esse é o espírito do moderno estudo do cinema.

A MATÉRIA-PRIMA

O volume I de *Esthétique et psychologie du cinéma* tem o subtítulo "Les Structures" e o objetivo de estudar os aspectos do cinema que pertencem necessariamente a todos os filmes. O volume II, "Les Formes", diz respeito às questões teóricas levantadas pelos estilos e gêneros específicos do cinema. O trabalho de Mitry, assim, obedece ao esquema de organização que temos usado. Na realidade, o volume I, depois de uma seção chamada "Preliminares", é claramente subdividido em duas seções principais: a imagem fílmica e a montagem. A discussão da imagem fílmica corresponde à nossa categoria da matéria-prima do cinema; a de montagem, ao que chamamos de modo criativo. O volume II, de modo tão cuidadoso quanto este, trata primeiro das formas e modelos do cinema e depois dos poderes, potencialidades e objetivos do veículo.

Se sua lógica como um todo é fácil de compreender, as pesquisas específicas de Mitry são muito menos claras. Além da dificuldade do leitor de seguir digressões (em geral digressões de grande interesse), que sua inclinação por citações continuamente o leva a fazer, há a dificuldade mais básica de se discernir uma visão média. As teorias de Mitry inevitavelmente procuram uma posição média entre os extremos dos primeiros pensadores. O leitor rapidamente descobrirá que é muito mais fácil separar as teorias de extremistas como Eisenstein ou Arnheim, de um lado, ou de Kracauer, de outro, do que capturar firmemente as afirmações móveis e autodelimitadoras que Mitry tenta colocar sempre tão delicadamente entre eles. Isso é mais evidente com relação à questão do material básico do cinema, onde Mitry está ansioso por preservar simultaneamente alguns aspectos do realismo de Bazin e alguns aspectos do transformacionalismo de Arnheim. Para Mitry, as qualidades da imagem puramente cinematográfica sintetizam os campos realista e formativo.

As imagens, diz ele, dificilmente podem ser discutidas fora de sua relação com os objetos dos quais são imagens. É verdade que elas têm uma existência física independente. Pode-se destruir o filme sobre um prédio sem destruir o prédio; mas é irrelevante falar de imagens sem falar de objetos. Para Mitry, esse fato instantaneamente coloca o cinema numa categoria diferente da linguagem verbal. A linguagem verbal é composta de partículas arbitrárias que nos transmitem uma imagem mental, permitindo-nos pensar sobre o mundo "lá fora". Mas as imagens cinematográficas já estão "lá fora" e incorporam muitos aspectos visuais reais de seus objetos, incluindo o movimento real desses objetos. Elas não são, de seu ponto de vista, "signos" que nos permitem lembrar dos objetos, mas "análogos" dos objetos, seus "duplos".

A imagem puramente cinematográfica pode, assim, não ter significados além daqueles que são virtuais no objeto que ela representa. A matéria-prima do cinema é a imagem que nos dá uma percepção *imediata* (não mediada, não transformada) do mundo. A imagem cinematográfica existe ao lado do mundo que representa, não o transcendendo. Nada de humano ou artístico eleva a imagem (nesse primeiro nível) a níveis mais elevados de significação ou de significado. A imagem cinematográfica nada designa (diferentemente do mundo ao qual tem sido, com tanta frequência, falsamente comparada); simplesmente se mostra a nós, um análogo do mundo, parcial, mas da mesma natureza que a natureza visual desse mundo.

A posição de Mitry aqui é aparentemente idêntica à concepção do cinema de Bazin como "assíntota" da realidade. Mas, como foi salientado,[6] Bazin passou a vida discutindo a importância do "conforto" com o que o análogo fílmico se encaixa no mundo, enquanto Mitry passou a sua investigando as diferenças cruciais que mantêm essa assíntota para sempre distinta do mundo do qual corre ao lado e que tão fielmente espelha.

Quais são essas diferenças? Mas importante é o fato de as imagens da tela terem sido colocadas lá por alguém. Não é nossa atenção que traz esta ou aquela imagem visual à vista, mas alguém que permanece dizendo "*voilà!*" pelo simples fato de ter tirado, revelado e projetado essas imagens para nós. Para Mitry, a realidade existe como fonte inexaurível de significado para os humanos. Nós a investimos de significado escolhendo trabalhar com ela deste ou daquele modo. No cinema, outra pessoa está nos dizendo para olhar para esta ou aquela parte do mundo, dizendo-nos além disso que deveríamos dar uma olhada "significativa". Embora, em certo sentido, seja o mundo que ainda está falando conosco de sua maneira usual, o fato de alguém autorizar essa significação é suficiente para nos dizer que não estamos na realidade, mas na versão do mundo de outra pessoa.

Até agora temos analisado as propriedades analógicas da imagem cinematográfica e Mitry sempre as enfatizou. A imagem cinematográfica também tem alguma vida própria, algumas peculiaridades às quais a realidade deve submeter-se antes de deixar sua impressão analógica. Estas foram plenamente discutidas pelos primeiros teóricos, por Arnheim acima de todos. Mitry concentra-se mais frutiferamente no enquadramento da tela, necessário para o filme, mas não necessário para a vida. Sempre mediador, descobre que o enquadramento ao mesmo tempo esconde a realidade de nós (como Bazin acreditava) e organiza os objetos nele contidos (como defendia Arnheim). O espectador sente inevitavelmente que a realidade espreita bem ao lado da tela e que, se o cinegrafista se virasse um pouquinho, certamente a veria; simultaneamente, porém, esse mesmo espectador é atraído pelas tensões visuais estabelecidas pelo enquadramento. A imagem enquadrada começa a nos atingir como uma imagem ordenada à qual devemos olhar objetivamente e em relação a outras imagens enquadradas; mas durante todo o tempo ela nunca deixa de apontar para o mundo que representa.

Mitry explicou essa noção analisando a diferença entre o filme e a pintura. Como Bazin, descobriu que na pintura o objeto representado submete sua realidade e é inteiramente incorporado à nova realidade do trabalho de arte. No filme, porém, não importa quão significativa seja determinada composição de enquadramento, ela sempre nos diz que só existe um modo de olhar para o mundo lá representado. O mundo sobrevive a qualquer enquadramento. Notamos o enquadramento da imagem, mas permanecemos envolvidos num mundo real que ela não pode eliminar. Na pintura, uma única realidade estética permanece. No cinema, esse aspecto *estético* existe, certamente, mas apenas em diálogo com o realismo *psicológico* contínuo que o análogo nunca pode capturar. Daí o título do livro de Mitry. A imagem cinematográfica transcende o mundo, dando-lhe um enquadramento estético (escolhendo revelar um aspecto dele), mas o mundo reassegura sua transcendência "virtual" lembrando-nos que existem outros incontáveis modos de vê-lo.

A exposição de Mitry sobre o cinema como moldura e janela é a chave de toda a sua teoria do cinema. Suas crenças quanto à montagem, à história e ao próprio objetivo do cinema originam-se diretamente dessa posição sobre o *status* ambivalente da imagem cinematográfica. É aqui também que Mitry pela primeira vez se torna avaliativo. Ele resume a tradição "imagística" do cinema indo desde o movimento Film d'Art, passando pelo espetáculo italiano e os filmes expressionistas alemães para culminar com os últimos filmes de Eisenstein, e descobre que a excessiva preocupação com o mundo estético que eles pretendem criar com o enquadramento ofusca a realidade que essas imagens, como análogas, deveriam naturalmente apontar. Em vez de uma tensão entre os aspectos estéticos e psicológicos das imagens, percebemos os aspectos estéticos puros e simples, como na pintura. Esses filmes anulam o poder especial e básico do cinema, jogando fora aquela tensão em troca de alguma vantagem supostamente estética.

Essa investida contra o cinema expressionista conclui as reflexões de Mitry sobre a imagem puramente cinematográfica e mostra uma vez mais quão próximo ele está, nesse aspecto, de Bazin. A diferença entre esses teóricos começa a ser sentida mais fortemente quando Mitry volta sua atenção para os problemas de montagem e de sequenciamento de imagens.

POTENCIAL CRIATIVO DO CINEMA

Na exposição sobre a imagem cinematográfica como matéria-prima, Mitry nunca deixa de afirmar que, como espectadores, não vemos a matéria-prima, mas filmes plenamente realizados. As imagens cinematográficas existem não apenas como escolhidas por alguém, mas como organizadas num mundo fílmico por elas próprias. A imagem pura tem um sentido natural com relação a isso porque existe para ser vista; mas a imagem sequencial, a imagem num filme completo, tem mais que um sentido, tem um significado, um objetivo definido conferido a ela pelo papel que desempenha no mundo "imaginário", mas representacional, que o cineasta constrói.

A característica mais crucial da imagem cinematográfica, tão óbvia que quase não precisaria ser mencionada, é que, diferentemente do mundo que representa, ela pode ser "trabalhada" e ordenada de acordo com os esquemas mentais do cineasta. Pode ser combinada com outras imagens de inúmeros modos, a cada vez formando não apenas uma nova série estética (como algumas séries de afrescos ou janelas com vidros coloridos que nos dão uma narrativa estética), mas um mundo novo, psicologicamente real. A energia psicológica que nos faz perceber o objeto através da imagem cinematográfica também demanda que vejamos qualquer sequência de imagens como componentes de um *continuum*. Viramos o fluxo de imagens para um mundo contínuo. De acordo com Mitry, não apenas nossos sentidos constituem os objetos que concebem dando-lhes um *status* real, também disseminam esses objetos no espaço e no tempo para construir um mundo em que esses objetos são inter-relacionados. O processo de montagem é o análogo fílmico dessa operação mental.

Mitry é obrigado, nesse ponto, a definir o processo de montagem de maneira mais ampla do que qualquer dos teóricos iniciais, mesmo Eisenstein. A montagem inclui todos os métodos que dão contexto a imagens isoladas, que transformam a matéria-prima num universo fílmico, que fazem a tendência natural das coisas e seus análogos terem sentido numa significação humana. Ele primeiro dinamita a crítica de Bazin à montagem, afirmando que, mesmo quando uma cena é filmada com a câmara em movimento, em vez de fragmentada em pequenas cenas, o efeito da montagem ainda está em ação, inter-relacionando as várias imagens-objetos que aparecem. Mitry chega a insistir em que a montagem pode ocorrer numa única cena filmada de um ângulo imutável. Se um personagem está lendo um jornal sentado em um estúdio e então é interrompido por uma flecha flamejante que de repente incendeia as cortinas por trás dele, temos um efeito de montagem sem que ela tenha sido feita, pois temos duas imagens que, juntas, transmitem um nível de significado maior do que elas mesmas.

Esse nível de significação um degrau acima da imagem cinematográfica composta, para Mitry, está sempre associado à narrativa. Ao inter-relacionar os objetos que seus sentidos lhe constroem, o homem confere à realidade uma ordem e uma lógica. O espaço, o tempo e a causalidade colocam o homem à vontade no mundo e lhe permitem entendê-lo, em vez de apenas percebê-lo. Os objetos não existem apenas para o homem, desempenham papéis, e esses papéis mudam assim que mudam seus próprios desejos e necessidades. Hugo Munsterberg foi o primeiro a reconhecer essa base psicológica do cinema narrativo e Béla Balázs aperfeiçoou tal noção quando falou de um "fluxo de significado" correndo abaixo das imagens, mantendo-as juntas para a criação de um mundo humano e motivado.

Um cineasta não pode retirar esse significado humano de seu filme. Pelo simples fato de juntar uma série de imagens, demanda que procuremos uma motivação. Por que esses planos em vez de outros? Por que isto segue aquilo? O espectador, de acordo com seu próprio desejo, tenta dar a essas imagens algum tipo de significado e significação humanos. Ele não vai parar até que cada imagem cinematográfica desempenhe um papel no drama humano criado fora do mundo perceptivo. O termo "humano" não exige que todos os filmes sejam orientados por um enredo. Uma série de imagens de um documentário sobre um deserto pode ser motivada pelo desejo "humano" de entender algum aspecto da natureza; ou uma série de imagens do mar e da areia pode ser motivada pelas reflexões poéticas do cineasta. Com maior frequência, é claro, as imagens cinematográficas são motivadas por uma narrativa na qual cada uma encontra seu lugar apropriado, contribuindo para nossa compreensão da história. Enquanto olhamos através das imagens para a própria realidade, percebemos que essas imagens e essa realidade estão falando conosco uma linguagem superior, uma linguagem humana, não natural. O cineasta não pode livrar-se da realidade, mas pode e deve insistir em seu próprio uso dela.

Mitry acha então que, no primeiro nível, o nível da percepção e da imagem cinematográfica, a realidade não pode ser ignorada. No segundo nível, o nível da narração e sequência de imagens, acha que é o homem que não pode ser ignorado, o homem com seus planos, seus desejos, seus significados, que faz com que esses análogos da natureza se submetam à sua própria necessidade insaciável de significar. Um novo mundo é criado pelo cineasta com a ajuda e a cumplicidade do mundo real dos sentidos. Nenhuma outra arte fez isso.

O cinema é capaz de um nível posterior de significado além daquele de criar um novo tipo de mundo. Como toda sequência de imagens (desde aquela reunida por um menino de dez anos de idade, passando pelo anúncio de um sabonete desodorizado, até o último filme de Fellini) deve necessariamente significar o seu mundo para nós, como podemos discernir entre o significado artístico e o comum? Os filmes importantes e artísticos, afirma Mitry, são os que de algum modo constroem um significado abstrato acima de significado óbvio do enredo, que lhe dá consistência. Nesse nível abstrato, o filme é libertado de sua ligação com a percepção pura, libertado também da história específica que conta, e tem permissão para jogar livremente com nossas faculdades imaginativas superiores.

O clássico exemplo de Mitry ilustrando como todos os três níveis funcionam, é tirado de *O encouraçado Potemkin*,[7] de Eisenstein. Durante a insurreição a bordo do navio, o arrogante e afetado médico czarista encontra-se numa situação séria. Depois de mostrar o médico sendo brutalmente jogado para fora do barco, Eisenstein insere um único plano de seu *pince-nez* balançando numa corda. Mitry distingue três níveis de significação nesse plano. Primeiro, o *pince-nez* apresenta-se à nossa atenção como um tipo de "óculos" do mundo real. Reconhecemos imediatamente que é um *pince-nez* e que o diretor o está mostrando para nós nessa posição balouçante. Segundo, motivamos esse objeto vendo-o no contexto do filme. Percebemos seu significado humano (que o desagradável médico foi jogado). Terceiro, por causa de associações feitas anteriormente, por causa da composição, do ritmo e de outras ressonâncias, o *pince-nez* torna-se um símbolo da fragilidade da classe social do médico, e esse plano específico representa a queda dessa classe.

Mitry associa os níveis superiores do significado cinematográfico ao significado puramente poético. Apesar de qualquer criança poder dizer frases inteligíveis e contar uma história inteligível, é o poeta que faz a linguagem transcender a história e que envolve nossas faculdades superiores. Ele o faz basicamente através do ritmo, das figuras e das associações internas de todo tipo. Os grandes artistas cinematográficos também criam efeitos poéticos quando constroem seus mundos cinematográficos a partir da matéria-prima das imagens cinematográficas. A história da arte cinematográfica não é a história do tema (novas imagens), nem mesmo a história das histórias cinematográficas, mas a história de técnicas poéticas que superam as histórias de que se originam.

Mitry está ansioso por formular a estética do cinema enumerando as regras para o uso apropriado de "recursos poéticos" na construção de um filme. Significativamente, chega a essas regras de montagem examinando a história da montagem artística, catalogando abordagens na medida em que avança. Começa olhando os extremos, aqueles períodos de hiperesteticismo em que os cineastas procuravam ignorar o processo cinemático normal que vai das imagens cruas, passando por uma história particular sequenciada, até o significado abstrato. Descobre que, nos anos 1920, um certo otimismo com relação ao cinema levou teóricos e cineastas entusiasmados a usarem essa essência cinemática tentando, de um lado, empurrá-la para o domínio da pura mágica e, de outro, para o do pensamento conceitual.

O próprio Mitry era amigo íntimo de muitos dos vanguardistas franceses que exigiam que o cinema jogasse fora sua pesada herança literária à procura de uma nova essência musical. Naturalmente, ele nos dá um resumo em primeira mão das proclamações e dos filmes provocativos de Louis Deluc, Abel Gance, Germaine Dulac, Hans Richter, Viking Eggeling e assim por diante. Essas pessoas perceberam que, em todo filme, mesmo num filme narrativo convencional, determinados movimentos dos planos criam padrões abstratos; também perceberam que esses padrões se tornariam o fator dominante do filme, se o montador assim o escolhesse, pois a montagem confere ao filme um movimento externo que pode ampliar esse movimento interno ou fluir em contraponto a ele. Prestando atenção exclusivamente à forma e ao movimento da imagem, e não ao seu *status* como análogo de um objeto real ou à sua função em algum mundo de história, o cineasta poderia construir, pensava-se, uma peça de música visual que ultrapassaria toda a qualidade literária e apelaria diretamente às nossas faculdades superiores.

Ao se opor a esse movimento, Mitry alinha-se com Balázs e Kracauer; vimos que esses teóricos tinham reservas filosóficas e até morais contra esse uso abstrato do cinema; a refutação de Mitry, por outro lado, é significativamente retirada da ciência. Ele prova que o ouvido é, e deve permanecer, nosso sentido rítmico predominante por causa de sua capacidade inigualável de discernir e catalogar fragmentos sonoros mínimos. A mente confere *gestalts* a esses sons catalogados e percebemos os estímulos ritmicamente, isto é, como conjuntos dirigidos a um objetivo. O som age quase como um material neutro que a mente pode padronizar da maneira que desejar. Nossa visão não é tão minuciosa, tão exata. Mitry cita experiências mostrando que a duração de um plano depende, em um alto grau, de seu conteúdo. Não se pode simplesmente montar um filme sem levar em conta seus fatores psicológicos ou narrativos, pois eles desempenham papéis essenciais em nossa percepção do movimento e da duração do plano. Não existe um plano puro ou uma forma pura no cinema, não existe nada comparável ao funcionamento matematicamente escrupuloso do ouvido. O fato científico mais surpreendente é a recusa do olho, diferentemente do ouvido, a distinguir um estado nulo, um vácuo. Pela moderna terminologia, o olho trabalha de modo analógico (proporções, relações, semelhanças e diferenças), enquanto o ouvido trabalha de modo digital (de um modo liga-desliga).

Mitry não quer eliminar totalmente o ritmo cinemático, quer apenas eliminar a relação imprópria entre filme e música, o equívoco de que o cinema é de algum modo uma forma artística digital. Mitry substitui a analogia musical por uma analogia literária. O ritmo fílmico tem muitos dos mesmos poderes e problemas que o ritmo da prosa. Ambos dependem, em primeiro lugar, de suas representações, e não de uma série finita de tons matematicamente puros, como na música. Os ritmos do cinema e da prosa devem sempre funcionar *ad hoc* em resposta às imagens convencionadas. O espectador cinematográfico, como o leitor, enquanto presta atenção no sujeito à mão, será sensível do mesmo modo ao movimento e ao equilíbrio da apresentação. Estes podem, em alguns casos, levar a efeitos completamente ou quase abstratos: podem facilmente produzir um tom e uma sensação dentro do próprio filme, mas nunca dirigir o filme ou determinar o plano. Como Mitry cita com tanta frequência, um filme desenvolve-se *em* um ritmo, não a partir de um ritmo.

Outro exagero que apareceu nos anos 1920 é o da abstração conceitual ou tropo literário. Como vimos, foram os russos que ativaram essa capacidade ao máximo de seus limites e, para Mitry, além de seus limites. Descobriram o efeito que a justaposição de planos cria inerentemente vendo os filmes de D.W. Griffith, Thomas Ince, Henry King e outros. Raciocinaram que a montagem não poderia apenas criar uma história lógica, poderia do mesmo modo criar uma verdadeira lógica, uma linguagem das imagens.

Novamente os teóricos pretenderam superar a narração para apelar diretamente às faculdades mais elevadas e mais gerais do homem. Se duas imagens distintas sempre geram um conceito além delas próprias, por que não encher a tela com uma série de imagens cuidadosamente escolhidas, cuja inter-relação é apenas abstrata? O conteúdo dessas mensagens não precisa ter nada em comum, pois o filme criaria significado diretamente através das relações entre as imagens. Lembremo-nos da exposição de Eisenstein sobre a escrita japonesa na qual um verbo como "cantar" é gerado por duas imagens estáticas (um pássaro e uma boca). Certamente, há evidência, nos primeiros ensaios de Eisenstein, de que o cinema é capaz de um novo tipo de linguagem "ideogramática", um código hieroglífico que falaria diretamente aos espectadores.

Mitry precisa deflacionar essa esperança a fim de preservar para o cinema seu *status* especial como arte concreta. Em sua memorável crítica das experiências de Kuleshov-Mozhukhin, ele mostra que a relação abstrata supostamente pura existente entre duas imagens distintas (nesse caso, a face inexpressiva de Mozhukhin e uma mulher nua) é mediada pelo senso narrativo do espectador.[8] O espectador já deve ser equipado com determinadas preconcepções (nesse caso, sexuais) para "criar" o significado (desejo) entre os planos. O espectador deve ter uma "lógica da realidade" que reconhece na sequência de imagens. Sem essa lógica e essa experiência, as imagens permaneceriam isoladas. Mitry insiste em que uma criança, por exemplo, veria cada imagem perfeitamente bem, mas não lhes daria uma inferência mais profunda. Uma linguagem verdadeiramente abstrata (nossa linguagem falada) pode manipular conceitos independentemente de nossa experiência. No filme, assegura Mitry, devemos primeiro reconhecer um mundo antes que as abstrações possam obter significado. Uma série de ideogramas com o objetivo de serem uma linguagem visual nada tem a ver com o cinema. Só poderia funcionar para retratar significados locais e familiares, como os códigos de bandeiras dos navegadores no mar.

Mitry classifica as consequências desse fato sobre o veículo. Enumera os vários tipos de montagem e, muito como Bazin no final de seu ensaio sobre filmes infantis, diferencia os usos legítimos dos que trabalham contra o veículo. Para Mitry, todo significado abstrato no cinema deve basear-se primeiro em nossos sentimentos concretos. Isso é o contrário do processo literário, no qual signos abstratos (palavras) geram conceitos em nossas mentes, que só então são capazes de produzir sensa-

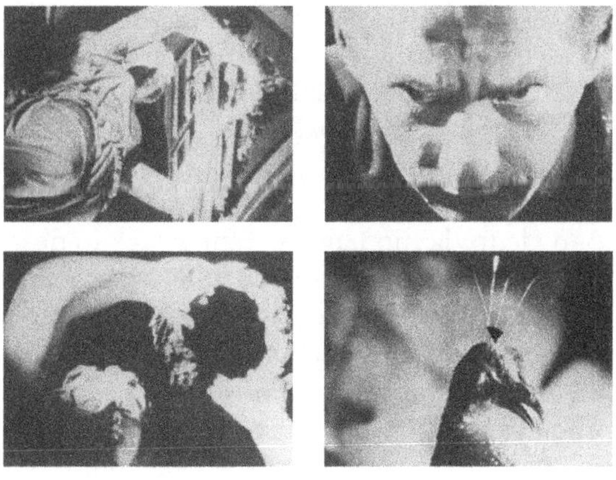

FIG.16 *Outubro*, 1928. Uma estátua na decoração do palácio coroa Kerensky. Mitry aprova essa figura, mas rejeita a inserção de um pavão na sequência. *Blackhawk Films*.

FIG.17 *Outubro*, 1928. Uma estátua fala graças à montagem conceitual. *Blackhawk Films*.

ções. Mitry pode agora atacar as metáforas como as usadas por Eisenstein em *Outubro*, onde num certo ponto ele interliga planos de um pavão com os de Kerensky. Como o pavão não pertence à lógica do mundo que se desvenda diante de nós, a comparação é puramente abstrata e não nos emociona, talvez até nos confunda.

Por outro lado, Mitry elogia a interposição entre Kerensky e um busto de Napoleão porque o busto é parte da decoração do palácio em redor de Kerensky. Apenas quando o busto se despedaça com a queda de Kerensky, Mitry objeta, pois aí a "lógica" do mundo diante de nós foi invadida por um tropo literário.[9] Num poema ou ensaio poderíamos ler: "E assim as pretensões de Kerensky ao poder foram aniquiladas e despedaçadas, como um impenetrável mas frágil busto." A própria abstração do processo de leitura autoriza esse tipo de discurso figurativo. Ao filmar o mesmo momento, porém, devem-se descobrir modos de encerrar o sentimento através de uma ênfase, não de um abandono, do real.

O ataque de Mitry contra a montagem intelectual é ampliado para incluir todos os filmes que usam a realidade física a fim de provar uma posição lógica. A sequência cinematográfica depende da justaposição local, de modo que não pode pretender tramar uma lógica "verbal" sutil durante todo o filme. Não pode restringir ou controlar o significado liberado quando duas imagens dão vazão a um conceito. Não pode colocar significados em ordens hierárquicas. A linguagem verbal faz isso facilmente através de um monte de advérbios, conjunções e todo um sistema de relações sintáticas onde parágrafos e frases dependem uns dos outros. No cinema, afirma Mitry, temos apenas um instrumento, o efeito da montagem. Tentar fazê-lo desempenhar a tarefa da linguagem e transmitir argumentos conceituais é interpretar equivocadamente os poderes do veículo. E assim, alega Mitry, o desejo de Eisenstein de filmar *O capital* está condenado desde o início.

Exceto por essa interdição a esses usos extremos da técnica, Mitry deseja promover uma compreensão e respeito por todos os tipos de montagem. Cita a montagem narrativa de Hollywood como o descobrimento do método de construir um mundo perfeitamente ficcional. Hollywood tem um domínio tão grande desse processo que com frequência nos perdemos dentro do mundo cinematográfico, pois sua lógica é idêntica à lógica perceptiva de nossas vidas cotidianas.

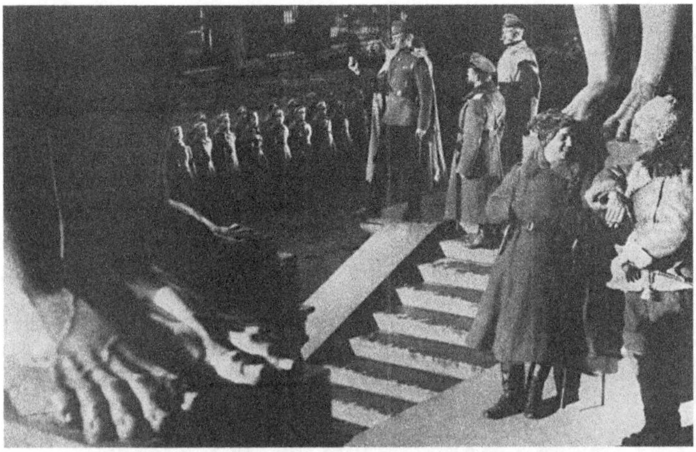

FIG.18 *Outubro*, 1928. As estátuas exercem significado em seu espaço natural. *Blackhawk Films.*

Mitry considera a montagem hollywoodiana um "*status quo*" contra o qual outros tipos de programas de montagem se colocaram. Primeiro ele isola a "montagem lírica" como uma variação da montagem narrativa convencional. Aqui o cineasta desiste da ilusão abrangente de verossimilhança, concentrando-se em momentos da maior intensidade dramática. No capítulo sobre Bazin, discutimos a cena de *Tempestade sobre a Ásia*, de Pudovkin, na qual o herói mongol se levanta, anda através de um quarto até um aquário e cai, jogando o aquário sobre si. Pudovkin, como mestre do processo lírico, faz essa cena vibrar além da proporção razoável, cortando-a ritmicamente em cerca de 18 a 20 fragmentos. Todo o filme é na realidade uma série de tais pontos altos, culminando com a "tempestade" final, com sua colagem de mais de 100 planos. Enquanto Bazin se aborrecia com tal manipulação, Mitry a considera perfeitamente aceitável, para não dizer poderosa. É um processo baseado exatamente na ênfase de uma situação real.

Mitry distancia-se de Bazin e se aproxima de Eisenstein quando apoia o que chama de "montagem reflexiva". Aqui o cineasta, ao contar a sua história e respeitar o seu mundo, consegue construir outra linha de significado "ao lado" da narrativa. Pode estabelecer interdependências simbólicas entre objetos na história; pode jogar suas formas uma contra a outra; pode cortar o seu filme em resposta à iluminação ou ao movimento das imagens. Todos esses efeitos empurrarão o filme para a frente se tiverem uma base literal, isto é, se respeitarem a história e o mundo perceptivo que a história organiza.

Aqui, Mitry chama a atenção para o aspecto, elaborado por Eisenstein, de que todos os planos têm numerosos sobretons além de seu sentido dominante. Se um filme for montado de acordo com linhas ditadas pelos sobretons, vai acu-

FIG. 19 *Dias de ira*, 1943. O subtexto da iluminação.

mular uma riqueza de significado porque esse "subtexto" não pode deixar de ser visto em relação ao dominante sempre presente. Mitry diz que essa montagem reflexiva é a marca de quase todos os grandes filmes. Acho que algumas passagens de *Dias de ira*, de Dreyer, ilustram isso muito bem. Por exemplo, os encontros dos amantes são fotografados em uma série de *outdoors* montados basicamente de acordo com a textura das manchas da iluminação que exibem. Certamente, havia outros caminhos mais lógicos para registrar essas cenas, mas Dreyer escolheu construir esse sentido de luz. O impacto é surpreendente nesse caso, pois essas cenas líricas se alternam com a dura morte de Master Laurentius e toda a sequência é embutida num filme cuja iluminação é totalmente severa. Não apenas reconhecemos os *fatos* da história (que os amantes finalmente ficaram juntos), mas vemos e quase tocamos a *qualidade* desse amor. Dreyer transmite mais que uma história; dá-nos uma experiência ao prestar atenção nos sobretons das imagens e na lógica que esses sobretons progressivamente dão a seu filme.

Mitry aceita todos os tipos de extremos da montagem reflexiva, desde que, por definição, ela baseie esses extremos em nossa percepção do mundo. O cineasta é livre para combinar os planos mesmo de acordo com alguma implicação distante que os una, desde que esses planos sejam partes naturais do mundo que está sendo filmado. Aqui ele está em oposição a Bazin. Para Bazin, tal montagem reflexiva, quando usada em excesso, reduz o poder natural da imagem, pois nos faz olhar para aquela imagem devido às conclusões que o cineasta está se esforçando por tirar. O sentido natural do mundo, sua ambiguidade multifacetada, está subordinado ao desejo abstrato do cineasta. Mitry responde diretamente ao argumento de Bazin. Não existe qualquer sentido natural do mundo, afirma, apenas os sentidos que os homens deram às suas percepções. Apesar de alguns usos da montagem reflexiva realmente construírem um significado bastante fraco e tendencioso, o cineasta tem todo o direito de preservar essa possibilidade no caso de precisar expressar exatamente esse tipo de significado.

Mitry elogia Bazin por destronar a "montagem real", forçando-a a tomar seu lugar ao lado de abordagens mais naturais e dando ao cineasta um espectro mais amplo de possibilidades. Sua reclamação é que no restante de seus ensaios Bazin conscienciosamente ataca abusos óbvios da montagem, nunca discutindo ou analisando a montagem legítima. De modo semelhante, Mitry concorda com Bazin em que os cineastas podem arruinar, e têm arruinado, seus filmes usando um processo de montagem abstrato no cerne de um diferente "mundo realista", mas tais abusos, enfatiza, não condenam o processo como um todo.

Mitry quer preservar para o cineasta todo estilo possível, mas isso não significa que considere todos os estilos iguais. Longe disso. Cada escolha estilística implica um mundo cinemático distinto, e, na primeira metade do volume II de sua *Esthétique et psychologie du cinéma*, ele delineia essas possibilidades e os mundos que elas geram. Mitry discute a câmara móvel, a fotografia com profundidade de campo, o cinemascope, os métodos para criar vários níveis de subjetividade, as possibilidades do diálogo, da música, da cor e do ritmo. Sua filosofia recusa-se a dar prioridade a qualquer dessas técnicas. Recusa-se do mesmo modo a permitir que qualquer mundo predomine completamente. Bazin exagerou, acha Mitry, quando atribuiu ao neorrealismo uma proximidade maior com o sentido do mundo real. Para Mitry, a realidade só tem os sentidos que lhe damos. Todas as versões da realidade são tentativas humanas de dar significado humano às incipientes percepções dos sentidos que encontramos.

A FORMA E O OBJETIVO DO CINEMA

O pluralismo extremado de Mitry em questões de estilo poderia levar-nos a esperar um pluralismo semelhante na área da estrutura cinemática. Afinal de contas, se nenhum recurso estilístico pode reivindicar prioridade natural sobre os demais, então todos os mundos cinemáticos que tais estilos criam não deveriam ter valor igual também? O retumbante "não" de Mitry a essa pergunta coloca-o entre os teóricos tradicionais do cinema, como os apresentados neste livro, e o separa das recentes abordagens semiológicas que, por outro lado, muito lhe devem.

Como historiador do cinema, Mitry examinou e estudou à queima-roupa toda a gama de formas cinematográficas, e não pôde deixar de criticar algumas delas como anticinemáticas. Em questões de estilo, já verificamos seu desdém pelos filmes abertamente expressionistas ou pelos baseados em algum ritmo abstrato. Esses filmes recusavam as possibilidades estilísticas naturais do cinema e tentavam criar uma espécie de pintura cinemática, no primeiro caso, e de música cinemática, no segundo. A terceira principal "tentação" do cinema veio do teatro. Mesmo na primeira década de sua existência, o cinema tomou o caminho fácil de copiar as estruturas dramáticas das peças, e nunca superou inteiramente sua obsessão com relação a seu rival mais velho e mais respeitado. Como nota Christian Metz, o ataque de Mitry contra a influência teatral sobre o cinema é duplo, visando o estilo e a estrutura cinematográficos.[10] Primeiro ele enterra a herança da *mise-en-scène* teatral do cinema, mostrando, como Béla Balázs, que o cinema só se tornou uma arte quando superou a estética teatral de ângulos imutáveis e tempo contínuo das cenas. Mitry estabelece esse ponto concretamente com uma incrível mostra de virtuosismo erudito. Ele nos faz sentir a luta histórica de uma nova linguagem artística para se libertar das soluções simples e convencionais que o teatro deu aos diretores. O ataque de Mitry a esse aspecto da influência teatral não é diferente de sua rejeição do expressionismo e do cinema abstrato. Em cada caso, uma análise atenta dos casos históricos mostra o cinema tentando adquirir o *estilo* de uma outra arte, desse modo eliminando o método natural e o poder do estilo cinemático. Mitry aceita qualquer estilo que proceda de imagens puras e dos objetos que elas representam para a criação de um mundo humanamente interessante e, além disso, para a criação de significados superiores e mais gerais. Em cada um desses três casos, porém, esse processo de significação cinemática é confundido e as imagens são colocadas a funcionar ao modo de outras artes.

O segundo ataque à teatralidade do cinema diz respeito ao nível, não do estilo, mas da *estrutura* ou do que ele chama de "dramaturgia". Aqui Mitry protege o cinema dos mundos cinematográficos inaceitáveis construídos imitando-se os trabalhos teatrais. Sua discussão desse problema reflete e sistematiza os ensaios de Bazin e Kracauer sobre o mesmo assunto. O mundo teatral é visto por todos esses teóricos como abstrato, um mundo dominado pelo discurso metafísico, no qual os homens desempenham seus papéis diante de outros homens ou de Deus. O cenário do teatro é uma chave para isso. É sempre parcial e privilegiado, com uns poucos objetos especiais sendo ressaltados da massa indiferenciada da natureza para ajudar o homem em seu ritual dramático. Mitry nota que a tragédia grega clássica é bastante concebível como uma sequência de vozes sem qualquer cenário. A verdadeira ação do teatro é o seu texto, uma peça de vozes na qual os homens aparecem e testam seus valores, sua condição. Como tal, ele é essencialmente atemporal e funciona através de uma série de cenas autônomas construídas em relação à seguinte. O resultado é significativamente final e absoluto, pois nada impede que a nua batalha de vozes e valores possa lutar em busca de uma solução definitiva.

Mitry opõe a dramaturgia cinemática a isso em quase todos os aspectos. Mais fundamentalmente, o cinema integra o homem e seu discurso ao mundo natural. Balázs e Bazin, antes dele, frequentemente salientaram que o teatro retrata o drama do homem contra o homem ou até do homem contra Deus, mas o cinema retrata o drama do homem e do mundo. Esse fato tem consequências enormes. Não apenas pede uma reconsideração do papel do diálogo nos filmes; sugere uma dramaturgia baseada em condições históricas e materiais muito reais, partindo de uma situação inicial para uma situação significativamente alterada, mas não absoluta no final. As situações finais dos filmes nunca são tão absolutas como as das peças teatrais porque sempre permanece uma rede de contingências físicas e sociais, em vez da vitória de uma voz desengajada.

Tenha ou não qualquer um desses teóricos caracterizado corretamente o teatro, decerto é verdade que o cinema, por causa da atenção que dá aos acidentes e contingências que definem nossa vida, finalmente rompeu com a noção teatral de cenas autônomas ligadas umas às outras. Na linguagem de Mitry, o cinema conseguiu ver seu domínio como "processo e mudança", em vez da reunião de um grupo de cenas. A ruptura do espaço dentro das cenas, a interveniência dinâmica do tempo através da montagem e o uso da câmara móvel ajudaram o cinema a se libertar da tirania da todo-poderosa cena.

Estruturalmente, o cinema está muito mais próximo, em natureza, do romance. Muitas das afirmações que hoje fazemos sobre cinema foram feitas sobre o romance quando ele se desenvolveu no século XVIII. Desde o início foi considerado uma forma "profana" que estimulava a curiosidade natural das pessoas sobre o modo como as coisas funcionam. Mostrou pessoas comuns, caracterizando-as pelo discurso comum. Mostrou as amplas redes de interdependência (sociais e físicas) que existiam subjacentes a todas as situações e as ressaltou artisticamente através de um uso cuidadoso dos acidentes da vida. Posteriormente, sua estrutura sempre foi uma mistura de cenas, comentários e descrições. É uma forma pluralista capaz de incorporar todos os tipos de escrita. Apesar de Mitry nunca escrever muito especificamente sobre a questão da organização cinemática, ele deduz que ela é, como o romance, livre. Os únicos constrangimentos são os que a protegem do absolutismo do mundo "totalmente significativo" do teatro. O cinema e o romance devem criar mundos humanos, mas temos de ser sempre capazes de sentir o cerne dessa criação, a emergência do significado a partir do barro da experiência incipiente.

E aqui o cinema tem a palavra final, pois é a arte em que nossas percepções adquirem significado e valor. Se o romance nos faz sentir a interdependência do homem ao homem ou dos homens ao mundo, o faz de modo muito abstrato, através de palavras e figuras do discurso; o cinema, por outro lado, o faz através do processo normal da percepção bruta. Daí a impossibilidade de uma verdadeira adaptação. Pode-se tentar preservar num filme a estrutura de um romance, mas se deve fazer isso por meios muito estranhos ao romance e à experiência da leitura. Na conclusão epigramática de seu estudo sobre esse problema, Mitry assegura que o "romance é uma narrativa que se organiza no mundo, enquanto o cinema é um mundo que se organiza em uma narrativa".[11] Novamente encontramos Mitry sintetizando tradições opostas. Assim como o "enquadramento" age para nos revelar o mundo caótico da percepção, enquanto força esse mundo a padrões de significado estético, de igual modo a narrativa aberta do cinema organiza o mundo na tela de uma forma estética, mas possibilita ao mesmo tempo que vejamos, através de sua organização, o mundo desorganizado que lhe é subjacente.

O cuidadoso e sério desvendamento que Mitry faz do problema da adaptação, muito complexo para ser resumido aqui, leva-o ao centro de sua teoria, isolando o método especial e a função do cinema entre as artes. O cinema, conclui, é percepção que *se torna* uma linguagem. Na terminologia de Kracauer, trabalha a partir da origem. Mitry argumenta vigorosamente que o material básico do cinema nada tem a ver com a linguagem. Se o cinema se torna uma linguagem, não é a linguagem que falamos, mas a linguagem da arte ou da poesia. Com isso ele quer dizer que o cineasta pode elevar suas imagens à expressão significativa e dirigida através do sistema cuidadosamente controlado de implicações que desenvolve através de sua câmara, de seu som e, acima de tudo, de sua montagem.

Para tomarmos um exemplo, as palavras que falamos ou escrevemos para representar o oceano são mediadas. São primeiramente sons arbitrários cujo funcionamento abstrato nos permite conceber o oceano. O poeta pega essas palavras abstratas e, prestando atenção ao aspecto físico de seus sons e às imagens que estes evocam, cria uma segunda linguagem acima da linguagem comum, feita de códigos de ritmo, rima, figuras e estrutura, que dão corpo e *solidez* a seus pensamentos. O cineasta trabalha do modo contrário. Os filmes sobre o oceano nada têm a ver com linguagem. Mostram-nos imediatamente alguns aspectos do oceano. O cineasta pega essas imagens, que, diferentemente das palavras, já são sólidas, e, através de um processo quase poético, as faz se expressarem num nível superior. Mitry quer chamar esse procedimento de intensificar a natureza de "linguagem" porque parece operar sob regras e porque resulta em significado. No entanto insiste em que essa linguagem cinemática é completamente diferente de nossa concepção ordinária de linguagem. Para analisar o significado fílmico, é bem melhor começar no nível da poética do que no da linguística.

Vamos recapitular. O cineasta escolhe determinadas percepções brutas da realidade com as quais poderá formar um completo mundo cinematográfico próprio. Pode fazer esse mundo irradiar significados bem além de si mesmo se tirar vantagem de todas as implicações de seu material, transformando-o através de seus "códigos poéticos". Nos maiores poemas cinematográficos, nós, como "espectadores-participantes", compartilhamos um mundo complexo que nos transmite um amplo significado humano, porém através do qual sempre podemos reconhecer a ocasional realidade que experimentamos todos os dias. O cineasta dá à realidade uma língua, mas uma língua que fala as palavras do cineasta. A realidade então participa de sua própria apoteose, sendo transcendida pela mestria do cineasta, mas nunca sendo totalmente consumida no processo. Sem essa tensão entre uma realidade bruta, que sempre reconhecemos, e o significado humano que ela é obrigada a transmitir novamente em cada filme, o cinema perde seu poder.

Os expressionistas e os vanguardistas rítmicos queriam deixar para trás a realidade à procura de um estilo mais refinado e direto. Mas na verdade eles deixaram para trás o próprio cinema. De modo semelhante, os filmes que adotaram a dramaturgia teatral constroem mundos que nos mantêm longe da realidade, que usam as percepções da realidade como tantos signos de um drama que nada tem a ver com a percepção. Mas os verdadeiros filmes, mesmo os ruins, nos tornam conscientes de um significado contingente ao nos permitirem olhar através da poesia, através do mundo do cineasta e através das imagens que ele fez, para as percepções puras que estão na base de nossas vidas. Desse modo, todo filme nos deixa atribuir um novo mundo e um novo grupo de significados à realidade com que vivemos diariamente. Tal realidade é, desse modo, grandemente enriquecida. Ao mesmo tempo, é possível entender, podemos experimentar diretamente a visão de mundo de nosso vizinho.

O processo *estético* do cinema compartilha uma profunda realidade *psicológica* e satisfaz nosso desejo de entender o mundo e uns aos outros de um modo poderoso, mas necessariamente parcial. A estética do cinema baseia-se em sua verdade e necessidade psicológica. E assim o cinema é a maior das artes, pois vai ao encontro dessa necessidade, mostrando-nos o *processo* de transformação do mundo. As outras artes podem mostrar-nos apenas o resultado final de tal transformação, o mundo artístico humanizado. No cinema, os seres humanos dizem uns aos outros o que a realidade significa para eles, mas o fazem através da própria realidade, a qual cerca o seu mundo como um oceano.

As crenças mais profundas de Mitry com relação ao cinema originam-se, como as de Bazin e Kracauer, de uma paixão por uma realidade que só o cinema pode iluminar. Diferentemente deles, porém, Mitry tem uma visão construtivista da realidade. O cinema não permite que o significado do mundo transpareça. Ele molda a realidade e a sacode até obter um significado humano, o único tipo de significado que pode obter. A experiência, tanto para Mitry como para Arnheim, é esse processo de transformação perpétua da percepção parcial e bruta em formas humanas arredondadas. Para Arnheim, isso significava que o cinema só deveria trabalhar com abstrações, dando-nos filmes sobre essas formas humanas. Mitry chega a uma conclusão diferente — pede um cinema que, apesar de inevitavelmente humano, se deixará aberto à percepção bruta.

A teoria de Mitry é uma teoria genuinamente sintética. Ele conseguiu manter uma concepçao que acomoda a "abertura ao Ser" de Bazin, embora insistindo em que o Ser só é significativo a partir do momento em que o homem o transforma através de todos os recursos, poderes e limitações sob seu comando. Nessa aventura, o cinema é seu maior instrumento, pois, embora aja como uma percepção natural, constrói um outro mundo, mais intenso, ao lado dessa percepção natural. Em consequência, permite-nos comparar nossos modos de ver e avaliar a realidade com os de outras pessoas. Permite-nos projetar novos significados de volta na realidade, significados que necessariamente nos enriquecem e pagam tributo ao mundo inexaurível em que vivemos.

capítulo 8

Christian Metz e a Semiologia do Cinema

Em sua prolixa e adulatória resenha de *Esthéthique et psychologie du cinéma*, de Jean Mitry,[1] Christian Metz proclamou uma nova era da teoria do cinema. Mitry, escreveu ele, foi bem servido por todos os teóricos anteriores, assim como por seu conhecimento de filosofia e psicologia. Com vigor e tenacidade, fez o que nenhum outro teórico antes dele fizera: trabalhou sistematicamente em cima dos principais problemas do cinema. Decerto outros teóricos foram sistemáticos, mas desenvolveram suas ideias, pensa Metz, de um modo ocasional, tratando apenas dos problemas que mais os intrigavam. Bazin escreveu incessantemente sobre a relação do filme com a realidade, enquanto Eisenstein se dedicou ao tópico da montagem.

O objetivo de Mitry foi não apenas perseverar na tradição desses primeiros teóricos, mas também estender os seus métodos de modo abrangente para uma elucidação ponto a ponto das estruturas e formas básicas do veículo. Suas 900 páginas incluem um vasto resumo logicamente organizado da maioria das opiniões sobre a maior parte das questões da teoria do cinema. Eis por que Metz pode classificar o trabalho de Mitry como um poderoso e algumas vezes glorioso final da primeira época da teoria do cinema.

Apesar da perseverança de Mitry, na realidade principalmente por causa dela, Metz está convencido de que a teoria do cinema deve encontrar uma reorientação. Para ele, os primeiros 50 anos produziram, na melhor das hipóteses, uma concepção diversificada, inteligente e algumas vezes notável do veículo, mas em todos os casos uma concepção que deve ser chamada de "geral". Todo teórico foi compelido a trabalhar em cima do que acreditava ser arte ou experiência cinemática, e a subtender isso com uma filosofia abrangente. Ao discutir o cinema, os teóricos, na realidade, têm discutido a favor ou contra diferentes visões de mundo, usando o cinema como campo de batalha. Os dois volumes de Mitry fazem um mapa em grande escala desse campo e dessas batalhas.

Do ponto de vista de Metz, é hora de parar de pensar genericamente sobre o cinema, ou pelo menos é hora de parar de publicar nossos pensamentos genéricos. Segundo Metz, esta era da teoria, frequentemente brilhante, envelhecerá mal e se tornará decrépita se continuar assim por muito mais tempo. Vamos usar o gigantesco trabalho de Mitry para facilitar nossa entrada numa segunda fase da teoria, sugere ele, uma era de estudo específico em vez de geral, uma era ostensivamente mais limitada, mas infinitamente mais precisa que a anterior. Vamos começar o estudo científico do cinema.

Mitry se irritaria ao ser considerado não científico. Ele tem inegável respeito pela ciência e seus métodos que data de seu estudo da física. Quando Mitry fala de uma poesia do cinema, certamente não o faz tão poeticamente. Seu rigor é mais evidente na organização de seu projeto e na perseverança de sua pesquisa. Na realidade, Metz afirma que qualquer novo estudo do cinema poderia basear-se lucrativamente no resumo de Mitry, cada capítulo servindo como porta para uma formulação exaustiva e precisa.

Os defeitos de Mitry, para Metz, são um produto de seu desejo de abranger todas as áreas do cinema com sua teoria. Por se propor estudar nada menos que todo o domínio do cinema, Mitry foi frequentemente obrigado a pensar de modo genérico e impressionista, e não de modo preciso e científico. A reprovação de Metz está longe de ser arrogante. Ele sabe que nos primeiros anos de qualquer novo campo de estudo esse tipo de abordagem ampla das belas letras é tanto natural quanto saudável. Uma vez que os problemas do campo tenham sido levantados, porém, o geral deveria começar a dar lugar ao preciso. Mitry prestou um serviço incomparável à teoria do cinema ao tocar em virtualmente todos os problemas que os teóricos do cinema precisam examinar. Mas não fechemos seus livros com a sensação de que tudo foi feito porque tudo foi abordado. Metz proclama que devemos retraçar exaustivamente o resumo de Mitry, testando-o, provando-o e eliminando-o onde ele teve apenas o tempo e a tendência de oferecer nada além de uma outra filosofia do cinema.

Ora, dificilmente se poderia separar a filosofia de Mitry de sua teoria do cinema. Ela está subjacente em todo o seu pensamento e vem à tona no segundo volume de sua teoria em 120 páginas de declaração direta. Essa visão do estado do homem no universo e da função da arte dá a Mitry as normas com que ele tem de julgar o que é cinemático e o que não é. É essa visão que une, de modo impressionantemente bem-sucedido, os problemas amplamente diversos de que ele trata. Mas é essa visão também que necessariamente limita a objetividade de sua pesquisa, pelo menos de acordo com seus críticos. A sua é mais uma visão "idealista" do cinema, mais um esquema que demanda que os fatos do cinema se submetam a uma lógica acima deles. A realidade material do cinema está, assim, à mercê da realidade ideal do pensamento filosófico, venha essa lógica de Kant (como em Munsterberg), da psicologia gestaltista (Arnheim), de Bergson e Sartre (Bazin) ou, no caso de Mitry, de Bertrand Russell, Edmund Husserl e vários outros.

Numa época que despreza a metafísica, desconfia do pensamento especulativo e se apoia cada vez mais no ideal científico do observador neutro, é fácil ver por que Mitry se encontra sitiado. Como líder do novo, Metz empreenderia um estudo preciso e rigoroso das condições materiais que permitem que o cinema funcione. Seu objetivo é nada mais nada menos que a descrição exata dos processos de significação do cinema. Seguindo Charles Peirce e Ferdinand de Saussure, ele chama esse empreendimento de uma "semiótica" do cinema.

O teórico moderno terá uma concepção de si mesmo e de seu trabalho radicalmente diferente daquela dos teóricos que já examinamos. Ele considera suas investigações como pesquisas específicas de problemas específicos. Metz, por exemplo, não hesitou em dedicar prolixos ensaios a problemas tão pequenos e relativamente isolados como "Imagens e Pedagogia" e "Truque e Cinema". Ele se considera um cientista preparado para tentar resolver qualquer questão colocada diante de si, em vez de um filósofo encarregado da compreensão abrangente do fenômeno cinema. Obviamente, Metz espera que seu trabalho acabe resultando numa compreensão abrangente, mas essa esperança é apenas o horizonte de seu trabalho. Ele está mais ansioso por fazer um trabalho de campo e de laboratório do que em se sentar, cachimbo na boca, para ruminar sobre a origem e as leis gerais do cinema.

Essa abordagem cotidiana de seu assunto obriga-o a tomar duas outras atitudes novas com relação à teorização sobre cinema. Primeiro, Metz trata cada um de seus ensaios como um trabalho em andamento que ele espera superar num ensaio posterior. Seus ensaios publicados são cheios de notas de pé de página indicando a evolução ou revisão total de seu pensamento desde que algum tópico foi formulado pela primeira vez. Os teóricos da "primeira época" eram menos inclinados a tal correção visível de seu pensamento, pois consideravam seus ensaios o desenvolvimento fluido de uma visão total da arte. Uma vez que um ensaio se adequava à lógica e à filosofia geral de sua visão total, poderia ser deixado em paz. Metz, porém, reverteu essa ordem de trabalho, começando com problemas específicos e só mais tarde pesquisando as relações potencialmente unificadoras dos problemas. Um problema, assim, deve ser prontamente reescrito à luz das respostas dadas a problemas subsequentes. Por exemplo, Metz mudou muitas de suas primeiras ideias com relação à impressão da realidade por causa de seus estudos mais recentes sobre o conceito de analogia da imagem cinematográfica.

Um segundo fruto da atitude científica de Metz com relação à teoria do cinema é sua confiança no trabalho de outros. Na realidade, ele forneceu promissores tópicos de pesquisa para seus alunos e se manteve à espera dos resultados. Além disso, a comunidade internacional mais ampla dos semióticos do cinema teve uma influência visível no trabalho de Metz, dando-lhe um tom de dá-e-recebe e tornando possíveis revisões e saltos repentinos. Assistindo a conferências sobre semiótica, trocando manuscritos e bibliografias com especialistas de praticamente todos os países e discutindo com colegas de outros campos da semiótica, a teoria de Metz é conscienciosamente construída em cima das conquistas de outros. Desse modo ele realmente deu à teoria do cinema pelo menos a clara aparência de uma ciência humana progressista. Não mais uma visão total do cinema deve opor-se ferrenhamente a outra (como Bazin é visto em relação a Eisenstein, ou Kracauer em relação a Arnheim). Agora os teóricos podem compartilhar a elucidação peça por peça de um fenômeno que existe materialmente acima de todas as visões individuais do mundo. Esse pelo menos é o ideal.

A MATÉRIA-PRIMA

Da semiologia

O trabalho real da escola da semiótica do cinema é comparativamente pequeno. Como a maioria dos movimentos contemporâneos e autoconscientes, muito de sua primitiva energia foi gasta na autodefinição, na autojustificação e no mapeamento preparatório. Os ensaios de Christian Metz, por exemplo, dividem-se em duas partes: (1) o estabelecimento dos fundamentos de uma ciência do cinema e (2) a análise dos problemas específicos do cinema através dessa ciência. Metz considera o primeiro projeto o contexto necessário dentro do qual ele pode desenvolver estudos específicos que o intrigam. Apesar de a semiologia ser por definição um método para se desvendar o desenvolvimento do cinema, em vez de uma crença sobre a sua natureza, esse contexto é responsável por uma série de pressupostos em que o cientista se apoia.

A extrema autoconscientização da semiologia é imediatamente evidente, pois começa examinando sua própria matéria-prima antes de examinar a matéria-prima do cinema. Demanda uma compreensão precisa de seu próprio tema e objetivos. Começa do início. De todas as perguntas possíveis que o enorme campo do cinema levanta, quais as que o especialista científico em cinema deveria estudar? Como é que um tema em desenvolvimento e sempre em mutação pode ser fragmentado, demarcado e preparado para o trabalho do pesquisador?

Adotando uma posição desenvolvida anos atrás pelo teórico francês Gilbert Cohen-Séat, Metz divide esse campo em duas partes, a fílmica e a cinemática. A fílmica é aquela área ilimitável de questões que tratam das relações do cinema com outras atividades. Isso inclui todos os aspectos que interferem na feitura de um filme (tecnologia, organização industrial, biografia dos diretores e assim por diante), bem como os aspectos que podem ser considerados o resultado da existência dos filmes (leis de censura, reação da plateia, culto das estrelas). A cinemática é o tema mais restrito dos próprios filmes, excluídas tanto as estruturas complexas que os criaram como as que deles resultam.

A semiologia deixa o estudo da parte fílmica, dos aspectos externos do cinema, a outras disciplinas afins, à sociologia, à economia, à psicologia social, à psicanálise, à física e à química. É o estudo interno da mecânica dos próprios filmes que Metz e seus seguidores elegeram para investigar. A semiologia em geral é a ciência do significado e a semiótica cinematográfica se propõe construir um modelo abrangente capaz de explicar como um filme adquire significado ou o transmite a uma plateia. Pretende determinar as leis que tornam possível o ato de se ver um filme e desvendar os padrões particulares da significação que dão a filmes ou gêneros específicos seu caráter especial. Por exemplo, o semiótico gostaria de descobrir as possibilidades gerais de significação de uma tomada em *zoom*; ao mesmo tempo, também gostaria de conhecer a função particular que o *zoom* desempenha junto com outras técnicas nos, digamos, filmes de Robert Altman. No centro do campo do cinema está o fato cinematográfico e no cerne do fato cinematográfico está o processo de significação. O semiótico penetra diretamente nesse cerne?

Do filme

Qual é exatamente o cerne? Onde é que o semiótico começa a olhar para o significado do cinema? Qual é a matéria-prima de que o significado, de algum modo, nasce? Toda forma artística, na realidade qualquer sistema de comunicação, tem, diz Metz, um material específico de expressão que o diferencia dos outros sistemas. Distinguimos o cinema da pintura ou a pintura da fala, não com base nos tipos de significado que cada qual em geral transmite, mas com base no material através do qual qualquer significado é possível em cada um. No discurso, prestamos atenção a um fluxo de sons distintos; na pintura, a uma organização de linhas e cores enquadradas e bidimensionais. Para Metz, a matéria-prima do cinema é sem dúvida a própria realidade ou um modo particular de significado, como as atrações da montagem. Para ele, de modo bem simples, a matéria-prima são os canais de informação a que prestamos atenção quando assistimos a um filme. Estes incluem:

1. imagens que são fotográficas, em movimento e múltiplas;
2. traços gráficos que incluem todo o material escrito que é lido, em *off*;
3. discurso gravado;
4. música gravada;
5. barulho ou efeitos sonoros gravados.

O semiótico do cinema é o analista interessado no significado decorrente dessa, e apenas dessa, mistura de materiais. É claro que se podem acrescentar variações materiais menos importantes sem aparentemente se realizar o estudo de um novo veículo, como podemos estudar filmes coloridos ou tridimensionais e ainda nos sentirmos confortáveis em nosso domínio. Mas se um desses cinco materiais básicos é significantemente alterado ou menosprezado, qualquer observador se vê obrigado a repensar sua experiência. Um filme sem diálogo, por exemplo, chamaria a nossa atenção, mas ainda o veríamos como um filme. Mas um trabalho de arte feito de uma série de fotografias paradas, apesar de ter alguns dos traços do material do cinema, é uma espécie diferente de trabalho artístico e ao qual damos um nome diferente – fotonovela.

Curiosamente, Metz gosta de articular o cinema e a televisão no nível do material de expressão. As diferenças, acha ele, são culturais e não semióticas, a partir do momento em que ambos usam os mesmos cinco canais de material. Marshall McLuhan, porém, argumentaria que a descrição de imagem de Metz é muito genérica e não leva em conta o fato de que, em um caso, a imagem é refletida (filme) em direção ao espectador, e no outro caso (televisão) a imagem é projetada diretamente para ele. McLuhan considera essa uma diferença material, Metz não. Para Metz, o aluno que estuda um filme numa moviola (que usa retroprojeção em vez de reflexo) ou mesmo num sistema de Tv-*playback* está estudando todo o sistema semiótico do filme. Só o que ele perde é o contexto cultural comum no qual assistimos a filmes, e isso o semiólogo, preocupado apenas com os trabalhos internos do filme, pode sentir-se livre para ignorar.

Algo da cautela e neutralidade de toda a abordagem de Metz é visível nessa exposição sobre o material, especialmente em sua recusa a conceder um *status* privilegiado ao canal de imagem. A maioria dos teóricos afirma, sugere ou acredita claramente que o cinema é basicamente uma arte de imagens apoiada pela trilha sonora. Metz obriga-se a pensar apenas nas possibilidades puramente teóricas de seu problema antes de checá-los contra o peso da história do cinema. A maioria dos filmes foi feita como se as imagens fossem predominantes; no entanto é possível conceber filmes cujo equilíbrio de materiais favoreça o diálogo ou até a música. O semiótico deve levar em conta a história do cinema sem se tornar cego ou ser seduzido por ela. Deve estar preparado para estudar qualquer coisa que lhe chegue através desses cinco canais materiais de expressão.

Especificar os materiais de expressão do cinema e diferenciá-los dos materiais de outras formas de comunicação é obviamente a primeira tarefa, apesar de ser a menos importante. Apenas nos diz como reconhecer o "fato cinematográfico" e onde começar a procurar pelo significado. É o próprio significado a principal preocupação. E o significado é algo completamente diferente do material através do qual ele aparece.

OS MEIOS DE SIGNIFICAÇÃO NO CINEMA

O cinema não é uma verdadeira linguagem

Como pode o material de expressão ser usado para significar? Como podem as imagens brutas e os vários aspectos da trilha sonora ser usados para gerar significado? Desde os primórdios da teoria do cinema essa pergunta tem sido sempre respondida em relação à linguagem verbal, que é sem dúvida nosso sistema de significado mais desenvolvido e mais bem entendido. A semiótica do cinema, como o estudo de todos os sistemas de significado, tem seu ponto de partida diretamente na linguística. Já vimos quão rapidamente Arnheim e seus discípulos tentaram aplicar determinadas fórmulas e conceitos linguísticos ao cinema. No início de sua carreira Christian Metz, do mesmo modo, colocou a questão: "De que maneira e até que ponto o cinema é como a linguagem verbal?"

As primeiras respostas de Metz à analogia cinema/linguagem foram significativamente críticas e completas. Ele afirmou que a analogia é ressaltada no nível da aparência, pois o significado da parte fílmica de modo algum se parece com a linguagem verbal. No nível da função ou do uso desses sistemas, a analogia torna-se ainda mais evidente.

Foi a arbitrariedade da linguagem verbal que surpreendeu a consciência de nossa época e tornou possível o amplo progresso da ciência da linguística. A relação entre qualquer significante e seu significado (entre, digamos, os sons *ri-sa-da* e a imagem de uma pessoa emitindo determinados sons roucos com uma expressão feliz) é terrivelmente distante. Essa distância permite ao falante da linguagem jogar com o nível sonoro de sua elocução ao mesmo tempo em que está dizendo o mesmo significado. Por exemplo, os sufixos que podem mudar "rir" em "riso" ou "rindo" ou "rido" ou "risível" não têm qualquer referente substancial próprio, mas tornam possível a sutil modulação do significado. Tais partículas sonoras permitem à linguagem verbal tornar-se uma fina cadeia para a produção de incontáveis gradações do sentido. O usuário da linguagem deve ser capaz de operar em dois níveis, compreendendo a função dos sons (fonemas, as unidades do significante) e do significado (monemas, as unidades do significado). Em nosso exemplo, deve entender a palavra "rir" e o efeito, nessa palavra, de algumas deflexões formais como "do" ou "ndo". Essa capacidade da linguagem de funcionar em dois níveis é conhecida como seu poder de dupla articulação; e apesar de esse poder pertencer a determinadas outras linguagens, de modo algum pertence ao cinema. Os significantes do cinema são intimamente ligados aos seus significados: as imagens são representações realistas e os sons, reproduções exatas daquilo a que se referem. Não é possível separar os significantes do cinema sem desmembrar seus significados ao mesmo tempo. Uma fotografia de um homem rindo não pode ser modulada internamente para lhe permitir agir diferentemente com outras fotografias do modo como pode a palavra "rir". Não existe nem mesmo qualquer meio internamente natural capaz de dar tempos aos significantes fílmicos. Apesar de alguns cineastas terem recorrido ao uso da cor nas cenas do tempo presente e branco e preto nas de tempos passados ou condicionais (sonho), isto é claramente uma convenção sofisticada acrescentada ao cinema, e não um aspecto inerente à própria linguagem.

No nível mais básico, verificamos que o cinema não tem unidades menores. O fato de a linguagem verbal ser composta de um grupo finito de sons inter-relacionados torna-a um tipo perfeito de computador digital. O cinema teria de ser comparado a um computador analógico, que funciona através de cinco materiais de expressão, e não um. Metz foi muito crítico com relação a todas as tentativas fracassadas de encontrar equivalentes dos fonemas no cinema.

O mesmo é verdadeiro para os monemas, apesar de aqui o ataque de Metz ser bem original. O cinema, diz ele, nada tem que seja sequer comparável a um simples substantivo. Uma fotografia de um revólver, longe de ser um sujeito ou objeto de alguma frase cinematográfica, é como uma própria sentença. É uma afirmação! Eis um revólver. Na melhor das hipóteses, Metz acha que o cinema é como uma série de sentenças. Assim, não pode ter dicionário nem lista de palavras e sinônimos. Como poderia haver sinônimos quando o significante está tão intimamente ligado ao seu significado? Outra fotografia lembraria outra referente do mesmo modo; ou, se tomássemos várias fotografias do mesmo referente (vários ângulos diferentes de uma casa), os próprios significantes seriam tão semelhantes que impediriam a comparação com sinônimos verbais (como as palavras casa, domicílio, local de moradia, lar etc.). Nunca poderá haver um dicionário de expressões cinemáticas.

Com relação à outra característica visível da linguagem, Metz acha que o cinema dificilmente pode recorrer a uma gramática. Apesar de certamente existirem regras de uso, estas não são nem tão estritas nem tão complexas quanto as da linguagem verbal. Somos inclusive incapazes, salienta Metz, de diferenciar uma construção cinematográfica não gramática de uma gramática. Nunca pensaríamos em corrigir um cineasta por sintaxe incorreta ou pela escolha errada das imagens. Nossos gostos podem ser diferentes dos dele; podemos desejar outra imagem ou outra ordem, mas somos incapazes, falando estritamente, de chamar sua forma de expressão de não gramática. Tudo no cinema parece fazer sentido. Claramente, a linguagem cinematográfica *parece* completamente diferente da linguagem verbal.

Mas que dizer de seu método de uso? Talvez esses sistemas *funcionem* de modos que permitam comparação. Metz rapidamente restringe essa esperança citando primeiro o fato óbvio de que a linguagem é trocada entre pessoas, enquanto a forma de expressão cinematográfica é dada por uma fonte a uma plateia. O cinema, em consequência, parece funcionar muito mais como os romances ou as sinfonias do que como a linguagem verbal. É uma mensagem regular e contínua desenrolando-se diante de um espectador silencioso.

Mais surpreendente, apesar de menos fácil de se ver, é a inexistência, no cinema, de qualquer tipo de "uso básico". Na linguagem verbal, podemos citar a fala comum que apenas utiliza corretamente o sistema existente para realizar suas tarefas. Quando escrevo uma carta a um editor pedindo-lhe para me mandar exemplares de determinados livros, estou usando um sistema que há muito me precede e que adoto para conseguir meu objetivo. Além desses usos básicos, o falante ou escritor pode colocar em funcionamento suas sensibilidades poéticas ou artísticas. Ele o faz dobrando, ampliando e, de todo modo, deformando a fala básica a fim de que seu discurso "exprima um novo significado".

No cinema não existe um uso básico, acima de tudo porque não conversamos com as imagens. O cinema é um frágil sistema de comunicação no qual todo uso pode ser poético ou inventivo, até o mais simplesmente prosaico. Falando de modo mais técnico, na linguagem verbal o nível conotativo de significado existe bem separadamente do nível denotativo. Um computador pode destacar uma clara forma de expressão que será perfeita e corretamente informativa, enquanto um poeta, lutando no nível dos significantes, vai torturar os sons e as imagens de sua linguagem até que essa denotação alcance um segundo nível, o conotativo. No cinema, a conotação vem junto com a denotação. Porque significante e significado são ligados tão intimamente, vemos a denotação de uma imagem ao mesmo tempo em que percebemos a atitude do cineasta com relação a ela. Na realidade, somos muito pressionados a distinguir uma separação entre esses níveis ou mesmo a estabelecer em uma imagem o que é denotativo e o que é conotativo. Isso é tão verdadeiro nos cinejornais como em *Cidadão Kane*.

Ao atacar as analogias que têm sido feitas entre a aparência e a função do filme e da linguagem, Metz coloca-se bem próximo de Mitry, e mesmo de Bazin. É a noção de "expressão" que aproxima esses teóricos e que nos deixa ouvir os ecos do "metafísico" mesmo em Metz, o semiótico. Para todos eles, a imagem cinematográfica tem um nível natural de expressividade. O mundo fala através das imagens de um modo normal ou de algum modo flexionado. Cabe ao cineasta ampliar, dirigir e, de todos os modos, trabalhar sobre essas expressões primárias se quiser transmitir seu próprio significado. O cinema, então, permanece um veículo de expressão, mais que um sistema de comunicação, e suas regras são *ad hoc* e não rígidas. O cineasta não constrói um significado peça a peça, como o faz o usuário da linguagem verbal. Ele organiza, indica e libera um fluxo de expressão que vem tanto do mundo natural quanto dele mesmo.

Não obstante, o cinema é como uma linguagem

No prolixo e devastador ataque de Metz à analogia cinema/linguagem corre uma contracorrente, um tom escassamente submerso que luta para ser ouvido. Esse tom revela seu fascínio pelas regras e regulamentos do sistema aparentemente livre do cinema. Através dos anos, Metz vagarosamente se desfez das influências de Mitry e Bazin e se concentrou exatamente nas propriedades convencionais e convencionalizadoras do veículo. Esse interesse culminou com seu *Language and Cinema*, um tratamento totalmente sistemático do problema. Metz aparentemente passou seus primeiros anos demolindo as noções que prevaleciam sobre cinema e linguagem a fim de poder reconstruí-las novamente de seu próprio modo, isto é, sistematicamente.

O fracasso das primeiras analogias cinema/linguagem deveu-se, não tanto ao uso excessivo da linguística aplicada ao cinema, mas do uso limitado. As relações entre esses veículos não são simples e, uma vez iniciado, o estudo linguístico do cinema deve ser perseguido até o final caso se queira ver exatamente que tipo de sistema significativo é o cinema. Na verdade, o cinema não é um cálculo complexamente fabricado como a linguagem verbal; parece mais um *lugar* de significado em vez de um *meio*. No entanto, para entender como esse veículo trabalha para e em direção ao significado, devemos investigar seus métodos de formalizar o que aparece através dele. Isso também pede uma volta à linguística.

Metz sente-se bastante confortável ao aplicar toda a panóplia dos conceitos linguísticos ao cinema desde que esses conceitos se refiram a aspectos da teoria geral da comunicação. Como vimos, é claramente impreciso aplicar ao cinema noções como fonemas ou palavras, pois elas se referem ao material específico de expressão da linguagem. Por outro lado, termos como *código, mensagem, sistema, texto, estrutura, paradigma* e assim por diante estão disponíveis ao teórico do cinema (são necessários, diria Metz) por pertencerem a todos os sistemas de comunicação, apesar de a linguística tê-los desenvolvido melhor até agora.

Metz inicia seu projeto semiológico formulando sem alarde, até sub-repticiamente, uma definição de "significado". Significado é o processo pelo qual as mensagens são transmitidas a um espectador. A semiótica recusa-se a considerar qualquer tipo de significado diferente de mensagens sistematicamente transmitidas por um código num texto. Assim, nega a noção de significação *imediata*. Todo significado possível no cinema é *mediado* por um código que nos permite dar-lhe sentido. A cosmogonia de Bazin, sua crença de que o mundo poderia falar diretamente a nós através de sua aparência no cinema, é abertamente negada pelo semiólogo. Pois o significado é definido precisamente como o processo humano de transmitir mensagens através de sistemas de signos. O significado não existe na própria percepção, mas nos valores dos signos que a percepção nos transmite. No cinema, tais valores chegam a nós como mensagens codificadas em textos. Eles são as categorias básicas do semiótico.

1. Código/Mensagem

Os semióticos falam infinitamente de códigos. Um código nada mais é que a relação lógica que permite que uma mensagem seja entendida. Códigos não existem em filmes; em vez disso, eles são as regras que permitem as mensagens de um filme. São de fato construções dos semióticos que, depois de estudar grupos de filmes, formulam as regras em ação (os códigos) nesses filmes. Assim, os códigos têm uma existência real que não é uma existência física. Os códigos são o oposto dos materiais de expressão. São as formas lógicas imprimidas nesse material para gerar mensagens ou significados.

O cineasta usa códigos para fazer seu material falar ao espectador. O semiótico trabalha na direção oposta, usando as mensagens de um filme para ajudá-lo a construir os códigos que transcendem essas mensagens. A maioria das discussões sobre cinema e das críticas de cinema concentra-se no que um filme diz (em suas mensagens); o semiótico visa as leis que governam essas mensagens, a possibilidade do próprio discurso fílmico. Não quer repetir aquilo que o texto (o filme) diz; em vez disso, espera isolar todos os mecanismos lógicos que permitem à matéria-prima expressar tais mensagens.

Os códigos têm pelo menos três características básicas que nos permitem entendê-los e analisá-los: 1, graus de especificidade, 2, níveis de generalidade e 3, redutibilidade a subcódigos. Através do Conceito de especificidade, Metz é capaz de distinguir os códigos inerentes ao veículo cinema, não encontrados em qualquer outra parte. O exemplo favorito de Metz de um código específico é a "montagem acelerada". Aqui, uma determinada forma é imprimida nas imagens e nos sons (a imagem A e a imagem B alternam-se em fragmentos progressivamente mais curtos e mais rápidos). Esse código transmite uma mensagem distinta que nenhum observador normal perderá (o significado da imagem A e o da imagem B, apesar de existirem em espaços distintos, são interligados no tempo e convergem um para o outro espacialmente ou dramaticamente). Nem poderia essa mensagem existir exceto sendo transmitida via cinema. Se Faulkner e determinados outros autores modernos imitam essa técnica em suas narrativas, é apenas uma vaga imitação e nunca com o mesmo resultado, pois a montagem acelerada é um código especificamente cinematográfico.

Do outro lado do espectro existem incontáveis códigos culturais não específicos que não dependem do cinema para sua existência, mas que são transferidos ao vivo para ele. Esses incluem nossos hábitos básicos de percepção que, de acordo com muitos semiólogos, transformam até nossa visão da natureza. De modo mais óbvio, incluem os produtos da própria cultura que têm claramente uma capacidade para falar conosco. Em *Lola*, de Jacques Demy, por exemplo, o marinheiro há muito desaparecido volta a sua cidade natal num Cadillac conversível branco. Todo espectador com qualquer experiência da cultura contemporânea ocidental lerá as mensagens óbvias desse uso do "código do carro". E, se o espectador já esteve na França, a mensagem será ainda mais clara porque ele perceberá quão ostentatório seria esse imenso veículo branco naquele país de pequenos carros, cujas marcas de luxo são em geral Citroëns pretos ou Mercedes Benz de cor cinza-imperial.

Entre códigos específicos e não específicos, existem vários códigos que o cinema compartilha com outros veículos. Metz gosta de citar aqui a iluminação *chiaroscuro*, um código específico da pintura, mas que foi empregado infinitamente pelos filmes expressionistas alemães. De modo semelhante, a maioria das técnicas narrativas, como os *flashbacks* ou histórias contadas dentro de outras histórias, pode ser encontrada na literatura assim como no cinema. Uma das tarefas básicas do semiólogo de cinema é enumerar os tipos de códigos que aparecem num filme ou em determinados grupos de filmes, bem como os vários níveis de especificidade desses códigos.

Em seguida, os códigos podem ser distinguidos de acordo com o seu grau de generalidade. Alguns códigos pertencem a todos os filmes, enquanto outros pertencem apenas a grupos menores de filmes. O plano panorâmico, diz Metz, é um código geral porque pode logicamente desempenhar um papel em qualquer filme, apesar de alguns filmes preferirem abster-se de tal uso. Tais códigos gerais podem ser usados para criar numerosos tipos de significado. Uma panorâmica pode em uma cena significar uma descrição de uma paisagem, enquanto em outra pode seguir a direção de um carro em movimento ou mesmo imitar o fluxo hum-hum de um aborrecido diálogo entre dois atores. Em todos os casos, o movimento panorâmico dá um significado, diferenciando-se no início dos modos estáticos da fotografia.

Muito mais interessante é a categoria dos códigos específicos, pois é identificando os códigos específicos que identificamos os gêneros, períodos e *auteurs* do cinema. O código específico, é o que só aparece em determinado número de filmes. Seus significados são, consequentemente, muito mais limitados e dirigidos que os dos códigos gerais. Os filmes de caubói são cheios de códigos específicos de figurino, paisagem e comportamento que não aparecem em qualquer outro tipo de filme, pelo menos não ao mesmo tempo. Os gêneros são popularmente definidos pelos códigos que os distinguem. O mesmo é verdade no que diz respeito a períodos, como vimos com o exemplo da iluminação *chiaroscuro* dos filmes expressionistas alemães ou dos narradores públicos, chamados *benshi*, do cinema mudo japonês. Mais interessante talvez seja perceber-se que os estudos sobre *auteur* podem ser reduzidos a tentativas de enumerar os códigos específicos que determinado diretor tem tendência a usar ao longo de sua carreira. Max Ophuls era levado a códigos específicos, como o plano de câmara registrando livremente, e a outros não específicos, como o triângulo amoroso. Em quase todos os seus filmes esses dois códigos, entre muitos outros, reaparecem obsessivamente. O crítico tenta extrair dos filmes de um diretor esses códigos, que lhe são impostos pelas exigências do roteiro, a situação de produção, ou outras personalidades em competição como os produtores e estrelas, para construir o "Ophuls transcendental". Para o dedicado crítico do *auteur*, Max Ophuls é um nome que designa uma eterna fonte de códigos específicos disponíveis para incontáveis mensagens e incontáveis filmes. Eis por que tal crítico pode até se sentir livre para falar seriamente sobre os filmes que Ophuls nunca fez na realidade, mas só planejou.

Os códigos, então, são transcendentes em relação aos filmes. Sempre se referem a uma possibilidade existente acima de qualquer uso deles em um filme individual. Mas o semiótico é capaz de romper essa aparente não limitação dos códigos estabelecendo uma série de subcódigos dentro de cada código. O subcódigo é um tipo de uso do código, um tipo de seleção ou resposta a um problema de codificação. Por exemplo, todos os filmes normais de ficção usam o código de interpretação para ajudar a criar seus significados; mas diferentes épocas do cinema obtêm diferentes tipos de interpretação, cada qual funcionando com a energia e a autoridade de um verdadeiro código. Devemos conhecer as características específicas dos estilos de interpretação expressionista ou neorrealista para que a plena significação desses filmes se manifeste.

O que geralmente consideramos uma história estilística do cinema é na realidade um estudo de códigos selecionados e seus subcódigos. A história do cinema, para o semiótico, é nada mais que uma sucessão de soluções diferentes (subcódigos) para situações de codificação (interpretação, iluminação, perucaria, movimento da câmara e assim por diante). No nível do código, então, o semiólogo tem duas áreas básicas de estudo. Como vimos, ele deve examinar e descrever tantos códigos quantos sejam os que lhe interessem e toda a história do cinema; mas deve também prestar atenção ao destino de um código ao longo dos anos, discriminando e descrevendo os vários subcódigos que lhe tornaram possível a existência.

2. *Sistema/Texto*

Inseparáveis das noções de código e mensagem são as de sistema e texto. Os códigos e mensagens no cinema nunca são experimentados pura ou isoladamente; sempre são encontrados interligados com outros num texto. O texto é o lugar onde as incontáveis mensagens se encontram. É a delimitação de determinada quantidade de material que foi formada ou codificada.

O texto privilegiado é, é claro, o filme único. Para os criadores do cinema, o filme único marca as fronteiras de seu trabalho. É o produto para cuja realização eles são pagos. Para os distribuidores e gerentes, o filme único é a unidade comercial por excelência da indústria. Para o espectador, é o texto que ele paga para ver. Tem um início e um fim que ele respeita tanto quanto respeita o dinheiro que entrega na bilheteria.

O semiólogo, não preocupado com esses fatos fílmicos externos da produção, da distribuição e do impacto psicológico, deve considerar seu texto algo maior ou menor que o filme individual. Apesar de em geral considerar o filme em si o local da organização da mensagem, uma sequência individual como as escadarias de Odessa de *O encouraçado Potemkin* ou o final colorido de *Ivã, o Terrível*, II pode adquirir vida própria, se não para o espectador médio, ao menos para o analista. De modo semelhante, um grupo de filmes pode tornar-se o texto verdadeiro, especialmente nos casos de seriados e gêneros. Os espectadores vão ao cinema frequentemente não para ver um filme (um sistema único), mas um *western* de Tom Mix (parte de um texto maior que inclui muitos sistemas únicos). Os críticos de cinema sempre se sentiram livres para escolher para discussão tais textos extensos como todo um gênero ou a *oeuvre* de um *auteur*. Em suma, o texto é um conjunto de mensagens que sentimos que deve ser lido como um conjunto.

Cineastas, espectadores e analistas, todos pensam em termos de textos, pois o texto acrescenta algo às mensagens isoladas que fazem parte dele criando um contexto para o significado. O texto é estruturado de tal modo que as mensagens isoladas desempenham papéis apropriados na criação da experiência ou do significado total. Analisando de outro ângulo, os vários códigos de um filme não existem simplesmente lado a lado na mente do espectador enquanto este passivamente assiste a ele – são sistematizados. O texto torna-se um sistema vibrante tanto para o espectador quanto para o analista, e um sistema que flexiona os códigos numa configuração particular, obrigando-os a liberar suas mensagens num contexto pré-padronizado. O texto é muito mais que uma coleção ou um conjunto; é, para o analista e para o espectador bem-sucedido um sistema lógico particular de um determinado número de códigos, capaz de conferir valor às mensagens.

O texto organiza as mensagens de um filme ao longo de dois eixos, o sintagmático e o paradigmático. O eixo sintagmático é o fluxo horizontal das mensagens ligadas umas após as outras na cadeia do texto. Todos os estudos sobre o esquema narrativo de um texto tentam seguir determinadas linhas de significado sintagmático dentro da complexa estrutura de mensagens. Procuram o nível de significado "o que segue o quê". Em *My Darling Clementine* (*Paixão dos fortes*), de John Ford, por exemplo, um estudo sintagmático pode traçar a progressiva-domesticação de Wyatt Earp ou a função especial desempenhada pelo personagem Chihuahua, ao colocar juntos, apesar de inadvertidamente, os antagonistas do drama.

Ao mesmo tempo, está em operação nesse texto e em todos uma dimensão vertical da seletividade. Os filmes têm significado ao retratar ou criar paradigmas. Quando associamos a construção da nova igreja, em *Paixão dos fortes*, à chegada do professor, estamos experimentando um significado paradigmático (ou "o que combina com o quê"). O paradigma nesse exemplo tem a ver com as instituições da civilização e conteria inumeráveis outros itens ao longo do filme: gestos, falas (o solilóquio de Shakespeare do ator ambulante, por exemplo), música e assim por diante. A dimensão paradigmática do significado aparece durante a narração do filme, mas não depende dessa narração. Um produto da pura seleção de detalhes, esse tipo de significado é criado não importa quando ou em que ordem seus significantes apareçam. O significado pleno do texto é a complexa interação dos dois eixos de seleção e organização.

Não nos devemos esquecer que todas as séries de termos mencionados neste resumo são compreendidas como complementares. São construções artificiais do analista. Os códigos sintagmáticos e paradigmáticos (junto com suas possíveis mensagens) transcendem os filmes isolados e podem ser estudados apenas através de um corpo de textos ou sistemas. O semiólogo interessado em determinado código (por exemplo, a interpretação) deve investigar numerosos sistemas onde esse código desempenha um papel. Por outro lado, o semiólogo pode preferir estudar um determinado texto, construindo seu sistema através da descoberta e do relato de todos os códigos nele contidos. Aqui, o estilo de interpretação é apenas um código relacionado e delimitado pelo trabalho de câmara, montagem, iluminação e os inumeráveis códigos não específicos contidos no tema filmado.

A nova investigação científica dos trabalhos internos do cinema pode ser agora esboçada. O semiótico, como *teórico*, vai cuidadosamente libertar cada código que encontrar operando no cinema. Vai explicá-lo, prestando atenção ao seu nível de especificidade, ao seu grau de generalização e à sua interação com outros códigos. Como crítico, o semiótico vai observar os textos cinematográficos isolados (sistemas únicos, gêneros, estudos do *auteur* etc.), mostrando de que modo os quase incontáveis códigos neles contidos são sistematizados ou ligados. Vai explicar não a possibilidade das mensagens fílmicas, como faz o teórico, mas sua estrutura real num caso particular. Finalmente, como *historiador*, vai examinar o desenvolvimento e evolução dos vários subcódigos, tanto específicos como não específicos. Pode traçar os tipos de iluminação usados em diferentes épocas ou o tratamento dado às mulheres pelo cinema de era para era.

Desse modo, dizem-nos, começaremos lentamente a entender o significado do cinema.

AS FORMAS E POSSIBILIDADES DO CINEMA

Os conceitos de código, mensagem, sistema, texto, paradigma e sintagma são comuns a todas as formas de comunicação e podem ser aplicados livremente a todos os tipos de material de expressão. Por si mesmos, esses conceitos de modo algum definem o cinema. Nada dizem sobre o modo como o cinema pode ser, o modo como foi, como deveria ser. Em suma, não tocam nem na forma nem no objetivo do cinema. Apenas o trabalho prático do semiótico pode começar a dar substância e valor ao projeto semiológico abstrato. Pesquisemos, então, os *travaux pratiques* reais de Christian Metz e daqueles que influenciou para vermos como os semiólogos tratam as questões da forma e do objetivo cinemáticos.

A definição de cinema de Metz flui logicamente do corpo de sua teoria: é para ele a soma de todos os códigos, junto com seus subcódigos, que talvez possa produzir significado nos materiais de expressão do veículo. Tanto a história do cinema como todos os "programas para o cinema" ("teorias" no velho sentido da definição normativa) excluem os subgrupos dessa definição afim. Como vimos, a história do cinema inclui um grupo de subgrupos que foram usados no passado. De modo semelhante, programas para o cinema nada são além de um tipo de censura que apoia alguns códigos em detrimento de outros e que procura criar a história futura do cinema. O historiador em geral faz afirmações como: "Depois de 1914 o cinema progressivamente se livrou do falso apoio da interpretação teatral que teve naturalmente em sua infância", enquanto o teórico pode muito bem avançar uma proposição como esta: "O cinema deve encontrar seu caminho, seu próprio domínio, eliminando todo o acompanhamento musical imotivado, supervalorizado." Ambos os tipos de observação procuram estabelecer a categoria de "cinemático" que obcecou todo pensador que estudamos. Para o historiador, o "cinemático" existe em determinadas épocas privilegiadas ou adquiriu gradualmente através de uma evolução que progressivamente filtra os códigos falsos ou impuros. Para o teórico, o "cinemático" só existirá quando determinados códigos, talvez entrevistos no passado, começarem a dominar a produção do significado no cinema.

A história do cinema, então, é um subgrupo das práticas cinematográficas reais dentro do grupo mais amplo de possíveis práticas cinematográficas, e o semiólogo tem a obrigação de traçar o tamanho e a forma desse subgrupo. Pode fazê-lo de um de dois modos: ou apontando para um futuro cinema cheio de possibilidades que o passado e o presente ignoraram, fazendo-nos perceber que o cinema pode ser, ou talvez devesse ser, algo diferente; ou analisando os textos do cinema até agora, salientando o padrão do subgrupo que chamamos história do cinema e determinando por que essas possibilidades em vez de outras foram realizadas.

Todo teórico deve escolher sua abordagem, e Metz optou pela segunda. Mais tarde estreitou seu projeto, concentrando-se no cinema narrativo convencional, no que para a maioria de nós é o "cinema" por excelência. Apesar de dizermos que nada há de intrinsecamente especial com relação a seu projeto e que todos os projetos semiológicos têm igual valor, não se pode deixar de achar que Metz sabe ter compreendido o cerne do problema da forma e da função cinemáticas. Sua curiosidade, aliada a um instinto político, levou-o a procurar as questões críticas-chave do passado para abrir nossa compreensão do presente e nossa ação no futuro.

Muito estranhamente, essas questões críticas parecem ter-lhe sido passadas diretamente por Jean Mitry. O cinema, como tem existido, pode ser mais bem entendido e criticado através de uma análise dos três níveis de significado que nos deveriam ser familiares: o realismo da imagem, o papel modelador da narrativa e as conotações superiores de um filme. Esses são precisamente os níveis de significado escolhidos para estudo por Mitry. Apesar de retomar a *área* de estudo de Mitry, Metz gradualmente afastou-se de seu *método* em direção às formulações precisas mas secas da semiótica. A maioria de suas análises práticas tratou dos dois primeiros níveis de significado, realismo e narrativa, tal como eles se manifestaram nos filmes clássicos e modernos. Até agora ele tem evitado o difícil estudo da conotação.

No primeiro artigo de seu primeiro livro, Metz pesquisou a relação do filme com a realidade. Apesar de não ser uma investigação semiótica do problema, esse ensaio realmente tenta formular algumas regras "científicas" sobre a criação da impressão de realidade. Metz acha que a interação da atividade mental com as propriedades físicas brutas da imagem cinematográfica é responsável por essa impressão.

Do ponto de vista físico, podemos contar com o número e os tipos de índices de realidade que cada imagem cinematográfica contém. Por exemplo, enquanto a imagem de um objeto na tela raramente é do mesmo tamanho que o objeto na realidade, a relação do tamanho desse objeto com os objetos a seu redor é mantida na tela, ao menos para os objetos fotografados no mesmo plano. Se uma lente distorciva é usada na fotografia, esse índice é perdido. De modo semelhante, enquanto os sons das palavras que um personagem pronuncia na tela não emanam exatamente de seus lábios, mas dos falantes atrás ou ao lado da tela, esses sons são sincronizados com os movimentos de seus lábios de modo que nossos sentidos de visão e audição confirmam a existência da pessoa à nossa frente como o fazem na vida real. Se o som assincrônico é usado, esse índice também se perde. Na visão de Metz, certamente há um número mínimo de índices da realidade necessários para que uma imagem seja capaz de nos dar a impressão de real.

Mas índices de realidade não são suficientes. Por outro lado, a impressão de realidade refere-se mais imediatamente à capacidade e à necessidade da mente de "perceber" um mundo cheio e coerente pela percepção. Essa noção gestaltista parece ter-se originado diretamente de Mitry. Finalmente, Metz argumenta que a impressão de realidade é ratificada pelo movimento na tela, que é sempre movimento *real* e que prontamente aceitamos como o movimento das coisas na realidade, e não como um movimento de luz e sombra.

Em seus ensaios mais recentes, Metz tentou quebrar a força dessa impressão de dois modos. Primeiro, visou diretamente o espectador para descobrir o que lhe permite perceber as coisas como reais. Atualmente ele estuda as propriedades da visão "normal", especialmente as de foco e binocularidade, assim como os estados psicológicos associados à representação e à identificação.

Em segundo lugar, fez uma crítica da própria imagem representacional realista (geralmente chamada de "análogo" ou "ícone"). Refutou principalmente seu primeiro ensaio, exortando-nos a ir além da imagem, em vez de nos atermos à sua fascinante semelhança com a realidade. Devemos começar a examinar, diz, dois tipos de códigos: os que são acrescentados à imagem e os que nos permitem ver a imagem em primeiro lugar. Metz afirma que nenhuma imagem é pura, que todas têm, acrescentados a elas ou nelas integrados, códigos socioculturais de todos os tipos. Uma cena de Hollywood descrevendo, digamos, o carnaval no Rio de Janeiro acrescentará à representação básica do carnaval um tipo de colorido e composição que dará uma aparência familiar, de cartão-postal. As possibilidades de estudo aqui são infindáveis, pois a cultura em que vivemos constantemente codifica e enquadra nosso mundo visível. Por exemplo, nosso senso de paisagem é igualmente baseado no enquadramento da janela do automóvel através do qual a maioria de nós viu ou reconhece paisagens em nossas vidas cotidianas. Metz pede um exame rigoroso das imagens cinematográficas para localizar essas camadas de significado cultural impressas nas representações.

E que dizer dessas próprias representações? Podem jamais ser puras? Respondendo ao trabalho dos semiólogos italianos, Metz atualmente defende uma análise dos códigos que permitem que a mensagem básica da representação seja transmitida. Em seu ataque mais forte, apesar de menos desenvolvido, à herança de Bazin e Mitry, Metz proclama que a própria imagem cinematográfica é um produto culturalmente determinado. Quais os códigos, pergunta, que permitem que um tipo de entidade (uma imagem cinematográfica é apenas luz e sombra) se torne uma mensagem para outro tipo de entidade (algo no mundo real com o qual se parece)? Que é esse código de semelhança? Apesar de Metz ainda ter de tentar responder plenamente a essa pergunta, o próprio fato de tê-la feito nos dá uma indicação de suas crenças. Todo significado é produto da cultura, da convenção e do trabalho. O cineasta deve trabalhar (em geral inconscientemente) apenas para fazer com que o filme pareça representar o mundo. Com a franqueza costumeira, Metz não fica embaraçado pelo fato de esse ponto de vista ser muito diferente de seu primeiro trabalho, no qual viu o significado do mundo fluindo naturalmente para o espectador através da imagem.

Metz teve uma mudança semelhante de ponto de vista em sua abordagem da narrativa. Desde o início, e sob a forte influência de Mitry, foi virtualmente incapaz de estudar o cinema exceto como uma forma narrativa. Seu ensaio inicial sobre o tema foi uma tentativa de definir exatamente a relação da narrativa com o filme. Nele, desenvolveu uma definição da narrativa como "um discurso fechado que atua sem reconhecer uma sequência temporal de eventos",[2] e prosseguiu para mostrar como tal discurso é idealmente adequado ao veículo cinema. A unidade básica da narrativa, argumentou, é a afirmação, o predicado, e o filme é uma cadeia de eventos ou predicados. Para Metz, o cinema funciona através de um tipo de lógica inata de afirmações, mais básica do que a lógica "aprendida" da linguagem verbal. Planos e afirmações são para ele unidades básicas mais naturais do que fonemas e monemas. Assim, as unidades básicas da narrativa e do cinema são congruentes e o filme tem toda razão, dificilmente pode fracassar, em adotar esse modo completo de perceber e pensar o mundo.

Metz quase imediatamente percebeu o mesmo perigo aqui como em seus primeiros ensaios sobre "percepção realista" no cinema. Houve em ambos os casos uma rápida retirada, uma recusa quase mística em ir além de um fenômeno surpreendente. Primeiro, a imagem representacional parecia sacrossanta; agora era a narrativa que parecia ser um modo de vida humana autossuficiente e valioso. Mas, como no caso da imagem realista, Metz queria ir além, sair do fenômeno mistificador da narrativa para elaborar suas regras e códigos.

O resultado de seu longo estudo foi seu famoso catálogo "Le grande syntagmatique du cinéma".[3] Aqui, a capacidade narrativa do cinema é vista como o produto da aplicação de um código de inter-relações entre planos. Metz extraiu oito principais tipos possíveis de ligações entre eventos no filme ficcional normal, tais como a sequência de planos, o sintagma alternativo, a cena e assim por diante. Continuou afirmando que, ao examinar o uso particular das ligações dentro de gêneros, *auteurs* ou períodos isolados, podemos conhecer exatamente como a capacidade narrativa do cinema foi na realidade usada em determinadas circunstâncias. Acrescentou a esse estudo um ensaio sobre pontuação no filme de ficção, o código específico de sinais visuais entre grandes unidades em um filme (fusões, *fades*, cortinas, cortes etc.).

Seria difícil encontrar espaço aqui para desenvolver ou criticar os argumentos de Metz, mas o padrão geral de seu trabalho deveria agora estar bastante claro. Depois de focalizar de um modo genericamente reflexivo uma propriedade fundamental do cinema (realismo, narração, conotação), Metz recupera essa propriedade decompondo-a nos códigos que a permitem funcionar. Depois, tendo capturado algo dos trabalhos do fenômeno, aplica suas descobertas a exemplos específicos e críticos do cinema.

A melhor ilustração disso é seu excelente ensaio "The Modern Cinema and Narrativity".[4] O rigor desse estudo envergonha a maioria das críticas reflexivas sobre o assunto. A semiologia científica de Metz deu-lhe o direito de ser preciso com relação à narração no cinema e esse direito o deixa expor a fraqueza dos truísmos incipientes que pousaram como teorias do cinema moderno. Se o cinema moderno é de algum modo novo, como todo crítico sugeriu, sua novidade não reside em alguma ausência mística de um contador de história, ou na redução do espetáculo, ou no predomínio do "ensaio cinematográfico" ou em qualquer outra fórmula da nova liberdade que tem sido avançada. Sua novidade precisa residir no desenvolvimento de novos subcódigos, especialmente do *grande syntagmatique* e da pontuação. Inteligibilidade e significado são sempre o resultado de códigos, e se o cinema, desde 1955, entrou numa nova era de significado narrativo, cabe ao semiólogo especificar a exata distribuição dos códigos narrativos que o levaram a isso.

Pelo seu lado, Metz concentrou-se conscienciosamente na grande era do cinema narrativo, que define como o cinema de ficção de 1933 a 1955. Considera seu trabalho incompleto e o projeto da semiótica escassamente iniciado. Estamos no mesmo estado no cinema, diz, em que estavam os linguistas do final do século XIX. Ainda maravilhados com as belezas e variedades do cinema, estamos apenas começando a ver o sistema subjacente a esse domínio aparentemente caótico. Foi o trabalho de Saussure, publicado em 1916, que transformou a arte impressionista da filologia na ciência humana exata da linguística. De modo semelhante, serão necessários alguns anos ainda antes que possamos ver qualquer ganho científico real na semiótica do cinema.

Mas uma coisa pode ser dita com certeza: que o cinema, apesar de sua liberdade com relação a paralelos exatos com a linguagem, realmente parece aproximar-se cada vez mais de certos graus de formalização. Nossas histórias são contadas de modos compreensíveis, nossa interpretação tem uma regra atrás de si, os cenários que usamos têm um objetivo, e o trabalho da câmara que nos transmite tudo isso se move significativamente dentro do mundo que fotografa. A semiótica começou a especificar as regras que ela pode ver funcionando aqui. Apesar de os resultados serem até agora reduzidos, ela nos prestou o serviço de manter nossas mentes e sentidos ligados nessa necessidade de esquematização que, para o semiólogo, caracteriza cada aspecto desse produto cultural que nunca mais poderá ser ingenuamente explicado como realista.

A SEMIOLOGIA E OS OBJETIVOS DO CINEMA

Para a maioria das pessoas, o cinema consiste nos filmes narrativos que estão ou estiveram em cartaz em seu cinema local. Christian Metz mergulhou diretamente nesse cinema popular para descobrir que suas leis e sua lógica incluem um grupo pequeno e definível de subcódigos dentro do verdadeiro domínio do cinema, o domínio do possível. Que fez com que a sociedade exigisse esse grupo de subcódigos e reprimisse todos os outros?

Noel Burch em sua *Theory of Film Practice* (1969) preocupou-se diretamente com o domínio do possível. Apesar de não usar qualquer dos conceitos que Metz retirou da linguística, o espírito de seu trabalho é o mesmo da semiótica. Seu livro tem a aparência de um manual "formativo" convencional, pois reduz o cinema a um grupo de elementos principais, mas vai além de tais manuais em sua exatidão e em sua atitude polêmica. Por exemplo, Burch não se limita a mencionar a surpreendente capacidade do cinema de variar as relações de tempo e espaço; na realidade, computa e enumera as 15 relações possíveis entre planos sucessivos. Com uma rápida olhadela no passado, Burch pôde apontar quais as possibilidades que serviram à história do cinema que conhecemos. Pôde mostrar que o cinema convencional, em seu esforço para contar histórias "representacionais", apoiou-se em apenas três ou quatro dos 15 tipos de continuidade. Burch então elogia diretores revolucionários como Antonioni e Alain Resnais, que romperam intencionalmente com a continuidade clássica e deram ao cinema do futuro uma chance de usar todo tipo de relação espaço-temporal, exatamente como o pintor moderno pode usar todas as cores de sua paleta em todo tipo de composição, não apenas as cores que nos dão uma sensação do natural.

Burch procura um uso "estrutural" do cinema, pois deixou de acreditar num uso natural ou realista. A arte, para ele, é o descobrimento de novas propriedades físicas através de uma reestruturação consciente dos elementos de um veículo. Como Bazin, Burch acredita numa evolução do cinema; mas, diferentemente dele, Burch acha que isso deveria ser guiado pelo desejo formativo dos artistas, e não por algum realismo básico do veículo. Desse modo, o cinema enfim será capaz de deixar sua infância e tomar seu lugar ao lado da música, da pintura e da dança contemporâneas, bem como dos "novos" romances experimentais e de todas as outras artes que trabalham, não para gratificar nossos impulsos, mas para ampliar nossos sentidos e nossa consciência deles.

Theory of Film Pratice é um sistema semiótico completo para o cinema. Na realidade, como seu autor tão frequentemente admite, mal é um início, apenas um posto de sinalização para a semiologia do futuro e talvez para um "novo" cinema. Tal fervor revolucionário frequentemente está subjacente a essa chamada ciência dos signos. Apesar de Christian Metz ter-se mantido impressionantemente afastado de previsões ou programas para o futuro da arte, mesmo seu trabalho prático cotidiano contém uma função mais ampla, pois coloca o cinema num contexto implicitamente político. Não apenas a história do cinema bloqueou as verdadeiras potencialidades da arte, como Burch lamenta, mas também ajudou a bloquear as necessidades honestas, vitais do homem de liberdade pessoal e política. O mais recente trabalho de Metz tratou da repressão psicológica e política que é a história da história do cinema. Apesar de ficar fora da semiótica propriamente dita e dentro da psicologia freudiana, o atual estudo de Metz visa descobrir as causas reais de nossas preferências. De que modo nos agrada o cinema convencional?

Os críticos militantes das revistas *Cahiers du Cinéma* e *Cinéthique* dão um passo à frente e acusam o cinema narrativo convencional de apoiar a ideologia dominante de uma cultura moderna repressiva. Apesar de todo o mundo perceber que a ideologia desempenha sua parte no financiamento, produção, distribuição, censura e crítica de filmes, esses críticos são os primeiros a afirmar que a verdadeira base do significado cinemático é corrompida por uma mentira que destrói todas as possibilidades de significado, exceto a repetição neurótica da ideologia dominante.

Essa mentira é o produto da insistência de nossa cultura na representação do real. Insiste primeiro em que a realidade é visível; em segundo lugar, em que o instrumento científico, a câmara, pode capturá-la. Os críticos marxistas-leninistas lançam seus ataques mesmo aqui, afirmando que o instrumento supostamente científico está longe de ser neutro, e que, como todas as ciências, serve à classe dominante. E o faz propagando os códigos visuais do humanismo renascentista (perspectiva), os quais colocam o indivíduo no centro de um tipo de espetáculo teatral que se desenvolve à sua frente. Além disso, a câmara foi elevada bem acima de outros instrumentos da produção cinematográfica, tais como o material cinematográfico, o processamento óptico, a mixagem sonora e assim por diante, desse modo perpetuando a ideologia de que o real é o visível (afinal de contas, dizemos "eu vejo" quando queremos dizer "eu entendo") e de que o real existe além de nossa capacidade de mudá-lo. Para eles, o real é o "trabalho" através do qual transformamos temas em significado. Longe de esconder esse trabalho, o cinema deveria expô-lo em todos os níveis. Deveríamos ver o esforço necessário para se reter uma imagem, fabricar uma história e criar um tema, em vez de cairmos sob a hipnose da imagem, da narrativa e da mensagem ideológica.

Para eles, o cinema convencional deve ser visto como uma repetição inconsciente usada pela cultura para insistir na realidade do mundo em que vivemos e do modo como vivemos nele. Precisamos, defendem, criar uma nova cultura, uma nova realidade, que vai parar de reprimir todos os desejos que não os da burguesia e todos os que não pertençam a determinadas classes sociais. Uma nova visão completa do mundo é necessária, e o cinema pode *trabalhar* para ajudar a criá-la.

Os marxistas defendem um cinema crítico que vai "desestruturar-se" a todo momento. Em vez de fabricar uma ilusão, esse cinema vai deixar o espectador ver, através das imagens e da história, o próprio processo de criação. Os mais recentes filmes de Godard são considerados modelos desse tipo de filme. Para raiva do espectador, que espera apenas ser transportado para um mundo ficcional já pronto, Godard em vez disso o faz lutar com a elaboração de novos significados, torna-o incapaz de usar seus códigos normais de visão (e infestados de ideologia). Todo assunto deveria ser exposto de acordo com suas bases socioeconômicas; todo significado (toda imagem e relação narrativa) deveria expor seu próprio trabalho. Desse modo podemos esforçar-nos para remodelar conscientemente o mundo.

A semiótica desempenha função fundamental nesse plano, pois nos permite ver além do cinema vulgar do passado e em direção ao vasto domínio de significados não tentados e reprimidos. Com essa liberdade vem uma ampla responsabilidade. O significado não existe simplesmente; precisa ser criado.

Não podemos deixar que o mundo nos dê seu significado, pois ele nos dará apenas o significado da ideologia dominante. A câmara não captura coisa alguma. No sentido mais amplo, é um processo de criação, e com ele precisamos criar uma nova visão física que será base de uma nova organização do mundo. Esse mundo finalmente responderá aos fatos psicológicos e econômicos subjacentes da vida, não mais reprimindo nossos desejos, mas liberando-os para se apossarem de sua própria liberdade numa verdadeira sociedade. Esse é o projeto e esse é o lugar da teoria do cinema dentro dele. Os semióticos científicos servem para criticar e expor o cinema que conhecemos (esse é o trabalho de Metz) e para nos fazer desejar o cinema, ainda desconhecido, que precisamos nos esforçar para tornar realidade, a fim de que, por sua vez, esse cinema possa lutar por nossa libertação.

A extrema dificuldade que se tem para entender as posições de *Cahiers du Cinéma* e *Cinéthique* deve-se em grande parte ao fato de seu ponto de vista sobre o cinema pertencer a uma crítica geral da cultura que usa um vocabulário e um sistema de conceitos bastante estranhos ao estudante de cinema normal. Seu trabalho é parte de um movimento amplo e crescente centralizado na revista parisiense *Tel Quel*, publicação que pretende reestruturar a cultura analisando seus vários meios de interação social. Para eles, os próprios processos de compreensão humana são culturalmente determinados e determinantes, em vez de naturais e comuns a todos os homens. Devemos livrar-nos dos padrões através dos quais pensamos e comunicamos nossos pensamentos.

Em todos os campos de estudo, partidários da filosofia de *Tel Quel* apoiam-se muito em Marx, Freud e Saussure. Marx desenvolveu uma ciência capaz de determinar as leis da organização social de criticar a repressão dos sistemas atuais; Freud, de modo semelhante, fundou uma ciência das leis da organização psicológica pessoal, capaz de criticar casos de aberração ou repressão individual; finalmente, Saussure iniciou o moderno estudo científico dos sistemas de significação, descobrindo as leis da compreensão humana e da transação informativa. Essas leis são consideradas a base de toda a vida humana, tanto pessoal quanto social. Marx, Freud e Saussure, então, formam um sistema integrado capaz de explicar as razões dos problemas humanos e de revolucionar o comportamento pessoal e social através da reformação do ser humano em nível mais profundo, seu nível de significado e comunicação.

O trabalho de tal reformação ocorre nos domínios específicos do significado, um dos quais é o cinema. Assim, não surpreende descobrir em um artigo sobre técnica cinematográfica de *Cinéthique*, ou numa crítica de um filme recente de *Cahiers du Cinéma*, referências a Marx, Freud, Saussure e outros pensadores modernos, como Julia Kristeva, Jacques Lacan e Louis Althusser. O teórico revolucionário de cinema precisa utilizar esse complexo sistema, acrescentando-lhe as descobertas específicas da semiótica do cinema. Desse modo, as leis do cinema serão entendidas, não como existindo por si mesmas, mas participando do contexto mais amplo da atividade humana e da natureza humana.

Assim, a semiótica, que começou como uma tentativa de tratar o cinema cientificamente, logo adotou uma visão total do mundo e uma ética. Metz deve ter sido atraído por esse ideal de uma ciência neutra da comunicação, mas se tornou cada vez mais consciente dos contra-argumentos de que não existe uma ciência neutra e de que toda análise de sistemas de significação precisa invocar implicitamente os sistemas sociais e psicológicos dentro dos quais funcionam os signos. Metz tem, cada vez com mais frequência, invocado Marx e Freud.

Se a semiótica tende ou não a funcionar apenas dentro dessa dogmática visão de mundo, é difícil dizer, pois até hoje a semiótica que chega até nós vem de Paris, onde essa visão de mundo parece ser universalmente aceita. Talvez com o transplante dessa metodologia para os Estados Unidos, país que tradicionalmente se recusa a aceitar de braços abertos os filmes totais, os valores de uma semiótica do cinema receberão o debate que tanto merecem quanto reivindicam.

Não importa se a semiótica permanecerá instrumento de determinado grupo de críticos de cultura radicais, ou se cairá nas mãos de críticos de todas as tendências – seus inimigos mais ferozes serão oriundos, não dos que se opõem a ela em bases políticas, mas dos que a consideram muito abstrata, muito distante da textura viva dos filmes que ela se propõe a analisar. Precisamos, porém, relembrar que a teoria do cinema nunca pode ser "como" seu sujeito. Assim como as flores nos parecem simples e naturais, a botânica é complexa, técnica e ao mesmo tempo uma atividade artificial que, apesar disso, valorizamos. Podemos esperar menos da teoria do cinema?

capítulo 9

O Desafio da Fenomenologia: Amédée Ayfre e Henri Agel

Que não haja dúvidas: o esforço científico epitomado pela semiótica de Metz domina firmemente a atual teoria do cinema. Tem uma situação estável devido à ascensão da teoria do cinema ao *status* universitário e à atmosfera geral que aplaude "as ciências do homem". Os semióticos pretendem substituir todas as outras teorias do cinema, ou porque as consideram impressionistas, insipientes e sentimentais, ou porque, como nos casos de Mitry e Bazin, estão "corrompidas" pela filosofia.

Mas, como toda teoria, a semiótica baseia-se em alguns princípios fundamentais que não pode provar através de seus próprios métodos, e que seus opositores podem rejeitar. Os semióticos suprimem a abordagem filosófica do cinema porque são dogmaticamente materialistas. Para eles, as condições materiais da linguagem, da ideologia social e da psicologia pessoal determinam as instituições culturais e seu desenvolvimento. Como vimos no último capítulo, os teóricos mais radicais pretendem levar os seres humanos a uma consciência destas condições materiais e obrigá-los a alterar as estruturas básicas de sua vida, adquirindo novas condições materiais e rejeitando violentamente as antigas. Outros, como Michel Foucault, são simplesmente deterministas e acham que o homem nunca teve, nem jamais poderá ter, controle sobre essas condições. Ele é um mero inseto seguindo um padrão que existe acima de sua capacidade de mudá-lo e praticamente acima de sua capacidade de entendê-lo.

Esses materialismos otimista (revolucionário) e pessimista (determinismo) são manifestações modernas de uma posição que data dos gregos e que tem existido em todas as épocas da civilização ocidental. Entretanto, sempre houve uma visão oposta que credita ao homem e à sua imaginação uma liberdade para explorar o mundo que, longe de ser um sistema fechado e fatal, é um mistério a ser descoberto. Esse ponto de vista considera a arte, não como outro produto das condições determinadas da situação humana, mas como um modo de se olhar além dessa situação para um mundo de possibilidades desconhecidas e incompreensíveis.

Neste século a fenomenologia de Heidegger, Sartre, Merleau-Ponty e Dufrenne foi a que melhor exprimiu esse ponto de vista da "arte como liberdade", e foi contra sua filosofia que o materialismo e o anti-humanismo do estruturalismo e da semiótica se revoltaram. A fenomenologia provou ser uma rica base psicológica a partir da qual se desenvolveram teorias de psicologia, arte, música e literatura durante a década de 1950. Mas durante esse período o estudo do cinema dificilmente foi um par dessas disciplinas mais tradicionais e as possibilidades de uma teoria fenomenológica do cinema nunca foram exploradas sistematicamente.

Apesar de ainda exercer enorme influência em muitos campos, a fenomenologia é dificilmente visível na atual teoria do cinema por causa da morte prematura de seus dois partidários mais brilhantes, André Bazin, em 1958, e Amédée Ayfre, em 1963. Recentemente Henri Agel tentou rejuvenescer o pensamento de seu amigo íntimo Ayfre para opô-lo à semiótica e ao estruturalismo. Em seu *Poétique du cinéma*, Agel admite que as pesquisas materialistas sobre o sistema de signos do cinema ou sobre a ideologia e a psicologia que determinam os trabalhos do cinema têm uma importância óbvia, mas reclama que tais pesquisas tentaram eliminar todos os estudos que começam com a suposição de que os trabalhos de arte, não suas precondições materiais, são absolutos. O semiótico, como semiótico, não deseja e é incapaz de aprender algo realmente novo através dos filmes que estuda. Pode aumentar seu conhecimento do sistema que analisa, mas não pode ver além dele. De acordo com a posição "essencialista" de Agel, o trabalho de arte está sempre sob controle. O teórico persegue uma visão que transparece através da sua experiência, tentando explicá-la, descrevê-la ou ampliá-la.

Agel, seguindo Ayfre, argumenta que a maioria dos estudos da arte procura chegar a ela a partir de fora. Impõem-lhe leis tiradas da psicologia, da linguística, da semiótica geral, da sociologia etc., e cercam o trabalho de arte descobrindo sua posição com relação à vida. Mas nunca estudam a própria vida. Nunca se submetem ao trabalho ou o abordam em seus próprios terrenos, que, afinal de contas, são os terrenos, não do conhecimento e da ciência, mas da experiência. Um trabalho de arte não é um objeto como outro qualquer. Apesar das metáforas que empregamos com tanta frequência, não é como uma flor, nem como um computador, cujos trabalhos internos podem ser expostos e estudados. Um trabalho de arte é etéreo, pois existe apenas para experiência e apenas se experimentado. Um tipo diferente de ciência é necessário para compreendê-lo ou apreciá-lo.

Há muitos tipos de verdades, diz Ayfre, e o teórico fenomenologista quer desvendar o tipo de verdade que não pode ser reduzido à lógica. Pelo vocabulário de Merleau-Ponty, a arte é uma atividade primária, um modo natural, imediato e intuitivo de compreender a vida. Todas as teorias são *secundárias*, colocando as atividades primárias dentro de um esquema construído para tornar claras suas inter-relações. A psicologia, por exemplo, não explica os sonhos tanto quanto nos deixa ver a conexão entre nossos sonhos e nosso comportamento.

A fenomenologia adverte-nos contra o poder abrangente que atribuímos à razão em nossa sociedade, razão essa que tão frequentemente se apodera e desfigura os processos primários que afirma entender. Na introdução deste livro, afirmei que na cultura moderna há uma tendência a se deixar o conhecimento de uma atividade substituir a própria atividade, e mencionei o florescimento de livros sobre religião, sexualidade, dinâmica de pequenos grupos, assim como arte. Para Merleau-Ponty, Ayfre e Agel, esse é o resultado direto de um racionalismo desenfreado que devora todas as experiências ou, melhor, que as decompõe, disseca e organiza minuciosamente. Mas a racionalidade é apenas um modo de comportamento, uma forma de se aproximar da realidade, de entender e responder a ela. Se ela castra a sexualidade ou se filosofa a religião, nossas vidas são empobrecidas, assim como o mundo em que vivemos e nos expressamos. Nós nos tornamos os autômatos de Foucault, determinados, não por nossos instintos e nossa ideologia, mas por nossa razão.

Quando Agel pede que nos coloquemos à disposição do cinema, quer dizer à disposição da natureza. O fenomenologista, especialmente Merleau-Ponty, acredita que as atividades primárias, e especialmente a arte, são passagens que levam para fora dos labirintos inúteis da lógica e para dentro das riquezas da experiência. Essas atividades deixam a natureza realizar-se na imaginação do homem; deixam o homem tirar suas próprias conclusões na natureza. A arte é um gesto formal que organiza nossos corpos e nossas imaginações em resposta à experiência básica. A razão nunca pode substituir esse gesto, apesar de poder descrevê-lo e falar dele. Agel consolida sua posição citando Bazin:

> Podemos friamente isolar os padrões na música ou a lógica dos sonhos, como faz o psicanalista, mas, com maior entusiasmo, podemos começar a viver o ritmo da música como um convite à dança e à vibração; e podemos perceber nela um sentido, como um desvendamento do mundo expresso na epifania do sensível.[1]

Bazin aqui tornou acessível uma panóplia mágica, o vocabulário da filosofia de sua época. Ouçam as palavras que ele usa. O homem é "convidado" ao mundo pela arte; não reproduz simplesmente seus próprios padrões sobre o mundo, como insinua o semiólogo. De modo semelhante, onde o semiótico diria que na arte entendemos um determinado significado, Bazin afirma que "percebemos um sentido". O *significado* é aquilo que é imposto a um objeto pelo homem; o *sentido* é algo que um objeto possui e irradia naturalmente. A arte, diz ele, "desvenda um mundo" que estava oculto e que sempre o estará para a fria lógica da análise. Esse mundo é "expresso" (não "comunicado", como os semióticos prefeririam) pela "epifania do sensível". Em outras palavras, as profundezas ocultas do mundo são sugeridas pela visão que a arte nos dá de sua verdadeira superfície sensual. Mikel Dufrenne chamou todo o empreendimento da arte de "a progressiva consistência de uma superfície" através da qual experimentamos a expressão de um mundo pleno e vibrante ou um modo de estar no mundo.

Agel desloca-se rapidamente para as implicações mais místicas dessa corrente de pensamento. Cita Gaston Bachelard, para quem a natureza (não o homem) é a mãe das imagens. O homem apenas se abre, em seus melhores momentos, para receber tais feixes primordiais como o fogo e a água. A arte é, para Agel, o que foi para os poetas românticos, um lugar onde passamos do visível ao invisível através de uma "floresta de correspondências" que percorremos, através não tanto "dos caminhos da lógica, mas dos da analogia".[2] Por seu lado, o espectador submete-se à arte para ouvir as analogias e correspondências do mundo que o artista, graças ao seu labor e genialidade, conseguiu colocar dentro da estrutura de seu trabalho.

Agel abandona a reflexão sobre a arte em geral e se concentra no cinema, afirmando que os semióticos tendem a valorizar apenas uma corrente de cinema, um cinema de "significado", cujo maior expoente é Eisenstein. Seus filmes baseiam-se numa sintaxe dos choques e saltos significativos que se desenvolvem através de poderosa declaração humana. Mas há outro tipo de cinema, geralmente negligenciado pelos semióticos: o cinema de contemplação. Flaherty, Dreyer, Kenji Mizoguchi, Rosselini e Renoir, todos deixam a variedade de significados da realidade viver em seus filmes. Eles se recusam a se apoderar do espectador com o seu significado, preferindo deixar o sentido do mundo aparecer lentamente. Em seus maiores trabalhos, uma multidão de significados se congela em imagens poderosas que têm a força de transcendência a seu redor, pois a natureza, não o homem, está falando na tela.

Agel aqui tentou reviver o debate iniciado anos antes por Bazin entre cinema da imagem e da realidade, só que estava muito interessado nos níveis morais. Para ele, a montagem de Eisenstein representa uma abordagem analítica e violenta da vida que invadiu até o conteúdo dos filmes, pois até hoje os espectadores pedem cenas violentas cortadas com técnica violenta. Esse é o cinema do homem, mostrando acima de tudo seu desajustamento ao mundo em que vive. Mizoguchi e Dreyer, por outro lado, representam a abordagem sintética e sagrada da vida, pois pacientemente procuraram as analogias proporcionadas pela experiência concreta para alcançar uma realidade transcendente. Para Agel, a semiótica, como teoria e método analíticos, apoia um cinema que analisa o mundo, enquanto a fenomenologia nos oferece uma "poética" que valoriza os grandes filmes sobre a vida, a unidade, o acordo e a síntese. Apenas esses últimos podem nos proporcionar uma rápida percepção das leis transcendentes que silenciosamente organizam nossa visão cotidiana, nossa experiência cotidiana. Ele resume sua posição redefinindo o termo estruturalista *écriture* para o cinema. Enquanto os semióticos acham que os cineastas revelam um significado do mundo com um mecanismo de signos e sintaxe, Agel afirma que os grandes cineastas leem o significado do mundo, não mecanicamente, mas como se leem as palmas das mãos. Esse cinema é a *écriture* da natureza isolada pelo cineasta para exame e contemplação.

A teoria de Agel envolve pelo menos duas crenças principais que não são cruciais para a teoria fenomenológica como um todo. Acima de tudo, ele acredita que determinados filmes são qualitativamente diferentes do comércio comum dos filmes exibidos toda noite em nossos televisores e em nossos cinemas. Sua teoria é, assim, uma espécie de ética da feitura de filmes e do modo de se assistir a um filme baseado na visão estética "moralmente correta" de determinados diretores. Em segundo lugar, há o problema da transcendência. Agel não apenas acredita que o cinema, em determinados momentos privilegiados, pode levar-nos ao domínio do absoluto, mas também acredita, como Christian, no valor desse absoluto, em sua bondade e importância para nós.

Num livro pouco conhecido, mas muito bem escrito, *Contre l'image*, Roger Munier evitou ambas as conclusões de Agel, mas permaneceu bem dentro da moldura da fenomenologia. A primeira parte de seu trabalho é uma reflexão fértil sobre a imagem de Bazin sobre o vínculo genético entre a imagem e seu referente. Diferentemente de todas as outras artes, o cinema é um discurso do mundo, não dos homens. Junto com a televisão, ele nos domina, exigindo que prestemos atenção ao que antes pudemos negligenciar. Explorando as desastrosas implicações dessa concepção, Munier descobre que todos os filmes, sejam obras de arte ou não, compõem-se de imagens que ultrapassam a história que ajudam a narrar. Todos anunciam um mundo pré-lógico que domina e controla nossa imaginação. Antes da invenção das imagens mecanicamente geradas, a imaginação do homem era livre para conjurar e trabalhar com possibilidades incontáveis. Mas desde essa invenção ele só pode contar histórias e conjurar imagens dentro do domínio do mundo real reproduzido pela câmara. Certamente, esse domínio nos fascina, e nós o entrevemos esperando alguma mensagem do além. Mas que mensagem podemos encontrar, pergunta, exceto uma mensagem humana? Munier concorda com Agel em que o cinema se imiscui além do discurso e da intriga humanos; mas a transcendência que desvenda é, para ele, a fria transcendência de um mundo físico desumano.

Como a descoberta da energia atômica, o cinema é uma invenção que liberou um poder da natureza capaz de destruir o homem. À natureza foi dado o discurso, e seu discurso necessariamente nos hipnotiza, reduzindo nossas esperanças e imaginação humanas a insignificâncias. O cinema, diz ele, é como um enorme homem imaginário gerando imagens de maneira autônoma e patológica.

Tentamos, com nossa patética sintaxe cinematográfica, com nossa montagem e colocação da câmara, organizar um discurso ou pelo menos uma visão de mundo; mas é sempre o mundo que tem a última palavra. Para sempre opaco, ele sobrevive à transparência do discurso humano. Criamos máquinas e instrumentos que não nos servem, mas que servem a um mundo que agora nos comanda.

As posições tanto de Munier quanto de Agel deixam aos especialistas em cinema pouco espaço para manobra. O transcendente positivo de Agel demanda que reflitamos apenas sobre determinados filmes especiais; o transcendente "terrestre", negativo, de Munier, é muito vasto para ser capturado ou estudado. Ambas são teorias redutivas. Agel reduz a feitura do filme e o modo de vê-lo a uma passagem para o além, tirando de foco todas as condições comuns e todo o trabalho envolvidos no processo do cinema; Munier reduz a participação do homem no cinema até quando a natureza se apodera dele. Não importa que filme se faça, ou que afirmações se façam sobre um filme, a natureza tem a última palavra, uma palavra que jamais podemos entender completamente e que sempre nos domina.

Apesar de a teoria fenomenológica do cinema poder induzir-nos a tal reducionismo, não o faz necessariamente. Amédée Ayfre foi capaz de manter uma abordagem fenomenológica precisa e bem fundamentada (como amigo de Gabriel Marcel e aluno de Merleau-Ponty), ao mesmo tempo em que revelou um programa de teoria do cinema que só a morte prematura o impediu de desenvolver. Ayfre levou muito tempo para encontrar essa compatibilidade entre a fenomenologia e o estudo do cinema. Seus primeiros ensaios, brilhantes como foram, dependiam crucialmente de sua crença na superioridade estética do neorrealismo e, em consequência, sofrem da mesma limitação encontrada no livro de Agel. Esses ensaios formam uma ética do neorrealismo, mas dificilmente um fulcro para uma completa teoria do cinema. Nesse primeiro trabalho, Ayfre mostrou, mais claramente que Bazin, que o neorrealismo foi o único movimento do cinema, até aquela data, a utilizar a plena capacidade do veículo para contar os acidentes da vida. Ele o opôs ao "verismo" e ao "realismo socialista" nos quais o homem controla aquilo que a realidade significa. Ele o opôs do mesmo modo a todo cinema direto ou *cinéma-vérité*, no qual os desejos e valores do homem são ignorados em favor de uma realidade bruta. O neorrealismo foi, para ele e para Bazin, um realismo humano que ilustrou com sua própria técnica o incessante diálogo do homem com a realidade física.

Começando com essa noção de diálogo, Ayfre prosseguiu explorando muitos aspectos da experiência cinematográfica. Pode-se examinar o cinema, afirmava, a partir da posição de seu criador (*auteur,* estúdio etc.) e procurar a visão do mundo do autor, cujas intenções se tornam nosso objetivo e cuja sinceridade é nosso critério. Pode-se focalizar em vez disso a plateia e determinar dessa vez a repercussão do filme, a mudança prática que o cinema gera no homem e sua cultura. Pode-se, finalmente, visar a própria realidade em seu sentido mais comum, procurando algum tipo de verdade ou conhecimento científico nas imagens. Mas é apenas quando consideramos o cinema em sua totalidade que encontramos sua verdade *humana*. As intenções do autor são valiosas apenas quando modificadas e formadas em simbiose com o mundo. O cinema, longe de ser um frio registro do mundo, é um registro daquela relação simbiótica entre intenção e resistência, entre autor e material, mente e assunto. A plateia sozinha (incluindo o autor quando revê o seu filme) transforma esse tolo registro físico em uma vibrante realidade humana, experimentando aquele drama da mente e do assunto. Quando o semiótico decompõe um filme para análise, interrompe o fluxo do tempo, o fluxo da experiência, e se arrisca a tratar o filme como um objeto da natureza. Mas o filme é um objetivo hipernatural onde a verdade só existe enquanto o experimentam.

Como se tem essa experiência? Em meados dos anos 1950, Ayfre escreveu vários artigos tentando desvendar esse mundo fechado da experiência. Escreveu sobre a função do tempo no cinema e sobre a presença física do corpo humano em relação com outros objetos na tela. Num ensaio intitulado "Cinema and Our Solitude",[3] focalizou a situação da plateia como assistente. Em cada um desses ensaios, sua fenomenologia descritiva rapidamente dá lugar à sua preocupação ética, pois ele defende um tranquilo cinema de diálogo com o mundo no qual a plateia pode desempenhar ativamente um papel quando procura a profundidade do espírito atrás das sombras na tela.

Os semióticos objetam, baseados em que, em toda a sua investigação da experiência do cinema, Ayfre negligencia o componente mais essencial, o sistema pelo qual um *auteur* e uma plateia mediam o mundo. Lembram que ele fala de autor, realidade e plateia, mas nunca do sistema de signos que permite que esses três se unam. Em um ensaio dedicado à linguagem cinematográfica, Ayfre definiu a situação cinematográfica como "alguém me falando sobre alguma coisa de determinada maneira".[4] Ele trata todos os aspectos da linguagem, exceto sua possibilidade: *como* de fato pode alguém realmente falar?

A negligência de Ayfre com relação à linguagem cinematográfica é típica da fenomenologia, pois mesmo Merleau-Ponty, apesar de seu vasto conhecimento de linguística, enfatizou o evento linguístico ou "gesto da mente" que transcende o *sistema* linguístico que o cria. Para Merleau-Ponty e Ayfre, as regras do sistema (linguagem verbal ou sintaxe cinematográfica) são condições básicas que todo usuário da linguagem supera ao se expressar. As regras da linguagem cinematográfica não são as regras da arte, e o que interessava Ayfre era a maneira pela qual uma determinada série de imagens poderia transcender seu autor, sua plateia e as regras normais do cinema, adequando-se a si mesma, preenchendo regras de sua própria criação. Como os seres humanos que atuam nos filmes, a sintaxe do cinema e todas as leis da semiótica, apesar de ainda existirem no mundo real, dissolvem-se magicamente nos personagens e na vida do trabalho artístico, cujo critério não é mais a verdade científica, mas a autenticidade estética.

Ayfre sentiu-se obrigado a tratar diretamente dessa noção de autenticidade. Todos os filmes dão-nos imagens conectadas através de uma sintaxe, mas apenas algumas delas são expressões autênticas de uma visão pessoal. A maioria dos filmes precisa finalmente ser chamada ou de propagandística, pois coloca o diretor num papel de poder e urge o espectador a se submeter a ele, ou de pornográfica, em que as necessidades do espectador (eróticas, psicológicas) se tornam o objetivo da experiência e o cineasta se dedica inteiramente a satisfazer essas necessidades. Em nenhum dos casos pode o cinema enriquecer nossas vidas no mundo. Em nenhum dos casos pode ele libertar-se de seu *status* como instrumento ou brinquedo a serviço de ideias pré-formadas (propaganda) ou necessidades patológicas (pornografia).

O cinema autêntico amarra o cineasta e o espectador juntos num diálogo com a terra, e o resultante trabalho de arte liberta-se do *status* de "a serviço", tornando-se uma força viva autossuficiente. Sempre teremos os dois tipos de cinema, mas obviamente devemos lutar pela autenticidade que nos torna livres de nossas necessidades e da dominação dos outros, dando-nos uma chance de ver e expressar a vida. Na realidade, Ayfre pode perguntar inocentemente: "Você não preferiria viver na Grécia de Sófocles em vez da Roma do Circo Máximo?"

A tarefa final de Ayfre foi tentar descrever o processo pelo qual um trabalho se desengaja de tudo mais, tornando-se uma imagem autêntica através da qual podemos reorganizar nossa percepção e nosso comportamento. A imaginação, afirma ele, tem um papel essencial a desempenhar em nossa vida no mundo. Como o produto mais formal da imaginação, como uma própria imagem estruturada e terminada, o autêntico trabalho de arte não é apenas um refúgio da realidade. Nem é, como acreditavam os surrealistas, o transmissor de uma verdade cuja razão nunca pode compreender. Insistindo uma vez mais nos valores do diálogo, Ayfre concebe uma reciprocidade entre a imaginação e a razão que nos permite ampliar nosso conhecimento da vida e nossa capacidade de expressar o mundo. Os fenomenologistas em geral tendem a minimizar a separação das capacidades humanas, como o faz Ayfre quando afirma que o real é a relação entre a verdade e o sonho, entre a ciência e a imaginação, entre a ideia discursiva, verificável, e a imagem primitiva, ambígua.

O cineasta deve gerar imagens que caminham em direção à abstração de ideias sem serem substitutos alegóricos das ideias. Se a imagem é bloqueada no início e é incapaz de vir à claridade, então permanecerá no nível do mero brinquedo, proliferando loucamente sem capacidade de direção. Se a imagem, por outro lado, é envolvida pela ideia, torna-se nada além de um instrumento, perdendo sua capacidade de dirigir os pensamentos, pois já está dirigida pelo pensamento.

Imagens apropriadas, especialmente como aquelas que são refinadas em trabalhos de arte, surpreendem-nos por seu imediatismo e intensidade. Parecem o oposto das ideias racionais, mas possuem o poder de clarificar e simplificar o pensamento, levando a razão a encontrar e explicar as correspondências que espontaneamente criam. O psicanalista é um emblema da razão discursiva porque tenta traçar uma lógica latente dos sonhos de seu paciente. O paciente proporciona a imaginação, o analista dá uma medida à lógica, e o diálogo entre dois (entre imagem e verdade) é capaz de curar o paciente, fazendo com que ele perceba por um instante a realidade subjacente a ambos.

Essa mesma dialética aplica-se à arte. O artista proporciona uma imagem ou série de imagens, belas em si mesmas, mas capazes de consolidar e iniciar novas ideias. O crítico (e todo espectador é em parte um crítico) elabora as ideias latentes no trabalho e as conecta à grande cadeia de ideias que chamamos de conhecimento. A imagem sai da experiência pré-lógica e sobe em direção à ideia. O crítico apodera-se da imagem em sua subida e retira suas verdades tradicionais. Mas Ayfre diz que o processo ainda não está completo, pois o crítico, enriquecido com suas ideias, deve então ressubmeter-se à imagem e descer ao nível da experiência, deixando a imagem mergulhar de volta ao fluxo da vida interior. O crítico deve seguir a imagem respondendo de novo à realidade.

O benéfico poder da imagem pode funcionar apenas se a esse processo é permitido fluir até se completar. Há o perigo, em primeiro lugar, de nossos censores públicos ou nossa ideologia privada nos impedirem absolutamente de experimentar a imagem bruta. Quando assistimos a um filme e chamamos seu tema de ridículo, imoral ou irracional, estamos nos recusando a nos submeter à imaginação de uma outra pessoa. O segundo perigo vem do nível da ideia, onde o crítico é tentado a usar a imagem como mero instrumento ou manual de pensamento cognitivo. Esse crítico submete-se ao trabalho apenas por tempo suficiente para transferir o nível do discurso para o das ideias, onde se sente ao mesmo tempo confortável e competente. É apenas mergulhando de volta na vida do trabalho, na medida em que essa vida se junta a uma realidade maior, que o espectador atribui à imagem um valor acima daquele do brinquedo ou do instrumento. Ayfre diz que, ao assistirmos a *Umberto D* (1951), de De Sica, não devemos ficar paralisados pela banalidade ou ternura das imagens. Nem devemos transformar o filme numa tese sobre a velhice, a aceitação, o rejuvenescimento ou coisa parecida. Tendo assistido ao filme cuidadosamente e desenvolvido suas ideias implícitas, devemos voltar ao mundo com sua experiência em nossos corpos. Devemos começar a ver os velhos fora do cinema com uma nova luz e permitir que a imagem continue a trabalhar dentro de nós. A imagem é uma semente produzindo uma árvore de ideias e um fruto que acabará fertilizando o solo de que veio.

Essa é a teoria "orgânica" da arte de Ayfre, moldura geral para a visão fenomenológica do cinema que ninguém perseguiu satisfatoriamente. Talvez esse seja o tipo de teoria que não pode ser desenvolvido ou aplicado sistematicamente. Acho, porém, que se Ayfre tivesse vivido, teria se ligado ao ramo da fenomenologia conhecido como hermenêutica e procurado um caminho para falar sobre a experiência das imagens através dessa ciência da interpretação. Para o fenomenologista, assistir a um filme é um processo pelo qual interpretamos os signos da natureza e os signos do homem a partir de nossas próprias perspectivas pessoais.

Vista desse modo, a distância entre o semiótico e o fenomenologista se reduz. Os semióticos devem perseguir a tarefa de desenvolver uma ciência do cinema de modo que possam entender as condições e processos através dos quais todos os filmes funcionam. Mas a fenomenologia desejaria ir além disso e investigar os momentos nos quais a linguagem de signos do cinema se torna outro tipo de signo, com o qual o atomismo da semiótica não pode lidar. Desse modo, a semiótica pode algum dia ensinar-nos como o cinema é possível e por que ele geralmente se apresenta da forma como o faz. A fenomenologia continuará a aventura mais incerta de tentar descrever-nos o valor e a importância que todos sentimos em determinados momentos do cinema. Foi esse senso de valor que nos levou a refletir sobre o cinema, em primeiro lugar, e a nos engajarmos no diálogo que chamamos teoria do cinema.

NOTAS

PARTE I: A TRADIÇÃO FORMATIVA

Capítulo 1. Hugo Munsterberg (p.25-34)

1. Hugo Munsterberg, *The Film: A Psychological Study.* Nova York, Dover, 1970, p.48.

2. Para uma investigação em profundidade da herança filosófica de Munsterberg, ver Donald Frederickson, "The Aesthetic of Isolation in Film Theory: Hugo Munsterberg", dissertação de doutorado não publicada, Universidade de Iowa, 1973.

3. Munsterberg, op. cit., p.74, 82.

4. Jean Mitry em conversa particular com o autor.

Capítulo 2. Rudolf Arnheim (p.35-45)

1. E.H. Gombrich desenvolve amplamente esse assunto em seu monumental *Art and Illusion*, Nova York, Pantheon Books, 1960, onde compartilha muitas ideias com Arnheim.

2. Mesmo depois de décadas de filmes sonoros, Arnheim ainda se recusa a se afastar de sua rígida preferência pelo cinema mudo. Ver, por exemplo, Rudolf Arnheim, *Film as Art*, Berkeley, University of California Press, 1967, p.5.

3. Arnheim, *Art and Visual Perception.* Berkeley, University of California Press, 1969, p.viii. Todas as citações são de sua edição em brochura, não da edição de 1974, revista e atualizada.

4. Wolfang Köhler, *The Task of Gestalt Psychology.* Princeton, Princeton University Press, 1969. É importante notar que Arnheim se refere especificamente a si mesmo como um aluno de Köhler (*Film as Art*, p.3).

5. Arnheim, "On The Nature of Photography", *Critical Inquiry*, I, outono de 1974, p.148-61.

6. Os atuais seminários de Christian Metz na École Pratique des Hautes Études concentram-se na psicologia da experiência de observação. Suas conferências sobre a psicofisiologia da percepção fílmica, oposta à percepção comum, têm sua fonte direta em *Film as Art,* de Arnheim.

Capítulo 3. Sergei Eisenstein (p.46-71)

1. Eisenstein, Pudovkin, Alexandrov, "Statement on Sound", *in* S.M. Eisenstein, *Film Form.* Nova York, Harcourt Brace, 1949, p.257-59. Todas as citações da edição em brochura, tradução de Jay Leyda.

2. Agradeço aqui a Jeffrey Bacal, que escreveu uma tese não publicada sobre o débito de Eisenstein para com a psicologia em 1969, na Universidade de Iowa. Muito recentemente, na realidade depois que este ensaio foi escrito, dois artigos apareceram em *Screen* XIV, nº 1 (primavera de 1975), escritos por David Bordwell e Ronald Levaco, abordando essa relação com alguma precisão.

3. Roman Jakobson, "The Dominant", *in Readings in Russian Poetics*, org. por L. Matejka e K. Pomorska. Cambridge, MIT Press, 1971, p.82-87.

4. Eisenstein, *The Film Sense*. Nova York, Harcourt Brace, 1942, p.11. Todas as citações são da edição em brochura, tradução de Jay Leyda.

5. Eisenstein escreve em *Film Form*, p.161: "O trabalho tem um efeito completamente individual em seus observadores, não apenas porque é elevado ao nível do fenômeno natural, mas também porque as leis de sua construção são, simultaneamente, as leis que governam aqueles que observam o trabalho, tanto quanto a plateia é também uma parte da natureza orgânica. Cada espectador sente-se organicamente relacionado, fundido, unido a um trabalho de tal tipo, exatamente como se sente unido e fundido à natureza orgânica a seu redor."

Capítulo 4. Béla Balázs e a Tradição do Formalismo (p.72-92)

1. No primeiro período da teoria formativa do cinema, essa tendência levou ao elogio coerente dos filmes e da montagem expressionistas e à comparativa negligência com relação às obras de arte mais naturalistas de Murnau, Flaherty e von Stroheim. Bazin fez muito isso em seu famoso ensaio "The Evolution of the Language of Cinema", *in What Is Cinema?*, I, p.26-27.

2. Viktor Shklovsky, "Art as Technique", *in Russian Formalist Criticism: Four Essays*, tradução de Lee Lemon e Marin Reis. Lincoln, University of Nebraska Press, 1965.

3. Fernand Léger, "A New Realism: The Object", *in* Lewis Jacobs, An Introduction to the Art of the Movies. Nova York, Noonday, 1960, p.98.

4. Harry Alan Potamkin, "Phases of Cinema Unity", *Close Up*, VI, p.470.

5. Hans Richter, "The Film as an Original Artform", *in* Jacobs, op. cit., p.282.

6. Rudolf Arnheim, *Art and Visual Perception*, p.92.

7. Shklovsky, "Sterne's Tristram Shandy", *in* Lemon e Reis, *Russian Formalist Criticism*, p.25-60.

8. Boris Tomashevsky, "Thematics", *in* Lemon e Reis, *Russian Formalist Criticism*, p.61-98.

9. Béla Balázs, *Theory of the Film*. Nova York, Dover Books, 1970, p.84. Todas as citações são dessa edição.

10. Allardyce Nicoll, *Film and Theater.* Nova York, Thomas Crowell, 1937, p.53.

11. Shklovsky, "Art as Technique", p.23

12. Dallas Bower, *Plan for the Cinema*. Londres, Dent, 1936, p.109.

13. Potamkim, "Phases of Cinema Unity", *Close Up*, V, p.175.

14. Jean Cocteau, *Cocteau on the Film*, tradução de Vera Traill. Nova York, Dover, 1972, p.218.

15. Jan Mukarovsky, "Standard Language and Poetic Language", *in A Prague School Reader in Esthetics, Literary Structure, and Style*, traduzido e organizado por Paul L. Garvin. Washington, DC, Georgetown University Press, 1964, p.19.

16. Mas certamente a identificação ocorreu antes na arte ocidental. Que dizer das lendas contadas sobre multidões medievais chorando diante de uma nova janela de vidro colorido ou literalmente extasiada dentro do espaço de uma nova catedral? Se o cinema retomou essa poderosa função da arte, chegamos a uma grande distância da "Art as Technique". Se alguma coisa é distanciada, fria e objetiva, é o próprio formalismo.

PARTE II: TEORIA REALISTA DO CINEMA

Capítulo 5. Siegfried Kracauer (p.93-112)

1. Peter Harcourt, "What, Indeed, Is Cinema?", *Cinema Journal*, Vol.VIII, nº 1, outono de 1968, p.25.

2. Siegfried Kracauer, *Theory of Film*. Nova York, Oxford University Press, 1960, p.15.

3. Kracauer cita (p.304) Gabriel Marcel com evidente fascínio. Se Kracauer e Bazin um dia forem vinculados, provavelmente será devido a seu respeito mútuo por esse grande filósofo existencialista cujos pontos de vista influenciaram as teorias de ambos.

4. François Truffaut, "A Certain Tendency in French Cinema", *Cahiers du Cinéma in English*, I, 1966, p.30-40.

Capítulo 6. André Bazin (p.113-145)

1. Vinte e seis desses ensaios foram traduzidos por Hugh Gray em Bazin, *What Is Cinema?* e *Whats Is Cinema?*, II, Berkeley, University of California Press, 1967 e 1971, respectivamente. *Whats Is Cinema?* reúne ensaios tirados dos dois primeiros volumes de *Qu'est-ce que le cinéma?*, tratando de questões da ontologia do cinema e das relações do cinema com as outras artes. *What Is Cinema?*, II, reproduz ensaios de *Qu'est-ce que le cinéma?*, volumes 3 e 4, tratando do cinema e da sociologia e estética do neorrealismo. Sempre que possível, as citações feitas são tiradas das edições em brochura dessas traduções.

2. Bazin, "La Strada", *Crosscurrents*, vol.VI, nº 3, 1956, p.20, traduzido por J.E. Cunneed em *Esprit*, XXIII, nº 226, 1955, p.847-51.

3. Bazin, "La Mort à l'écran", *Esprit*, outubro de 1949, p.442 (tradução minha).

4. Eric Rohmer, "La Somme d'André Bazin", *Cahiers du Cinéma*, nº 91, dezembro de 1958, p.36.

5. Bazin e Jean Cocteau, *Orson Welles*. Paris, Editions du Chavanne, 1950, p.57. Esse estudo de Welles, volumoso como um livro, foi recentemente reeditado em francês (Paris, Editions du Cerf, 1972). A introdução de Cocteau, assim como muitas passagens de Bazin, foram eliminadas, enquanto ensaios posteriores de Bazin e duas entrevistas com Welles feitas por ele foram acrescentadas. Todas as citações do livro sobre Welles neste ensaio são traduções minhas da edição original esgotada. Isso porque várias das citações-chaves foram eliminadas da versão moderna.

6. Bazin, *Qu'est-ce que le cinéma?*, I, Paris, Editions du Cerf, 1959, p.47. Tradução minha.

7. Bazin, "Un Peu Tard", *Cahiers du Cinéma*, nº 48, junho de 1955, p.47. Tradução minha.

8. Lotte Eisner, *The Haunted Screen*. Berkeley, University of California Press, 1969. Traduzido do francês por Roger Greaves. Publicado originalmente na França em 1952.

9. Bazin, *Jean Renoir*, traduzido por W.W. Halsey e William H. Simon, Nova York, Simon and Schuster, 1973, p. 86. Apesar de esta ser em geral uma boa tradução, a passagem aqui citada indubitavelmente perdeu sua metáfora-chave. A última frase, traduzida literalmente, deveria ser: "Os filmes de Renoir são feitos com a pele das coisas". Bazin desenvolve essa metáfora posteriormente descrevendo o estilo da câmara de Renoir como uma "carícia".

10. Bazin, *Qu'est-ce que le cinéma?*, IV, p.102. Tradução minha.

11. Bazin, "Le Ghetto concentrationnaire", *Cahiers du Cinéma*, nº 9, fevereiro de 1952, p.60.

12. Bazin, *Qu'est-ce que le cinéma?*, I, p.74.

13. Ibid., p.160.

14. Alexandre Astruc, "La Caméra-stylo", *in* Peter Graham, *The New Wave*. Garden City, Nova York., Doubleday, 1968, p.17-24.

PARTE III: TEORIA CINEMATOGRÁFICA FRANCESA CONTEMPORÂNEA

Capítulo 7. Jean Mitry (p.151-169)

1. Christin Metz, *Language and Cinema*, tradução de D.J. Umiker-Sebeok. Haia, Mouton Press, 1974.

2. Charles Barr, "Cinemascope: Before and After", *in* Gerald Mast e Marshall Cohen (orgs.), *Film Theory: Introductory Readings*. Nova York, Oxford University Press, 1974. Publicado primeiramente *in Film Quarterly*, XVI, nº 4, 1963.

3. Stanley Cavell, *The World Viewed*. Nova York, Viking Press, 1971.

4. George Linden, *Reflections on the Screen*. Belmont, Califórnia, Wadsworth press, 1970.

5. Christian Metz, *Essais sur la signification au cinéma*, II. Editions Klincksieck, 1972, p.34

6. David Bordwell, "Mitry on Montage", ensaio de pesquisa não publicado, Universidade de Iowa, maio de 1972.

7. Jean Mitry, *Esthétique et psychologie du cinéma*, volume I. Paris, Éditions Universitaires, 1963, p.119.

8. Ibid., p.283-285.

9. O exame cuidadoso das versões de *Outubro* disponíveis nos Estados Unidos não confirma o exemplo de Mitry. Talvez ele estivesse familiarizado com as primeiras e mais completas cópias desse filme muito elogiado. De qualquer modo, seu exemplo certamente caracteriza determinadas tendências de montagem, tendências que realmente existem ao longo do filme *Outubro*.

10. Metz, "Current Problems in Film Theory", *Screen*, XIV, nºs 1, 2, primavera-verão de 1973, p.61.

11. Jean Mitry, "Remarks on the Problem of Cinematic Adaptation", *The Bulletin of the Midwest Modern Language Association*, primavera de 1971, p.8.

Capítulo 8. Christian Metz e a Semiologia do Cinema (p.170-192)

1. Christian Metz, *Essais sur la signification au cinéma*, II, Capítulos 1 e 2, 1974, p.28.
2. Christian Metz, *Film Language*. Nova York, Oxford University Press, 1974.
3. Ibid., p.119.
4. Ibid., p.175-227.

Capítulo 9. O Desafio da Fenomenologia: Amédée Ayfre e Henri Agel (p.193-202)

1. André Bazin, citado *in* Henri Agel, *Poétique du cinéma*, Editions du signe, 1973, p.9.
2. Aqui, Agel está citando tanto Baudelaire quanto Gaston Bachelard. *Ibid.*, p.15.
3. Amédée Ayfre, "Le Cinéma et notre solicitude", *in Le Cinéma et sa vérité*. Paris, Editions du Cerf, 1969, p.41-58.
4. Ayfre, "Le Language cinématographique et sa morale", ibid,. p.92.

BIBLIOGRAFIA

Obras Gerais sobre a Teoria do Cinema

• Livros

MacCann, Richard Dyer, org. *Film: A Montage of Theories*. Nova York, E.P. Dutton & Co., 1966.

Mast, Gerald, e Marshall Cohen, orgs. *Film Theory and Criticism: Introductory Readings*. Nova York, Oxford University Press, 1974.

Perkins, V.F. *Film as Film*. Baltimore, Penguin Books, 1972.

Talbot, Daniel. *Film: An Anthology*. Berkeley, University of California Press, 1970.

Wollen, Peter. *Signs and Meanings in the Cinema*. Londres, Secker and Warburg, 1974.

• Artigos

Harrah, David. "Aesthetics of the Film: The Pudovkin-Arnheim-Eisenstein Aesthetic". *Journal of Aesthetics and Art Criticism*, dezembro de 1954, p.163-74.

Henderson, Brian. "Two Types of Film Theory". *Film Quarterly*, xxiv, nº 3, 33-41, primavera de 1971.

Katchadourian, Haig. "Film as Art". *Journal of Aesthetics and Art Criticism*, xxxiii, nº 3, primavera de 1975, p.271-284.

Mast, Gerald. "What Isn't Cinema?". *Critical Inquiry*, i, nº 2, dezembro de 1974, p.373-393.

Sesonske, Alexander. "Aesthetics of Film". *Journal of Aesthetics and Art Critcism*, xxxiii, nº 1, outono de 1974, p.51-59.

Bibliografia de Munsterberg

• Obras de Munsterberg

Munsterberg, Hugo, *The Eternal Values*. Boston, Houghton, Mifflin, 1909.

________. *The Film: A Psychological Study* (republicação inalterada e não atualizada de *The Photoplay: A Psychological Study*, publicado originalmente por D. Appleton, Nova York, em 1916). Prefácio de Richard Griffith. Nova York, Dover, 1970.

________. "The Opponents of Eternal Values". *The Psychological Bulletin*, vi, 15 de outubro de 1909, p.329-338.

________. "The Problem of Beauty". *Philosophical Review*, xviii, março de 1909, p.121-146.

________. "Psychology and Art". *Atlantic Monthly*, novembro de 1898, p.22-32.

________. *Psychology and Life*. Boston, Houghton Mifflin, 1899.
________. *Psychology: General and Applied*. Nova York, D. Appleton, 1914.
________. *Psychoterapy*. Nova York, Moffat, Yard, 1909.
________. *Science and Idealism*. Boston, Houghton Mifflin, 1906.
________. "Why We Go to the Movies". *Cosmopolitan*, 15 de dezembro de 1915, p.22-32.

• Obras sobre Munsterberg

FREDERICKSON, DONALD. "The Aesthetic of Isolation in Film Theory: Hugo Munsterberg". Tese de doutorado, Universidade de Iowa, 1973.
LINDSAY, VACHEL. "Photoplay Progress". Resenha de *The Photoplay, A Psychological Study*, de Hugo Munsterberg. *New Republic*, 17 de fevereiro de 1917, p.76-77.
MUNSTERBERG, MARGARET. *Hugo Munsterberg: His Life and Work*. Nova York, D. Appleton, 1922.
STRONG, CHARLES A. "Dr. Munsterberg's Theory of Mind and its Consequences". *Philosophical Review*, I, março de 1982, p.179-195.

• Outras Obras de Interesse

CASEBIER, ALLAN. "The Concept of Aesthetic Distance". *Personalist*, LII, inverno de 1971, p.70-91.
CASSIRER, H.W. *A Commentary on Kant's Critique of Judgement*. Londres, Methuen, 1938.
CORMIER, ROMONA. "The Concept of 'Isolation' in Contemporary Aesthetic Theory". *Tulane Studies in Philosophy*, XLX, nº 1, p.1-19.
KANT, IMMANUEL. *Critique of Judgement*, traduzido por J.H. Bernard, Nova York, Hafner, 1951.
LINDSAY, VACHEL. *The Art of the Moving Picture*, publicado originalmente pela Macmillan, Nova York, 1916. Nova York, Liveright, 1970.
STOLNITZ, JEROME. "On the Origins of 'Aesthetic Disinterestedness". *Journal of Aesthetics and Art Criticism*, XX, inverno de 1961, p.131-142.
WOLFE, G. JOSEPH. "Vachel Lindsay: The Poet as Film Theorist". Tese de doutorado, Universidade de Iowa, 1964.
WOLMAN, BENJAMIN. "Immanuel Kant and His Impact on Psychology", *in Historical Roots of Contemporary Psychology*, org. por Benjamin Wolman. Nova York, Harper & Row, 1968.

BIBLIOGRAFIA DE ARNHEIM

• Obras de Arnheim

ARNHEIM, RUDOLF, "Abstraction and empathy in retrospect". *Confinia Psychiatrica*, 1967, vol. 10, p.1-15.
________. *Art and Visual Perception*. Berkeley e Los Angeles, University of California Press, 1967.
________. "The Critic and the Visual Arts". LII Convenção Bienal da Federação Americana de Artes em Boston. Nova York, American Federation of Arts, 1965.
________. *Entropy and Art: an Essay on Disorder and Order*. Berkeley, University of California Press, 1971.
________. "Fiction and Fact". *Sight and Sound*, vol. 8, nº 32, inverno de 1939-40, p.136, 137.
________. *Film*, traduzido do alemão por L.M. Sieveking e Ian F.D. Morrow, com prefácio de Paul Rotha. Londres, Faber and Faber, 1933.

________. *Film as Art* (uma adaptação de *Film*). Berkeley, University of California Press, 1957.

________. *Film Culture*, uma série de seis pequenos artigos, incluindo três originalmente destinados à *Enciclopedia del cinema*, publicados nas edições de *Film Culture*, n°s 11, 16, 17, 18, 24 e 42, indo de 1957 a 1966.

________. "Gestalt and Art". *Journal of Aesthetics and Art Criticism*, nº 2, 1943, p.71-75.

________. "Gestalt Psychology and Artistic Form", *in Aspects of Form*, org. por L.L. Whyte. Bloomington, Indiana University Press, 1951.

________. "On the Nature of Photography", *Critical Inquiry*, I, setembro de 1974, p.148-161.

________. *Picasso's Guernica; The Genesis of a Painting*. Berkeley e Los Angeles, University of California Press, 1962.

________. "Psychological Notes on the Poetical Practice", de *Poets at Work*, Arnheim *et al.* Nova York, Harcourt Brace, 1948.

________. "Psychology of the Dance". *Dance Magazine*, agosto de 1946, p.20 e 38.

________. *Radio*, traduzido por Margret Ludwif e Herbert Read. Londres, Faber and Faber, 1936.

________. "Second Thoughts of a Psychologist", *in Essays in Teaching*, org. por Harold Taylor. Nova York, Harper, 1950.

________. *Toward a Psychology of Art*. Berkeley e Los Angeles, University of California Press, 1966.

________. *Visual Thinking*. Berkeley e Los Angeles, University of California Press, 1969.

________. "Visual Thinking", *in Education of Vision*, org. por Gyorgy Kepes. Nova York, Braziller, 1965, p.1-15.

• Obras sobre a Psicologia Gestaltista

GOMBRICH, E.H. *Art and Illusion: A Study in the Psychology of Pictorial Representation*. Nova York, Pantheon Books, 1960.

KÖHLER, WOLFGANG. *The Task of Gestalt Psychology*. Com introdução de Carroll C. Pratt. Princeton, Princeton University Press, 1969.

RHYNE, JANIE. *The Gestalt Art Experience*, Monterey, Califórnia, Brooks/Cole Publishing Company, 1973.

BIBLIOGRAFIA DE EISENSTEIN

• Obras de Eisenstein

EISENSTEIN, SERGEI M. *Film Essays and a Lecture*, organizado e traduzido por Jay Leyda, prefácio de Grigory Kozintsev, Nova York, Praeger, 1970.

________. *Film Form; Essays in Film Theory*, organizado e traduzido por Jay Leyda. Nova York, Harcourt Brace & Co., 1949.

________. *The Film Sense*, organizado e traduzido por Jay Leyda. Nova York, Harcourt Brace & Co., 1942.

________. *Ivan the Terrible, a Screenplay*, traduzido por Ivor Montagu e Herbert Marshall, org. por Ivor Montagu. Nova York, Simon and Schuster, 1962.

________. *Notes of a Film Director*, originalmente publicado como "Zametki kinoryezhissyora", Foreign Languages Publishing House, Moscou, após 1948. Traduzido para o inglês por X. Danko, com uma nota de Richard Griffith, Nova York, Dover Publications, 1970.

________. *Potemkin, a Film*, traduzido por Gillon R. Actken. Nova York, Simon and Schuster, 1968.

• Obras sobre Eisenstein

BARNA, YON. *Eisenstein*. Bloomington, Indiana University Press, 1973.

KUIPER, JOHN BENNETT. "An Analysis of Four Silent Films of Sergei M. Eisenstein". Tese de doutorado, Universidade de Iowa, 1960.

———. "Cinematic Expression: A Look at Eisenstein's Silent Montage". *The Art Journal*, outono de 1962, p.34-39.

MONTAGU, LVOR. *With Eisenstein in Hollywood, a Chapter of Autobiography*. Nova York, International Publications, 1967.

NEWCOMB, JAMES. "Eisenstein's Aesthetics". *Journal of Aesthetics and Art Criticism*, XXXII, nº 4, verão de 1974, p.471-477.

NIZHNII, VLADIMIR. *Lessons with Eisenstein*, organizado e traduzido por Ivor Montagu e Jay Leyda. Nova York, Hill and Wang, 1962.

PLEYNET, M., "The 'Left' Front of Art: Eisenstein and the Old `Young' Hegelians". *Screen*, primavera de 1972, p.101-119. Traduzido de *Cinéthique*, 1969, nº 5.

POTAMKIN, HARRY ALAN. "Eisenstein and the Theory of thc Cinema". *Hound and Horn*, julho de 1933, p.678-89.

SETON, MARIE. *Sergei M. Eisenstein, a Biography*. Nova York, Grove Press, 1960.

SEYDAR, PAUL. "Eisenstein, a Dissenting View". *Sight and Sound*, inverno de 1973/74, p.38-43.

• Outras Obras de lnteresse

KULESHOV, LEV. *The Principles of Film Direction*. Moscou, 1941.

LEVACO, RONALD, org. e trad. *Kuleshov on Film*. Berkeley, University of California Press, 1975.

PUDOVKIN, V.I. *Film Technique and Film Acting*, traduzido por Ivor Montagu. Londres, Vision Press, 1954.

BIBLIOGRAFIA DE BALÁZS

• Obras de Balázs

BALÁZS, BÉLA. *Theory of the Film: Character and Growth of a New Art*, traduzido por Edith Bone. Londres, Dobson, 1952.

• Obras sobre a Estética Formalista

ERLICH, VICTOR. *Formalism*. Haia, Mouton, 1955.

GARVIN, PAUL, org. e trad. *A Prague School Reader on Esthetics, Literary Structure, and Style*. Washington, D.C., Georgetown University Press, 1964.

JAMESON, FREDRIC. *The Prison-house of Language*. Princeton University Press, 1972.

LEMON, LEE, E MARTIN REIS; orgs. *Russian Formalist Criticism: Four Essays*. Lincoln, University of Nebraska Press, 1965.

MATEJKA, LADISLAV, e Krystyna Pomorska, orgs. *Readings in Russian Poetics: Formalist and Structuralist Views*. Cambridge, Massachusetts, M.I.T. Press, 1971.

Bibliografia de Kracauer

• Obras de Kracauer

KRACAUER, SIEGFRIED. "Challenge of Qualitative Content Analysis". *Public Opinion Quarterly*, 1952, p.631-642.

_________. "Conquest of Europe on the Screen". *Social Research*, setembro de 1943, p.337-357.

_________. "Decent German: Film Portrait". *Commentary*, janeiro de 1949, p.74-77.

_________. *De Caligari a Hitler: uma história psicológica do cinema alemão*, traduzido por Teresa Ottoni. Rio de Janeiro, Zahar, 1988.

_________. *History, The Last Things Before the Last*. Nova York, Oxford University Press, 1969.

_________. "Hollywood's Terror Films". *Commentary*, agosto de 1946, p.132-136.

_________. "Jean Vigo", em *Introduction to the Art of Movies*, org. por Lewis Jacobs. Nova York, Noonday Press, 1960, p.223-227.

_________. "National Types as Hollywood Presents Them". *Public Opinion Quarterly*, 1949, p.53-72.

_________. *Orpheus in Paris: Offenbach and the Paris of his Time*. Nova York, A.A. Knopf, 1938.

_________. "Psychiatry for Everything and Everybody". *Commentary*, março de 1948, p.222-228.

_________. "Revolt Against Rationality". *Commentary*, junho de 1947, p.586-587.

_________. *Theory of Film: The Redemption of Physical Reality*. Nova York, Oxford University Press, 1960.

KRACAUER, SIEGFRIED, E PAUL L. BERKMAN. *Satellite Mentality: Political Attitudes and Propaganda Susceptibilities of Non-Communists in Hungary, Poland and Czechoslovakia*. Nova York, F.A. Praeger, 1956.

• Obras sobre Kracauer e de Interesse Geral

ARNHEIM, RUDOLF. "Melancholy Unshaped", *in Towards a Psychology of Art*. Berkeley e Los Angeles, University of California Press, 1966, p.181-191.

AUERBACH, ERICH. *Mimesis: The Representation of Reality in Western Literature*, traduzido por Willard R. Trask. Princeton, Princeton University Press, 1953.

CORLISS, RICHARD. "The Limitations of Kracauer's Reality". *Cinema Journal*, vol. 10, nº 1, outono de 1970, p.15-20.

HARCOURT, PETER. "What, Indeed, Is Cinema?". *Cinema Journal*, VI, nº 1, outono de 1968, p.22-28.

KAEL, PAULINE. "Is there a Cure for Film Theory?". *Sight and Sound*, primavera de 1962, p.56-64.

Bibliografia de Bazin

• Livros de Bazin em Inglês

BAZIN, ANDRÉ. *Jean Renoir*, traduzido por W.W. Halsey e William H. Simon. Nova York, Simon and Schuster, 1973.

_________. *What Is Cinema?*, selecionado e traduzido por Hugh Gray dos dois primeiros volumes de *Qu'est-ce que le cinéma*? Berkeley, University of California Press, 1967.

_________. *What Is Cinema?*, volume II, selecionado e traduzido por Hugh Gray dos dois últimos volumes de *Qu'est-ce que le cinéma?*. Berkeley, University of California Press, 1971.

• Livros de Bazin em Francês

BAZIN, ANDRÉ, *Cinéma de la cruauté*, org. por F. Truffaut. Paris, Flammarion, 1975.
———. *Jean Renoir.* Paris, Editions Champs Libre, 1971.
———. *Le Cinéma de l'occupation et de la résistance.* Paris, 1975.
———. *Orson Welles.* Paris, Les Editions du Cerf, 1972.
———. *Qu'est-ce que le cinéma?*, em quatro volumes. Paris, Les Editions du Cerf, 1959, 1960, 1962.
ERIC ROHMER. *Charlie Chaplin.* Paris, Les Editions du Cerf, 1972.

• Obras sobre Bazin em Inglês

ANDREW, J. DUDLEY. "André Bazin". *Film Comment*, IX, nº 2, março-abril de 1973, p.64-67.
———. "Realism and Reality in Cinema: The Film Theory of André Bazin and Its Source in Recent French Thought". Tese de doutorado, Universidade de Iowa, 1972.
CADBURY, WILLIAM, "The Cleavage Plane of André Bazin. *Journal of Modern Literature*, III, nº 2, primavera de 1973, p.253-267.
GRAHAM, PETER. *The New Wave.* Garden City, Doubleday, 1968.
HARCOURT, PETER. "What, Indeed, Is Cinema?". *Cinema Journal*, VI, nº 1, outono de 1968, p.22-28.
HENDERSON, BRIAN. "The Structure of André Bazin's Thought". *Film Quarterly*, XXV, nº 4, verão de 1972, p.15-27.
KAEL, PAULINE. "Behind the New Wave". *The New York Times*, 10 de setembro de 1967, seção 7, p.1.
MICHELSON, ANNETTE. Introdução de *Theory of Film Practice*, de Noel Burch. Nova York, Praeger, 1973.
———. Crítica de "What Is Cinema?". *Artforum*, VI, nº 10, 1968, p.66-71. Roud, Richard. "Face to Face: André Bazin". *Sight and Sound*, XXVIII, nºs 3-4, 1959, p.176-179.
———. "André Bazin: His Rise and Fall". *Sight and Sound*, XXXVII, nº 2, 1968, p.94-96.
TROPE, ZIPPORA. "A Critical Application of André Bazin's *Mise en Scéne Theory*". Tese de doutorado, Universidade de Michigan, 1974.
WILLIAMS, CHRISTOPHER. "Bazin on Neorealism". *Screen*, XIV, nº 4, inverno de 1973-74, p.61-68.

BIBLIOGRAFIA DE MITRY

• Obras de Mitry em Inglês

MITRY, JEAN. "Remarks on the Problem of Cinematic Adaptation", traduzido por Richard Dyer, *in The Bulletin of the Midwest Modern Association*, primavera de 1971, p.1-9.

• Obras de Mitry em Francês

MITRY, JEAN. *John Ford.* Paris, Editions Universitaires, 1954.
———. *S. M. Eisenstein.* Paris, Editions Universitaires, 1955.
———. *Charlot et sa "fabulation" chaplinesque.* Paris, Editions Universitaires, 1957.
———. *Dictionnaire du cinéma.* Paris, Larousse, 1963.
———. *Esthétique et psychologie du cinéma*, dois volumes. Paris, Editions Universitaires, 1963, 1965.

———. *Histoire du cinéma*, três volumes até agora. Paris, Universitaires, 1967, 1969, 1971.

———. *Le mot et l'image*. Edition du Signe, 1972.

• Obra sobre Mitry em Inglês

ATWELL, LEE. "Notes on a Film History in Progress". *Film Quarterly*, XXV, nº 1, outono de 1971, p.58-63.

DREYFUS, DINA. "Cinema and Language". *Diogenes*, nº 35, outono de 1961, p.23-33.

LEWIS, BRAIN. "Jean Mitry on Film Language". *SubStance*, nº 9, 1974, p.5-14.

METZ, CHRISTIAN. "Current Problems of Film Theory: Christian Metz on Jean Mitry's *L'Esthétique et psychologie du cinéma*, Volume II", traduzido por DIANA MATIAS. *Screen*, primavera/verão de 1973, p.40-87,

BIBLIOGRAFIA DE SEMIÓTICA DO CINEMA EM INGLÊS

• Obras de Metz em Inglês

METZ, CHRISTIAN. *Film Language: A Semiotics of the Cinema*, traduzido por Michael Taylor. Nova York, Oxford University Press, 1974.

———. *Language and Cinema*, traduzido por Donna Jean Umiker-Sebeok. Haia, Mouton, 1974.

———. "The Imaginary Signifier", traduzido por Ben Brewster. *Screen*, XVI, nº 2, verão de 1975, p.14-76.

• Obras sobre Metz

CARROLL, NOEL. "Review of Film Language". *Film Comment*, X, nº 6, novembro/dezembro de 1974, p.62.

FINN, JOHN, "Metz' New Directions". *Jumpcut*, nº 6, março de 1975, p.14-16.

GUZZETTI, ALFRED. "Christian Metz and the Semiology of the Cinema". *Journal of Modern Literature*, III, nº 2, abril de 1973, p.292-308.

HENDERSON, BRIAN. "*Metz Essais I* and Film Theory". *Film Quarterly*, XXVIII, nº 3, 1975, p.18 32.

NICHOLS, BILL. "Style, Grammar, and the Movies". *Film Quarterly*, XXVIII, nº 3. 1975, p.33-48.

ROHDIE, SAM. "Metz and Film Serniotics". *Jumpcut*, nº 7, maio-julho de 1975, p.22-24.

SANDRO, PAUL. "Signification in the Cinema". *Diacritics*, IV, nº 3, outono de 1974, p.42-50.

Screen, XIV, nºs 1 e 2, primavera/verão de 1973. "Semiotics and the Work of Christian Metz". Toda a edição.

THOMPSON, RICHARD. "A Guide to Christian Metz". *Cinema*, primavera de 1972, p.37-45.

• Obras Gerais sobre Semiótica do Cinema e Estruturalismo

BARTHES, ROLAND. *Elementos de semiogia*, tradução de Izidora Blikstein. São Paulo, Cultrix, 1974, 3ª edição.

BAUDRY, JEAN-LOUIS. "Ideological Effects of the Basic Cinematographic Apparatus", traduzido por Alan Williams. *Film Quarterly*, XXVIII, nº 2, inverno 1974/75, p.39-47.

BETTETTINI, GIANFRANCO. *The Language and Technique of Film*, traduzido por David Osmond-Smith. Haia, Mouton, 1974.

BURCH, NOEL. *Theory of Film Practice*, traduzido por Helen R. Lane. Nova York, Praeger, 1973.

DAYAN, DANIEL, "The Tutor-Code in Classic Cinema". *Film-Quarterly*, XXVIII, nº 1, outono de 1974, p.22-31.

ECKERT, CHARLES. "The English Cine-Structuralists". *Film Comment*, IX, nº 3, maio-junho de 1973, p.46-51.

HARPOLE, C., e Hanhardt, J. "Linguistics, Structuralism, Semiology: A Bibliography with an Introduction". *Film Comment*, IX, nº 3, maio-junho de 1973, p.52-59.

HENDERSON, BRIAN. "Critique of Cine-Structuralism" (ensaio em duas partes). *Film Quarterly*, outono de 1973, p.25-34, e inverno de 1973-74, p. 37-46. du Pasquier, Sylvain. "Buster Keaton's Gags". *Journal of Modern Literature*, III, nº 2, abril de 1973, p.269-291. Um dos alunos de Metz realiza uma cuidadosa análise da estrutura significativa de determinada técnica na comédia.

Screen. Virtualmente todos os números desde 1973 abordaram ou realmente focalizaram a semiologia, o estruturalismo e o pós-estruturalismo em relação ao cinema.

SubStance. Nº 9, 1974. Edição inteira.

CINEMA E FENOMENOLOGIA

• Obras sobre Cinema, em Inglês, com um Ponto de Vista Fenomenológico

CAVELL, STANLEY. *The World Viewed*. Nova York, Viking Press, 1971.

EARLE, WILLIAM. "Revolt Against Realism in the Film". *Journal of Aesthetics and Art Criticism*, XXVII, nº 2, inverno de 1968.

LINDEN, GEORGE W. *Reflections on the Screen*. Belmont, Califórnia, Wadsworth, 1970.

MUNIER, ROGER. "The Fascinating Image". *Diogenes*, nº 38, 1962, p.85-94.

THOMPSON, DAVID. *Movie Man*. Nova York, Stein and Day, 1967.

• Fenomenologia do Cinema na França

AGEL, HENRI. *Le Cinéma et le sacré*. Paris, Editions du Cerf, 1961 (escrito em colaboração com Amédée Ayfre).

________. *Poétique du cinéma*. Edition du Signe, 1973.

AYFRE, AMÉDÉE, *Cinéma et mystère*. Paris, Editions du Cerf, 1969.

________. *Le Cinéma et sa vérité*. Paris, Editions du Cerf, 1969.

________. *Conversion aux images?*. Paris, Editions du Cerf, 1964.

MORIN, EDGAR. *Le Cinéma ou l'homme imaginaire*. Paris, Editions Minuit, 1958.

MUNIER, ROGER. *Contre l'image*. Paris, Gallimard, 1963.

• Obras Gerais sobre a Estética da Fenomenologia

DUFRENNE, MIKEL. *Phenomenology of the Aesthetic Experience*, traduzido por Edward S. Casey *et al.* Evanston, Northwestern University Press. 1973.

KAELIN, EUGENE. *Existentialist Aesthetics*. Madison, University of Wisconsin Press, 1965. Este livro trata das teorias estéticas de Sartre, Merleau-Ponty e Dufrenne. Também tem vasta bibliografia de fontes importantes para o estudo posterior dessa área.

MERLEAU-PONTY, MAURICE. *Sense and Non-sense*, traduzido por Hubert e Patricia Dreyfus. Evanston, Northwestern University Press, 1964.

AGRADECIMENTOS DA TRADUTORA

Não posso deixar de agradecer a colaboração e as informações dos professores Carlos Nelson Coutinho e Leandro Konder, da psicóloga Ana Mesquita, do cineasta e crítico de cinema José Carlos Avellar, do jornalista e crítico José Carlos Monteiro, e do cineasta Johnny Howard; além da ajuda, na revisão final do texto, de minha mãe, Maria da Mercês, e meu marido, Luiz Mário Gazzaneo.

TERESA OTTONI

ÍNDICE DE NOMES E DE ASSUNTOS*

* Para uma análise dos conceitos-chaves usados neste livro (por exemplo, matéria-prima) ou para os principais termos específicos de uma teoria em particular (por exemplo, a máquina artística, sistema/texto) consulte o Sumário.